■基礎コース［法学］— 5■

基礎コース

会社法入門
第2版

田邊 光政

新世社

第 2 版へのはしがき

　会社法の激変が続いている。本書は，平成 26 年に大幅に改正された最新の会社法を踏まえて版を新たにしたものである。

　平成 26 年改正で社外取締役が過半数を占める監査等委員会を設置する監査等委員会設置会社が新設された。従来の社外監査役を社外取締役に横滑りさせることで足りたことから，予想外に多くの会社が監査等委員会設置会社へ移行した。この移行を促した最大の要因は，東京証券取引所が上場規則の一部として上場会社に対して平成 27 年 6 月から適用を開始したコーポレート・ガバナンス・コード（CG コード）である。

　CG コードは，上場会社が監査役会設置会社又は監査等委員会設置会社であって，独立社外取締役が取締役会の過半数に達していない会社は，独立取締役を主要な構成員とする任意の指名・報酬などの諮問委員会を設置すべきであるとしている（補充原則四—10 ①）。ソフトローである CG コードは "comply or explain" 方式を採用し，CG コードの原則を会社が実施しない場合には，その理由の説明を求めており，そのため監査等委員会設置会社の中に，指名・報酬諮問委員会を設ける会社が続出している。CG コードは過半数の社外取締役＋委員会を設置するアメリカ型の経営機構の方向へ上場会社を誘導しようとしているが，アメリカでのエンロンの会計不正事件，わが国の著名な指名委員会等設置会社における会計不祥事が示すように，アメリカの研究者自身が輸出に耐える制度ではないというのをあえて輸入しようとしているのであって，当該会社の経営内容を熟知せず責任感の薄い独立取締役を増加するだけでは無意味であろう。

　本書第 2 版を出すことができたことを筆者としては大変うれしく思う。改訂にあたっては，山野加代枝女史（大阪電気通信大学）及び酷暑の中，精力的かつ緻密な作業を進めてくださった新世社の御園生晴彦氏，谷口雅彦氏並びに彦田孝輔氏に大変お世話になった。記して厚くお礼を申し上げる。

　　　平成 28 年 8 月

田邊　光政

＊令和元年 12 月成立の会社法改正に対応した解説を第 2 刷増刷の際に追加した。
　（本加筆は新世社ウェブサイトの本書掲載ページにおいても参照可能である。）
　　　令和 2 年 8 月

初版へのはしがき

　本書は，大学の学部における会社法のコンパクトなテキストとして書かれたものである。ロースクールの法学未修者が，会社法の専門書を読む前に一通り会社法の基本的な知識を修得するのにも適するものと考える。

　会社法は頻繁に改正され，改正のたびに新しい制度が追加されてきた。そのため，ますます複雑になってきて，初心者が会社法の全体を把握しようとすれば，相当な困難が伴うものと思われる。そこで，本書では，会社法の全体をできるだけ簡潔に説くことにした。また，できるだけ平易に説くことを心がけた。したがって，理論的な対立があり，学説が分かれている問題については，深く立ち入らず，通説ないし支配的見解に従って解説した。また，会社法では，多くの専門的用語が使用されているが，それらの用語については，必要に応じて定義することにした。

　本書の構成は，会社法の条文の順序とは大いに異なっている。条文では，会社の設立から始まって株式に続くが，本書では，まず株式会社の機関（株主総会）から説きはじめている。学部における講義の経験から，その方が，初心者の興味を引き，会社法の分野に入り易いと考えたからである。

　本書は，新世社取締役・御園生晴彦氏の熱心なお勧めによって出版することができた。そして，実際の編集作業を担当してくださったのは，同社編集部の安原弘樹氏であり，安原氏はきわめて緻密な編集者としての作業をしてくださった。さらに，神戸学院大学助教授の森まどかさんには，お忙しい中，校正のお手伝いをしていただいた。これらの方々に厚くお礼を申し上げる。

　　　平成 19 年 3 月

　　　　　　　　　　　　　　　　　　　　　　　　　　　　　田邊　光政

目　次

第 1 章　会社の意義　　　　　　　　　　　　　　　1

■ 1　会社の意義と種類 …………………………………………… 2
　　［1］法律上，会社とはなにか　2
　　［2］会社の種類　2

■ 2　会社法総則 …………………………………………………… 5
　　［1］商号とは　5
　　［2］会社の使用人　6
　　［3］代理商　8
　　［4］事業の譲渡　8

第 2 章　株式会社の機関　　　　　　　　　　　　　11

■ 1　株式会社の機関 ……………………………………………… 12
　　［1］機関とはなにか　12
　　［2］株式会社にはどのような機関があるか　12

■ 2　株主総会 ……………………………………………………… 13
　　［1］株主総会とは　13
　　［2］株主総会ではどんなことを決議するか　13
　　［3］株主総会の招集　14
　　［4］議決権の行使　16
　　［5］総会の運営と決議　19
　　［6］総会決議　21
　　［7］種類株主総会　22
　　［8］株主総会決議の瑕疵　23

■ 3　株式会社の経営機構 ………………………………………… 26
　　［1］緒　説　26

　　　　［2］機関設計の選択　26
　　　　［3］取締役　29
　　　　［4］取締役会　33

■ 4　会社の業務執行 …………………………………………………… 38
　　　　［1］取締役会を設置しない会社　38
　　　　［2］取締役会設置会社　39

■ 5　取締役（執行役）の義務と責任 …………………………………… 43
　　　　［1］会社に対する義務　43
　　　　［2］取締役（執行役）の会社に対する責任　48
　　　　［3］取締役・執行役の第三者に対する責任　56

■ 6　会計参与 …………………………………………………………… 61
　　　　［1］任意設置　61
　　　　［2］選任・解任及び資格等　61
　　　　［3］会計参与の職務権限　62
　　　　［4］計算書類等の備置き　63

■ 7　監査役・監査役会 ………………………………………………… 64
　　　　［1］監査役の選任・資格・終任等　64
　　　　［2］監査役の職務権限　65
　　　　［3］監査役会　68
　　　　［4］監査役の責任　70

■ 8　会計監査人 ………………………………………………………… 71
　　　　［1］強制設置と任意設置　71
　　　　［2］会計監査人の選任・資格等　71
　　　　［3］会計監査人の職務権限　72
　　　　［4］会計監査人の責任　73

■ 9　監査等委員会設置会社 …………………………………………… 74
　　　　［1］制度の新設　74
　　　　［2］監査等委員会設置会社の機関　74
　　　　［3］監査等委員の独立性の確保　75
　　　　［4］監査等委員会の職務・権限　75
　　　　［5］各監査等委員の職務・権限　76
　　　　［6］監査等委員会の運営　76
　　　　［7］監査等委員会の議事録　76
　　　　［8］監査等委員会設置会社の取締役会の権限　77

- 10　指名委員会等設置会社 ……………………………………………… 77
  - ［1］経営機構の選択　77
  - ［2］各種の委員会　78
  - ［3］委員会の運営　80
  - ［4］指名委員会等設置会社の取締役の地位　81
  - ［5］指名委員会等設置会社の取締役会　81
  - ［6］執行役・代表執行役　83

第3章　株式会社の設立　87

- 1　発起人 ……………………………………………………………… 88
  - ［1］発起人とは　88
  - ［2］設立中の会社と発起人　88
  - ［3］発起人の権限　88

- 2　定款の作成 ………………………………………………………… 89
  - ［1］定款とは　89
  - ［2］絶対的記載事項　89
  - ［3］相対的記載事項　90
  - ［4］定款の備置き　92

- 3　設立の二方法 ……………………………………………………… 93
  - ［1］発起設立　93
  - ［2］募集設立　95

- 4　設立登記 …………………………………………………………… 101
  - ［1］設立の登記　101
  - ［2］登記の効果　102

- 5　設立に関する責任 ………………………………………………… 103
  - ［1］会社が成立した場合　103
  - ［2］会社不成立の場合　106
  - ［3］擬似発起人の責任　106
  - ［4］株式会社設立の無効　107

第4章 株式　　　　　　　　　　　　　　　　　　　　　109

- **1 株式とは** …………………………………………………………… 110
- **2 株主の権利** ………………………………………………………… 110
  - ［1］株主の権利　110
  - ［2］株主権の分類　110
  - ［3］株主平等の原則　111
  - ［4］株式の共有　111
- **3 株式の分割と併合** ………………………………………………… 112
  - ［1］株式の分割　112
  - ［2］株式の併合　113
- **4 特殊な内容の株式** ………………………………………………… 114
  - ［1］取得請求権付株式　114
  - ［2］取得条項付株式　115
  - ［3］全部取得条項付種類株式　115
  - ［4］剰余金分配に関し内容の異なる株式　116
  - ［5］議決権制限株式　117
  - ［6］拒否権付株式　117
  - ［7］取締役等を選任できる種類株式　118
  - ［8］複数議決権株式　118
- **5 単元株式制度** ……………………………………………………… 119
  - ［1］単元株式とは　119
  - ［2］単元未満株主の権利　119
- **6 株式の譲渡** ………………………………………………………… 119
  - ［1］緒　説　119
  - ［2］株主名簿　120
  - ［3］株式譲渡の手続　122
- **7 株式譲渡の制限** …………………………………………………… 126
  - ［1］定款による株式の譲渡制限　126
  - ［2］譲渡承認請求の方法　126
  - ［3］親会社株式の取得禁止　128
  - ［4］親会社株式についての権利　128

- 8 自己株式の取得 ………………………………………………… 129
  - ［1］ 自己株式とは　129
  - ［2］ 株主との合意による自己株式の取得　129
  - ［3］ 子会社からの取得　131
  - ［4］ 市場等での自己株式の取得　131
  - ［5］ 定款の定めによる相続人等からの取得　131
  - ［6］ 自己株式の取得財源　132
  - ［7］ 自己株式についての権利　132
  - ［8］ 反対株主の株式買取請求権　132
  - ［9］ 全部取得条項付種類株式の取得　133

- 9 特別支配株主の少数派株主に対する株式売渡請求権 ……………… 134
  - ［1］ 趣　旨　134
  - ［2］ 特別支配株主の要件　134
  - ［3］ 売渡請求の対象となる株式等　135
  - ［4］ 株式売渡請求の方法　135
  - ［5］ 株式売渡請求の撤回　137
  - ［6］ 売渡株主等の救済方法　138

第5章　資金調達　141

- 1 募集株式 ……………………………………………………………… 142
  - ［1］ 募集株式の意義　142
  - ［2］ 募集事項の発行　142
  - ［3］ 出資の履行　146
  - ［4］ 募集株式発行の差止請求　148

- 2 新株予約権 …………………………………………………………… 150
  - ［1］ 新株予約権の意義と内容　150
  - ［2］ 新株予約権の発行　151
  - ［3］ 新株予約権の株主割当て　152
  - ［4］ 新株予約権の申込みと割当て　153
  - ［5］ 新株予約権原簿　154
  - ［6］ 新株予約権の譲渡　155
  - ［7］ 新株予約権の行使　158
  - ［8］ 新株予約権発行の差止請求　159

第6章　株式会社の計算　163

- **1　計算書類の作成・開示** …………………………………… 164
    - ［1］計算書類の作成　164
    - ［2］各種の計算書類　165
    - ［3］計算書類の監査・承認　167
    - ［4］臨時計算書類　168

- **2　資本金・準備金** ………………………………………… 168
    - ［1］資本金　168
    - ［2］資本金・準備金の減少　170
    - ［3］剰余金の配当　172

第7章　持分会社　177

- **1　持分会社とはなにか** …………………………………… 178
    - ［1］持分会社とは　178
    - ［2］合名会社・合資会社　178
    - ［3］合同会社　178

- **2　持分会社の設立** ………………………………………… 179
    - ［1］定款の作成　179
    - ［2］出資の履行　179

- **3　社　員** ………………………………………………… 180
    - ［1］社員の責任　180
    - ［2］合資会社社員の責任の変更　181
    - ［3］誤認行為の責任　181
    - ［4］持分の譲渡　182

- **4　管　理** ………………………………………………… 182
    - ［1］業務執行　182
    - ［2］社員の業務監視権　183
    - ［3］業務執行社員の義務・責任　183
    - ［4］業務執行社員の損害賠償責任　184
    - ［5］会社代表　184
    - ［6］持分会社における訴訟　185

- **5 社員の加入及び退社** …… 185
  - ［1］社員の加入　185
  - ［2］退　社　186
  - ［3］持分の払戻し　187

- **6 計算等** …… 188
  - ［1］会計帳簿・計算書類　188
  - ［2］資本金の額の減少　188
  - ［3］利益の配当　188
  - ［4］出資の払戻し　189
  - ［5］合同会社についての特則　189
  - ［6］持分会社の定款の変更　190

- **7 解　散** …… 191

第8章　社　債　193

- **1 社債の概念** …… 194
  - ［1］社債の意義　194
  - ［2］株式と社債の違い　194
  - ［3］普通社債と新株予約権付社債　195
  - ［4］記名社債と無記名社債　195

- **2 社債の発行** …… 195
  - ［1］社債発行の決定機関　195
  - ［2］社債の募集　195
  - ［3］社債原簿　196
  - ［4］社債の譲渡　197
  - ［5］社債の償還　198

- **3 社債管理者** …… 198
  - ［1］設置強制と例外　198
  - ［2］社債管理者の権限　199

- **4 社債権者集会** …… 200
  - ［1］招集権者　200
  - ［2］決議事項・決議方法　201
  - ［3］社債の利息等の不払いと期限の利益喪失　202

- 5 担保付社債 …………………………………………………………… 203
    [1] 意　義　203
    [2] 信託契約の締結　203
    [3] 発行契約　203

第9章　組織再編　205

- 1 序　論 ………………………………………………………………… 206

- 2 組織変更 ……………………………………………………………… 206
    [1] 組織変更とは　206
    [2] 組織変更の手続　206
    [3] 債権者保護手続　208

- 3 合　併 ………………………………………………………………… 208
    [1] 合併の概念　208
    [2] 吸収合併　209
    [3] 新設合併　211
    [4] 合併の手続　213
    [5] 合併の無効　217

- 4 会社分割 ……………………………………………………………… 218
    [1] 吸収分割と新設分割　218
    [2] 吸収分割　218
    [3] 新設分割　222
    [4] 会社分割における残存債権者保護　225
    [5] 会社分割の無効　226

- 5 株式交換・株式移転 ………………………………………………… 227
    [1] 完全親子会社関係の創設　227
    [2] 株式交換　228
    [3] 株式移転　232

- 6 株式会社の事業譲渡 ………………………………………………… 235
    [1] 事業譲渡の意義　235
    [2] 事業譲渡の手続　236
    [3] 子会社株式の譲渡　237
    [4] 反対株主の株式買取請求権　237

［5］事後設立　238

第10章　外国会社　239

■ 1　外国会社の取扱い …………………………………………………… 240

■ 2　取引継続の外国会社 …………………………………………………… 240
　　［1］外国会社の日本における代表者　240
　　［2］外国会社の登記　240
　　［3］登記前の継続的取引の禁止　241
　　［4］擬似外国会社　241

索　引　243
　　事項索引(243)　　判例索引(249)

参考文献

淺木愼一『商法学通論Ⅷ』(信山社,2015年)
江頭憲治郎『株式会社法［第6版］』(有斐閣,2015年)
加藤徹『会社法』(中央経済社,2004年)
関西商事法研究会編『会社法改正の潮流』(新日本法規出版,2014年)
北村雅史・柴田和史・山田純子『現代会社法入門［第4版］』(有斐閣,2015年)
北村雅史・高橋英治編『グローバル化の中の会社法改正』(法律文化社,2014年)
高橋英治『会社法概説［第3版］』(中央経済社,2015年)
田邊光政編集代表『会社法・倒産法の現代的展開』(民事法研究会,2015年)
吉本健一『会社法［第2版］』(中央経済社,2015年)
宮島司『新会社法エッセンス［第4版補正版］』(弘文堂,2015年)
森本滋『会社法・商行為法手形法講義［第4版］』(成文堂,2014年)

＊**本文中の法令表記について**
　会社法については,法律名を省略して条数のみを記載し,会社法以外の法令に関しては,各種六法の法令略語に準拠した。

第1章
会社の意義

Contents
1 会社の意義と種類
2 会社法総則

1 会社の意義と種類

[1] 法律上，会社とはなにか

「会社」は，学生にとっては，将来の就職先の一つであり，サラリーマンにとっては，働く場所である。消費者にとっては，物やサービスを提供してくれる企業であり，国や地方公共団体にとっては，たくさんの税金を納めてくれる納税単位である。

法律的にみた場合には，「会社」とは法人である。会社は，自然人と並んで，権利義務の主体となる法人である。われわれ自然人は，みな自分の名で財産を所有することができ，他人から金銭を借り入れて債務を負担することができるが，会社は「法律上の人」として，会社の名で権利を取得し，債務を負担することができる法的主体である。

法人には，いろいろな種類のものがあるが，会社はどのような性質を持った法人であろうか。法人には，社会一般の利益（公益）を目的として設立される公益法人（学校法人など）と利益を得ることを目的として設立される営利法人とがある。会社は利益の追求を目的とする法人であって，典型的な営利法人である。また，法人は，財産の集合（寄付財産という）に法人格が与えられる財団法人（学校法人，奨学財団など）と，人の集合（団体）に対して法人格が与えられる社団法人とに区別されるが，会社は社団法人に属する。

以上のことから，会社は，人々が営利を目的として設立する法人であって，構成員（株主又は社員という）から独立した法的主体として営利活動を行い，その事業から得た利益を構成員に分配することを目的とした営利社団法人であるということができる。

[2] 会社の種類

(1) 4種の会社

会社法は，4種の会社形態を用意している。すなわち，株式会社，合同会社，合名会社及び合資会社の4種である。人々は，その行う予定の事業の規模，共同で事業を行おうとする者同士の関係などを考慮して，4種の中のいずれかを選択することができる。会社法は，合名会社，合資会社及び合同会社の3種の会社を総称して持分会社と呼んでいる。平成17年の改正において，合同会社が新設された。それまで存在していた有限会社は廃止されて，既存の有限会社は株式会社

に統合された。まず，それぞれの会社の概要について説き，第2章以降で株式会社と持分会社に分けて詳しく説明する。

(2) 合名会社

合名会社は，親子，兄弟その他親しい者たちが小規模の事業を行うのに適した会社形態である。会社法では，出資者のことを社員と呼ぶが，社員の全員が事業経営の過程において第三者に対して負担した債務（借入金，商品の買掛金等）について無限でかつ直接の責任を負わなければならない（580条1項）。無限責任というと，怖い感じがするが，事業経営上，取引先や銀行など第三者に対して負担した債務の範囲内で支払うべき責任である。社員全員の連帯責任である（580条1項）。会社が負担した債務は，まず会社財産で支払い，足りない額について社員が支払うべき義務がある。

この種の会社の設立は，簡単である。定款（会社の名称，社員の氏名，出資の目的などその会社の規則を定めた書面又は電磁的記録）を作り，設立登記をするだけで会社は成立し，直ちに事業を開始することができる。会社の成立（設立登記）の時までに出資を履行しておく必要はなく，事業を行ううえで必要に応じて出資をすればよい。

社員は，原則として，会社の業務執行をする権限がある（590条1項）。

(3) 合資会社

合資会社は，合名会社の社員と同じように会社債務について無限の責任を負う社員（無限責任社員）と，定款に記載した「出資の価額」を限度として会社債務について責任を負う社員（有限責任社員）とで構成される（580条2項）。有限責任社員の出資は金銭その他の財産に限定される（576条1項6号）。合資会社には，無限責任社員と有限責任社員とがそれぞれ少なくとも1人いなければならない（576条3項）。

平成17年改正前の旧法では，無限責任社員だけが業務執行の権限を付与され，有限責任社員には業務執行の権限はなかったが，新法のもとでは，有限責任社員も，原則として，業務執行の権限がある（590条1項）。

(4) 合同会社

合同会社は，平成17年の改正において初めて導入された新しいタイプの会社である。社員はすべて間接・有限責任であり，出資は金銭その他の財産でなければならない（576条1項6号）。社員の対外的な責任は，後に述べる株主の責任と同じである。合名会社及び合資会社とは異なり，会社の定款作成後，設立登記の

会社の種類

	合名会社	合資会社	合同会社	株式会社
出資者数	1人以上	有限責任社員と無限責任社員の2人以上	1人以上	1人以上
会社債権者に対する責任	直接責任・無限責任	無限責任社員は直接責任・無限責任，有限責任社員は直接責任・有限責任	※間接責任・有限責任	間接責任・有限責任

※180頁参照

会社の種類と数（平成26年末現在）

株式会社 {	株式会社	178万社
	特例有限会社	164万社
持分会社 {	合同会社	75,000社
	合資会社	80,000社
	合名会社	18,000社
合　計		359万社

参考：合同会社は増加傾向
（法務省・坂本三郎・商事法務2089号47頁参照）

前までに出資全額を払い込まなければならない（578条）。この点までは，株式会社と同じであるが，内部関係は他の持分会社と同じように，柔軟に定款で定めることができる。たとえば，出資額にかかわらず，利益配当や議決権などについて自由に定めることができる。新しい種類の会社であるが，平成26年度末現在，7万5,000社の合同会社が設立されている。

社員は，原則として業務執行の権限があるが，業務執行社員を定めて，業務執行社員に業務を担当させることもできる（591条）。

(5) 株式会社

株式会社は，株式を発行し，株式を引き受けて払い込むことによって株主となる。出資は金銭が原則であるが，その他の財産を出資の目的とすることもできる（28条1号）。株主は引き受けた株式の払込価額を会社に対して支払えば足り，会社の債務についてはなんら責任を負わない。

本来は，株式会社は，多額の資本を集めて巨大な事業を行うのに適した会社形

態であるが，わが国の株式会社は，零細なものが数のうえでは圧倒的に多い。それでも，平成 17 年の改正前までは，株式会社の最低資本金は 1,000 万円とされていたが，平成 17 年の改正において，最低資本金制度は廃止され，現在では，資本金 1 円の株式会社も理論上は設立が可能である。

＊有限会社の廃止と特例有限会社　平成 18 年 5 月 1 日の会社法施行時以前から存在していた有限会社は，会社法施行時に，自動的に株式会社に変更され，それまでの有限会社の定款，社員，出資 1 口は，株式会社の定款，株主，1 株とみなされる（会社法の施行に伴う関係法律の整備等に関する法律（以下，整備法という）2 条 2 項）。このような会社を特例有限会社という。特例有限会社の商号は従来通り「有限会社」を付加しなければならない（整備法 3 条 1 項）。特例有限会社は有限会社の名称をもった株式会社である。特例有限会社は取締役会，監査役会等の機関を設置することができない（整備法 17 条 1 項）。特例有限会社が通常の株式会社へ移行するには，商号変更のほか，組織変更と同様，有限会社の解散登記と株式会社の設立登記をする必要がある（整備法 45 条，46 条）。

2　会社法総則

[1]　商号とは

(1)　商号の選定

会社の名称（社名）を商号という（6 条 1 項）。会社は，その種類に従いその商号の中に株式会社，合名会社，合資会社，合同会社の文字を用いなければならない（6 条 2 項）。合資会社であるのに，合同会社であるかのごとく，他の種類の会社であると誤認させるおそれのある文字を使用してはならない（6 条 3 項）。また，会社でない者は，その商号中に会社であると誤認させる文字を使用してはならない（7 条）。

何人も，他の会社であると誤認させるおそれのある名称又は商号を使用してはならない（8 条 1 項）。この規定に違反する名称又は商号の使用によって営業上の利益を侵害され，又は侵害されるおそれのある会社は，その侵害者に対して侵害の停止又は予防を請求することができる（8 条 2 項）。

(2)　名義貸し

A 会社が B に対して，B が A 会社の商号で営業を行うことを許諾した場合には，A 会社と取引しているものと誤認して B と取引した C 会社に対しては，A 会社は B と連帯して B の取引より生じた債務を弁済する責任を負う（9 条）。このよ

うに，他人の事業ないし営業のために自己の商号の使用を許諾することを**名義貸し又は名板貸**という。

東京に本社のあるA会社（名義貸人）が，地方にいるB（名義借人）に対して，BがA株式会社仙台支店（支店長B）の看板を掲げて営業することを許容するなど，支店ないし出張所を付加してA会社の商号を使用する例が多い。

第三者が善意かつ無重過失であるときに，名義貸人に責任が生じる（最判昭41・1・27民集20巻1号111頁）。

[2] 会社の使用人

(1) 使用人の代理権

会社のサラリーマンは，対内的な業務に従事する使用人と，対外的な業務に従事する使用人とに分かれる。工場での生産や研究開発など，内部的な業務に従事する者と違って，商品の販売，仕入れなど，対外的な業務に従事する者については，その代理権が問題となる。会社法は，対外的な業務を行う使用人の代理権について規定する。使用人の代理権は，その地位によって，その範囲が異なる。

(2) 支配人

会社は，支配人を選任してその本店又は支店の事業を行わせることができる（10条1項）。支配人という呼称は，いささか古臭いが，現代の企業では，本店の営業本部長又は支店長などの職名で任命される者を指す。支配人は，「その事業」に関する一切の行為をする権限がある（11条1項）。「その事業」とは，会社の行う事業のすべてではなく，会社がいくつかの事業部門を経営している場合には，特定の事業部門をいい，また支店長の場合には，その支店の事業をいう。

支配人は，その事業に関する一切の行為をする権限を法によって付与されるが，会社がある者を支配人として選任する際に，たとえば，他人のための保証，一定額以上の借入れなどをしないようにその権限を制限することがある。この制限は会社と支配人との間では有効であり，支配人がその制限に違反すれば，正当な解任事由になる。しかし，支配人の代理権に加えた制限は，善意の第三者には対抗できない（11条3項）。

支配人は，営業主（会社）のために専心服務義務がある。すなわち，支配人は，会社の許可を受けるのでなければ，自ら営業をすること，自己又は第三者のために会社の事業の部類に属する取引をすること，他の会社又は商人の使用人となること，他の会社の取締役，執行役等になること，はできない（12条1項）。

(3) 表見支配人

会社の本店又は支店の事業の主任者であることを示す名称を付した使用人は，その事業に関し一切の裁判外の行為をする権限を有するものとみなされる（13条本文）。「事業の主任者であることを示す名称」とは，その事業の最高責任者であることを示す名称であり，事業本部長とか支店長という名称が典型であるほか，営業所長，事業所長なども含まれる。

このように，実際には支配人ではないが，会社から支配人らしき名称を付与された者を表見支配人という。表見支配人を真実の支配人と誤認して取引した者との関係においては，会社は，その使用人が真実の支配人ではなく，その行為をする権限はなかったと主張することはできないが，表見支配人と取引した相手方が悪意であった（支配人でないことを知っていた）ときは，無権限者による取引であって無効であるとの主張ができる（13条ただし書）。

(4) 部課長等の権限

「ある種類」又は「特定の事項」の委任を受けた使用人は，その事項に関する一切の裁判外の行為をする権限があり（14条1項），その権限に加えた制限は，善意の第三者に対抗できない（14条2項）。「ある種類」又は「特定の事項」の委任を受けた使用人とは，部長，課長，係長，主任などの肩書を付与された使用人である。

営業主からその事業に関する「ある種類」又は「特定の事項」（販売，購入，貸付等）を処理するために選任された使用人であれば足り，厳密な意味での対外的な代理権を付与されていることは必要ではない（最判平2・2・21商事法務1209号49頁）。会社がある使用人に，部長，課長，係長などの肩書を付与して，販売，仕入れなど特定の事項を担当させる場合には，かりに売買契約などの対外的な契約をする代理権を与えていなくても，これらの使用人は，その担当を任せられた範囲内の事項については，法は代理権があるものと扱うのである。

会社の社内規程で，「課長が対外的な契約を締結するには，主管部長の決裁を得なければならない」と定めることは，その使用人の代理権に制限を加えることであり，その代理権の制限を知らない第三者に対しては，会社はその制限があったことを主張できない。

(5) 店舗の使用人

物品の販売等（販売，賃貸しその他これに類する行為をいう）を目的とする店舗の使用人は，その店舗にある物品の販売等をする権限を有するものとみなされる

（15条本文）。表示された価格で販売する場合は問題にならないが，客との交渉で値段を決めるような場合に問題となる規定である。

[3] 代理商
(1) 代理商の意義
代理商とは，会社の使用人ではなくして，会社のためにその平常の事業の部類に属する取引の代理又は媒介をする独立の商人である（16条）。代理商には，会社を代理して第三者と契約を締結する締約代理商と，本人である会社と第三者との取引を媒介するにすぎない媒介代理商とがある。

代理商は，取引の代理又は媒介をしたときは，個々の取引ごとに，遅滞なく会社へその旨を通知しなければならない（16条）。

代理商は，会社の許可を受けなければ，自己又は第三者のために会社の事業の部類に属する取引をすること，会社の事業と同種の事業を行う他の会社の取締役，執行役又は業務執行社員となることはできない（17条1項）。

(2) 代理商の留置権
代理商は，取引の代理又は媒介をしたことによって生じた債権（手数料）が弁済期にあるときは，その弁済を受けるまで，会社のために代理商が占有する物又は有価証券を留置することができる（20条本文）。

民法の留置権は，修繕した機械の修理代金を支払わないときにその機械を留置できるなど，その物について生じた債権であることが必要であるが，代理商の留置権は，その物について生じた債権である必要はなく，また本人である会社の所有物に限らず，代理商が第三者から引渡しを受け，まだ会社へ引き渡す前の物又は有価証券でもかまわない。

[4] 事業の譲渡
(1) 事業譲渡の意義
事業は，統一的な指令のもとに，社会的に活動しているものである。事業の譲渡とは，有機的に組織された人的・物的施設を活動可能な状態で一体として譲渡することである。事業には，その継続的な活動により社会的な信用が積み重ねられ，やがて老舗として無形の価値が加わる。得意先関係，営業上の秘訣，経営組織などの事実関係もその事業の重要な無形の価値として含まれる。

事業を構成する個々の財産を譲渡することは，それがいかに重要な財産であっ

ても，事業譲渡ではない。事業譲渡といえるためには，有機的一体として活動できる状態での事業用財産が譲渡されなければならない。

(2) 譲渡会社の競業禁止

事業を譲渡した会社は，別段の特約がない限り，同一市町村（東京都の特別区及び政令指定都市では区又は総合区）及び隣接する市町村の区域内において，20年間は，同一事業を行ってはならない（21条1項）。特約によって，競業禁止期間を30年まで延長することができる（21条2項）。競業禁止期間を経過したのちも，事業を譲渡した会社が不正の競争目的をもって同一事業を行うことができないことは当然である（21条3項）。不正の競争の目的とは，譲渡会社の事業を譲受会社の事業であると世人をして誤認混同させようとする目的をいう。

(3) 商号を続用する場合

譲受会社が譲渡会社の商号を引き続き使用する場合には，譲渡会社の（譲渡前の）事業により生じた債務を譲受会社も，原則として，弁済する責任を負う（22条1項）。この場合，事業を譲渡した日の後，2年以内に請求又は請求の予告をしない債権者に対する関係では，譲渡会社の責任は消滅する（22条3項）。

譲渡会社の商号を続用する譲受会社が，譲渡会社の事業によって生じた債務について責任を負わない場合がある。譲受会社が，事業を譲り受けた後，遅滞なく，その本店の所在地において，譲渡会社の事業によって生じた債務について弁済する責任を負わない旨を登記したときである（22条2項前段）。事業を譲り受けた後，遅滞なく，譲渡会社及び譲受会社から，譲受会社が譲渡会社の債務を弁済する責任を負わない旨を通知した第三者に対しては，弁済責任を負わない（22条2項後段）。

譲受会社が譲渡会社の商号を引き続き使用する場合には，譲渡会社の事業によって生じた債権について，譲受会社に対して行った弁済は，弁済者が善意でかつ重大な過失がないときは有効な弁済となる（22条4項）。

(4) 商号を続用しない場合

譲受会社が，譲渡会社の商号を使用しないときは，原則として，譲受会社は譲渡会社の事業によって生じた債務について弁済の責任を負わない。この場合において，譲受会社が譲渡会社の債務を引き受ける旨の広告をしたときは，弁済の責任を負う（23条1項）。譲受会社が債務引受広告をしたときは，譲受会社と譲渡会社との双方が弁済責任を負うことになるが，譲渡会社の責任は，債務引受広告の日後，2年以内に請求又は請求の予告をしない債権者に対しては，その期間の

経過したときに消滅する（23条2項）。

(5) 詐害的事業譲渡

譲渡人に承継されない債務の債権者（残存債権者）を害することを知って営業を譲渡した場合には，残存債権者はその譲受人に対して，承継した財産の価額を限度として当該債務の履行を請求することができる（23条の2第1項本文）。営業譲渡の当事者双方が，残存債権者を害すること（債務の履行を受けることができなくなる事実）を知っていたときに，残存債権者は譲受人に対して，承継した財産の価額を限度として，当該債務の履行を請求することができる。譲受人が譲渡人の商号を続用しているかどうかは問題にならない。

営業譲渡の際に，譲渡人が消極財産（負債）を正確に開示しなかったために，譲受人には隠された債務があることは分からず，残存債権者が存在しかつその者が害される事実を譲受人が知らなかったという事例は生じる。このように，営業譲渡の効力が生じる時に，譲渡人は残存債権者を害することを知っていたが，譲受人はその事実を知らなかったときは，残存債権者は譲受人に対して当該債務の履行を請求することはできない（23条の2第1項ただし書き）。

譲受人が残存債権者に対して債務を履行する責任を負う場合の当該責任は，譲渡人が残存債権者を害することを知って営業を譲渡したことを知った時から2年以内に請求又は請求の予告をしない残存債権者に対しては，その期間を経過した時に消滅し，また営業譲渡の効力が生じた日から20年を経過したときにも消滅する（23条の2第2項）。

譲渡人について破産手続開始の決定又は再生手続開始の決定があったときは，残存債権者は譲受人に対して当該債務の履行を請求することできない（23条の2第3項）。譲渡人につき破産手続開始の決定がされた場合には，その時点での他の債権者たちも均しく扱われるべきであり，特定の残存債権者だけが譲受人から支払を受けるのは相当でないからである。また，譲渡人につき再生手続開始の決定がされた場合には，残存債権者は再生債権の届出を行い，再生計画の定めに従ってのみ弁済を受けることができる（民再85条1項）。

第2章
株式会社の機関

Contents

1 株式会社の機関
2 株主総会
3 株式会社の経営機構
4 会社の業務執行
5 取締役（執行役）の義務と責任
6 会計参与
7 監査役・監査役会
8 会計監査人
9 監査等委員会設置会社
10 指名委員会等設置会社

1 株式会社の機関

[1] 機関とはなにか

われわれ自然人は，自分で意思決定をし，自ら法律行為をすることができるが，会社は，法律上，人間と同じく権利義務の主体と認められるにすぎず，物理的に存在するものではないから，それ自体が意思決定をすることも，法律行為をすることもできない。会社の事務所や工場へ行けば，その会社の施設をみることはできるが，われわれがみることができるのは，物理的な施設であって，その法的主体である法人自体をみることは誰にもできない。法人である会社は，自然人を通じて意思決定をし，法律行為をせざるをえない。この場合，会社の組織において一定の地位にあり，会社のために意思決定をし，行為をする権限のある者を会社の機関という。会社の機関の地位にある者の意思決定や行為を法律的に会社の意思決定ないし行為と扱うのである。

[2] 株式会社にはどのような機関があるか

株式会社には，議決権のある株主全員からなる株主総会が存在する（295条以下）。株主は，通常は多数であるため，株主の立場で会社の業務執行をすることは想定されていない。株主は株主総会において取締役を選任し，取締役に会社の業務執行を任せる。株式会社の機関としては，株主総会の他に，1人又は2人以上の取締役を選任しなければならない（326条1項）。こうして，株式会社はすべて，意思決定の機関としての株主総会と業務執行機関としての取締役とを置かなければならない。

株式会社は，以上の他に，定款で定めることにより取締役会（代表取締役，代表執行役），会計参与，監査役又は監査役会，会計監査人，監査等委員会又は指名委員会等を置くことができる（326条2項）。公開会社（株式の全部又は一部につき譲渡を自由にしている会社）は取締役会を設置しなければならない（327条1項1号）が，譲渡制限会社（株式の全部について譲渡が制限されている会社）では，取締役会を設置するかどうかはその会社の自由である（327条1項の反対解釈）。取締役会を設置するときは，3人以上の取締役を選任しなければならない（331条5項）。

上位 20 社の株主数（平成 28 年 6 月 30 日現在）

1	みずほFG	981,318 人	11	トヨタ自動車	469,914 人
2	第一生命保険	839,139 人	12	パナソニック	457,719 人
3	三菱UFJFG	745,353 人	13	野村HD	393,674 人
4	日本電信電話	706,081 人	14	新日鉄住金	392,800 人
5	イオン	621,200 人	15	東芝	392,173 人
6	ゆうちょ銀行	600,371 人	16	三井物産	388,366 人
7	日本郵政	578,771 人	17	日立製作所	326,091 人
8	東京電力	536,216 人	18	吉野家HD	300,505 人
9	ソニー	521,895 人	19	三菱自動車	295,263 人
10	全日空	455,899 人	20	三井住友FG	287,835 人

参考：株主数が 10 万人以上は 73 社
（ストックウェザー株式会社の調査による）

2　株主総会

[1]　株主総会とは

　会社の事業は，法律的には法人としての会社の所有に属するが，実質的には全体としての株主のものである。株主総会は，議決権のある株主全員によって構成される会社の意思決定機関である。おおまかにいえば，株主総会は会社事業の共同所有者により構成される会議体である。共同所有者の会議体として，株主総会は定款変更，事業譲渡，合併，組織変更，組織再編など会社の根本的な事業ないし組織に関する事項について決議すべきことになっているほか，会社の業務執行を任せる取締役等の役員を選任・解任する機関である。

[2]　株主総会ではどんなことを決議するか

(1)　取締役会を置く会社

　株主総会で決議することができる事項は，取締役会を置く会社と置かない会社とでは同じでない。

　取締役会設置会社においては，会社の業務執行についての決定は取締役会決議によって行われ，株主総会で決議することができる事項は限定される。このような会社の株主総会は，会社法の規定により株主総会の決議事項とされている事項

及び定款で株主総会の決議事項と定められている事項に限り，決議することができる（295条2項）。取締役会を設置する会社は，株主数の多い大会社であるか比較的に規模の大きな会社であるのが普通である。株主数の多い会社では，総会の招集通知，総会資料の作成，印刷費，郵送料などに多大の事務処理と費用が必要であるため，たびたび株主総会を開催することはできず，会社経営に関する事項について迅速な意思決定はできない。また，規模が大きくなるに従って，会社経営も複雑になり，高度の専門的知識が必要になるが，ほとんどの株主は会社経営について高度の専門的知識を持っておらず，会社経営に関する事項は取締役会に委ねるのが合理的である。そのため，株主総会の決議事項は限定されているのである。取締役会設置会社において，会社法又は定款で株主総会決議事項とされていない事柄について株主総会で決議をしても，その決議には何ら法的拘束力はない。

取締役会のある会社では，会社事業の根幹に関する事項，たとえば，会社の根本規則である定款の変更，他社との合併，会社事業の譲渡，他の形態への組織変更，会社分割，株式交換のほか，取締役・監査役など役員の選任・解任などが株主総会の決議事項とされている。これに対して，支店の設置，新規事業への進出，会社の重要財産の譲渡，多額の資金調達のための募集株式の発行又は社債の発行その他の業務執行に関する事項は取締役会の権限とされている（362条参照）。

(2) 取締役会を置かない会社

取締役会を置かない会社は，小さな会社であるのが一般であって，株主数は少なく，容易に株主総会を開催することができる。このような会社では，1人又は数人の取締役が会社の業務執行に当たることになり，その際，取締役は，法定された株主総会事項以外の事項は自ら決定することができるが，株主の判断に任せることもできることとなっており，株主総会は会社の組織，運営，管理その他会社に関するすべての事項についての決議をすることができる（295条1項）。

[3] 株主総会の招集

(1) 株主総会は誰が招集するか

取締役会がない会社においては，取締役が，総会の日時，場所，議題を決定して（298条1項），株主総会を招集する（296条3項）。取締役会のない会社では，原則として，取締役が招集権者である。取締役が2人以上いて，代表取締役を定めたときは，代表取締役が招集する（349条1項ただし書）。

取締役会のある会社では，取締役会において総会の日時，場所，議題など定めて総会を招集することを決議し（298条4項），この決議に基づき，代表取締役又は代表執行役（指名委員会等設置会社）が招集する（296条3項，349条1項，420条3項）。このように，取締役会設置会社では，取締役会が招集決定をし，代表取締役等が招集する。

(2)　少数株主による招集

　株主総会の招集権は，取締役（取締役会設置会社では，代表取締役）にあるが，一定割合（議決権の3％）以上の議決権株式を所有する株主は，取締役に対して，議題と理由を示して，株主総会を開催するよう請求することができ（297条1項），その請求の日から一定の期間内に株主総会の招集通知が発せられないときは，請求した株主が，裁判所の許可を得て自ら株主総会を招集することができる（297条4項）。

　すなわち，総株主の議決権の3％以上の議決権を6ヶ月前から引き続き有する株主（数人の株主が共同してもよい）は，取締役に対して，議題と理由を示して，株主総会の招集を請求することができる（297条1項）。これが少数株主権の一種としての株主総会招集請求権である。公開会社でない会社（株式譲渡制限会社）では，6ヶ月の保有期間は要件とされない（297条2項）。この請求の後，遅滞なく取締役が招集手続を行わず，又は請求があった日から8週間以内の日を会日とする招集通知が発せられないときは，請求をした株主は，裁判所の許可を得て自己の名で株主総会を招集することができる（297条4項）。

　事例としては，取締役を解任するための総会招集の請求が多いが，議題についての限定はなく，株主総会事項であれば何でもかまわない。

(3)　招集の時期

　株主総会には，定時総会と臨時総会とがある。会社は，毎事業年度の終了後の一定の時期に株主総会を開催しなければならない（296条1項）。これが定時総会である。一般に，会社は毎年6月に開催するとか，決算後3ヶ月以内に開催するなどと定款で定めている。法が事業年度の終了後に開催することを要求していることから分かるように，定時総会では計算書類の承認又は報告が行われる（438条2項，439条）。会計監査人設置会社では，計算書類は株主総会の承認事項でなく，報告事項である（439条）。

　会社は，必要があるときは，いつでも株主総会を開催することができる（296条2項）。そのような総会を臨時総会という。

(4) 招集通知

株主総会を招集するときは，取締役（取締役会設置会社では，代表取締役）は，総会の日の2週間前までに議決権のあるすべての株主に招集通知を発しなければならない（299条1項）。公開会社でない会社は，株主数も少なく，株式の譲渡はほとんど行われないため，株主は固定されているので，招集通知は1週間までに発すれば足りる（299条1項）。この通知は，原則として，書面でしなければならないが，書面による通知に代えて，株主の承諾を得て，電磁的方法（インターネット）ですることもできる（299条3項）。

株主総会の招集通知には，総会の日時，場所のほか「株主総会の目的である事項」（議題）を記載又は記録しなければならない（299条4項）。議題を株主に通知すべきことにしているのは，株主が議決権行使の機会を逸することがないようにするためである。株主は，株主総会に出席するかどうかの自由があり，通知された議題をみて出欠の判断をするが，通知されていない議題について決議することができるとすれば，株主は議決権行使の機会を失うことになる。招集通知に記載のない事項についての株主総会決議は，決議取消原因となる（831条1項1号）。

(5) 招集手続の省略

議決権を行使できる株主全員が同意するときは，招集手続を経ることなく株主総会を開催することができる（300条本文）。従来から，株主全員が集まり，かつ株主総会の開催に同意したときは，株主総会が有効に成立するものと解されていた（全員出席総会，最判昭60・12・20金商738号3頁）。株主が1人だけの一人会社において，その株主が総会開催に同意し，かつ出席すれば，全員出席総会であり，この場合には，招集手続は不要と解されていた（最判昭46・6・24民集25巻4号596頁）。新法（平成17年制定・会社法）はこの判例の解釈を一歩進めて，株主全員が総会開催に同意すれば，かりに全員が出席しなくても，総会を開催し有効に決議をすることができるものとした。

[4] 議決権の行使

(1) 株主の議決権

普通株式の場合には，株主は1株につき1議決権を有する（308条1項本文）。単元株制度を採用する会社では，1単元につき1議決権を有する（308条1項ただし書）。上場会社では，1単元を100株又は1,000株としている会社が多い。

会社が保有する自己株式については，議決権はない（308条2項）。甲会社が乙

会社の株式を持ち，乙会社が甲会社の株式を持つことを株式の相互保有という。甲会社が乙会社の議決権株式数の4分の1以上を保有するときは，乙会社が甲会社の株式を保有しても，乙会社は甲会社の株式について議決権を行使できない（308条1項カッコ書，施行規則3条）。

(2) 議決権の不統一行使

株主名簿上の株主（名義株主）と実際の株主（実質株主）とが別人である場合がある。外国の投資家が日本の会社の株式を取得し，その株式を日本の銀行，信託銀行などに預託することがあり，そのときは，会社の株主名簿には日本の銀行等の名が株主として登録される。甲会社の株式を外国の投資家A（50万株）とB（70万株）が，同じ乙銀行に預託した場合には，甲会社の株主名簿にはその合計数（120万株）について乙銀行の名で登録される。甲会社の株主総会で提案される議案（たとえば，定款変更）について，乙銀行はインターネットで実質株主の意向を打診し，その結果，Aは賛成，Bは反対ということがある。このような場合，乙銀行は甲会社の株主総会で50万株を賛成に，70万株を反対に議決権を行使することができる。

名義株主と実質株主とが異なる場合には，株主（名義株主）はその保有する議決権を統一しないで行使することができる（313条1項）。取締役会設置会社では，株主は会日の3日前までに会社に対して議決権を不統一行使すること及びその理由を通知しなければならない（313条2項）。会社は，他人のために株式を保有する者でないときは，その株主の議決権不統一行使を拒むことができる（313条3項）。

(3) 議決権の代理行使

株主は代理人によって議決権を行使することができる（310条1項）。会社は，一般に，定款で代理人の資格を当該会社の株主に限定している。定款により代理人の資格を株主に制限することについては，異論もあるが，代理人の資格を定款で株主に限定しているのは，会社荒らしなどが株主の代理人として株主総会に出席し，議場を混乱させるのを防止するためであり，不合理な制限ではなく，有効であると解されている（最判昭43・11・1民集22巻12号2402頁）。

定款で代理人の資格を株主に限定している場合には，会社や地方自治体などの法人株主は，その代表者が出席できないときは，別の株主をその代理人とすべきことになるが，これらの法人株主が，その法人の使用人（株主でない）を代理人として議決権を行使させることは，定款違反とならないであろうか。この点につ

き，判例は，これらの使用人は地方公共団体又は会社という組織の中の一員として上司の命令に服する義務を負い，法人株主の代表者の意図に反するような行動はできないこと，これらの使用人を出席させ議決権を行使させても総会が撹乱されるおそれがないことを理由に，法人株主がその使用人に代理人として議決権を行使させても定款違反にならないと解している（最判昭51・12・24民集30巻11号1078頁）。

(4) 書面投票
議決権を行使することができる株主数が1,000人以上である会社は，株主が書面によって議決権を行使（書面投票）することができるようにしなければならない（298条2項）。わずかの株式しか持たない株主や会場から遠方に住む株主が，総会に出席しなくても，その意思を総会に反映させることができる方法を確保するものである。議決権を行使することができる株主数が1,000人未満の会社は，書面投票を実施するかどうかは自由である（298条1項3号）。

書面投票を実施する場合には，株主総会招集通知に添えて，議決権の行使に参考となる事項を記載した書面（株主総会参考書類）及び議決権を行使するための書面（議決権行使書面）を交付しなければならない（301条1項）。

書面による議決権の行使は，議決権行使書面に必要な事項を記載し，総会が開催される日の前日の営業時間の終了時まで提出して，行わなければならない（311条1項，施行規則69条）。書面により行使された議決権は，出席した株主の議決権に算入される（311条2項）。

(5) 電子投票
株主総会を開催することを決定する取締役（取締役会設置会社では取締役会）は，株主が電磁的方法（インターネット）によって議決権を行使することができるものと定めることができる（298条1項4号）。この場合には，取締役は，株主総会の招集通知に際して，株主に株主総会参考書類を交付しなければならない（302条1項）。

電磁的方法で議決権を行使する株主は，会社の承諾を得て，総会が開催される日の前日の営業時間の終了時までに議決権を行使しなければならない（施行規則70条）。電磁的方法による議決権を行使した者は出席株主に算入される（312条3項）。

(6) 利益供与の禁止
わが国には，総会屋と呼ばれる「企業の寄生虫」が存在する。わずかの株式を

所有して，会社に金品を要求し，会社が要求に応じて金品を渡すと，株主総会の進行係を務め，短時間での総会の終了に協力するが，会社が金品の要求を断ると，議場で不穏当な発言を繰り返し又は議長席に向かって物を投げるなど，総会を撹乱することを職業とする者である。

このような総会屋を排除するために，会社法は，会社が株主の権利行使に関して財産上の利益を供与することを禁止するとともに，利益供与を要求した者を刑罰に処することにしている。会社は，誰に対しても，会社又はその子会社の計算において，株主の権利の行使に関し財産上の利益を供与してはならない（120条1項）。「株主の権利の行使に関し」とは，株主総会で議事進行に協力したり，議案に賛成するなどの積極的な行為だけでなく，議案に反対の発言や質問をしないという形の消極的な協力も含む。

取締役，執行役その他会社の使用人が利益供与したときは，3年以下の懲役又は300万円以下の罰金に処せられる（970条1項）。株主総会での協力に対する財産の供与であることを知って，利益供与を受けた者（総会屋）も同罪である（970条2項）。利益供与を受け取ったのではなくても，利益供与を要求した者も同様である（970条3項）。さらに，利益供与をするように会社の関係者を威迫した者は，5年以下の懲役又は500万円以下の罰金に処される（970条4項）。

[5] 総会の運営と決議

(1) 議長

定款で社長，会長などが株主総会の議長になることを定めているのが普通である。定款で議長を定めていないときは，総会で選任すべきことになる。少数株主が裁判所の許可を得て開催するときは，定款で議長についての定めがあるときでも，総会において選任すべきものと解される。

株主総会は，議長の開会宣言により始まり，その閉会宣言で終了する。議長には，株主総会の秩序を維持し，議事を整理する権限があり，議長の命令に従わない者その他総会の秩序を乱す者を退場させる権限がある（315条）。

(2) 役員の説明義務

株主総会で決議を行う場合には，取締役ないし関係役員は株主がその議案について賛否の判断をするのに必要と合理的に考えられる説明をすべきは当然である。しかし，議長が机上に置いた議案に関する書面を一方的に読み上げるだけで，発言を求める株主を無視し，強引な議事運営をする例もあった。そこで，会社法は，

株主の質問権及び役員の説明義務を明文で定めた。すなわち，取締役等は，株主総会において株主から特定の事項について説明を求められた場合には，必要な説明をしなければならないとの規定が設けられた（314条本文）。

株主の質問に対して役員が説明しなくてもよい場合がある。第一は，株主の質問事項が議題と無関係である場合，第二は，その説明をすることにより株主共通の利益を著しく害する場合その他正当な理由がある場合である（314条ただし書）。株主共同の利益が害されるというのは，いわゆる企業秘密に属する事柄である。

株主の正当な質問に対して，役員が正当な拒絶の理由なく説明しないことは，説明義務違反であり，そこで行われた株主総会決議には取消事由があることになる。

(3) 総会検査役の選任請求

株主総会において会社側が提案する議案に賛成する株主の議決権数と反対する株主の議決権数との間に大差がなく，議案が賛成多数で可決されるかどうか微妙な場合もある。このような事態が予想される場合には，中立的立場の者に，株主総会の招集方法及び決議の方法などを調査させるのが適当である。

会社又は一定の要件を備えた株主は，株主総会の招集手続及び決議の方法を調査させるため，株主総会に先立ち，裁判所に対して検査役の選任を申し立てることができる（306条1項）。株主が申立てをすることができる要件は，会社によって同じではなく，

　イ　公開会社では，総株主の議決権の1％以上の議決権を6ヶ月前から引き続き有する株主であること，

　ロ　公開会社ではない会社の場合には，総株主の議決権の1％以上を有する株主（保有期間を問わない）であること，

が要件である（306条1項，2項）。

会社又は株主から検査役選任の申立てがあったときは，裁判所は持株比率，保有期間などにおいて不適法な場合を除き，検査役選任の必要性などを問題とせずに検査役を選任しなければならない（306条3項）。

検査役は，招集手続から議決権の計算，決議方法のすべてを調査し，調査報告書を作成して裁判所に提出し（306条5項），その写しを会社へ提供しなければならない（306条7項）。報告を受けた裁判所は，必要があると認めるときは，取締役に対して一定の期間内に株主総会を招集すること，検査役の調査の結果を株主に通知することのいずれか又は双方を命じることができる（307条1項）。調査対

象となった株主総会の決議に取消原因があるとき，又は決議不存在と認められるときに，裁判所は株主総会の開催を命じる。

(4) 株主総会議事録

株主総会の議事について，議事録を作成し（318条1項），会日から10年間本店に，5年間支店に備え置かなければならない（318条2項，3項）。株主及び債権者は，営業時間内いつでも議事録の閲覧・謄写を請求することができる（318条4項）。

[6] 総会決議

(1) 普通決議

株主総会の決議事項については，その事項の重要度ないし株主に与える影響の大きさなどにより，決議成立の要件に差異がある。普通決議は，定款に別段の定めがある場合を除き，議決権を行使することができる株主の議決権の過半数を有する株主が出席し（定足数），出席した株主の議決権の過半数をもって行う（309条1項）。定款で定足数を加重，軽減又は排除することができ，実際にも，定足数を定款で排除している会社が多い。ただし，定款で定足数を排除している場合でも，役員を選任又は解任する決議についての定足数は，議決権を行使することができる議決権の3分の1未満にすることはできない（341条）。

普通決議によるべき事項としては，取締役や監査役などの役員の選任（341条），取締役・監査役の報酬（361条1項，387条1項），計算書類の承認（438条2項），準備金の額の減少（448条1項），剰余金の配当（金銭配当，454条1項）などがあるほか，特別決議，特殊決議が必要とさている事項を除き，普通決議で足りる。

(2) 特別決議

株主に与える影響又は事柄の重要性のゆえに，特別決議が必要とされる事項がある。特別決議は，議決権を行使できる株主の議決権の過半数（定款で軽減する場合でも3分の1以上であること）を有する株主が出席し，出席した株主の議決権の3分の2（定款でこれを上回る割合に加重することができる）以上に当たる多数をもって行う（309条2項）。

特別決議によるべき事項としては，定款の変更，事業の譲渡，組織変更，合併，会社分割，株式交換，株式移転（以上，309条2項11号，12号），株式の併合（309条2項4号）非公開会社における募集株式発行の決定（309条2項5号）その他がある。

(3) 特殊決議

特別決議よりも要件が加重された決議が必要な場合があり，これを**特殊決議**という。たとえば，いままで自由に譲渡することができた株式の全部について，定款を変更して譲渡制限株式（株式を譲渡するには会社の承認が必要）とする場合の総会決議は，議決権を行使することができる株主の半数以上（人数）であって，かつ議決権を有する株主の議決権（総会に出席しない株主の議決権を含む）の3分の2以上の多数をもって決議しなければならない（309条3項）。その他にも，特殊決議を必要とする事項があるが，省略する。

(4) 株主総会決議の省略

株主総会の決議は，提案された議案について出席株主が議論をした結果として行われるもので，提案が否決されることも想定している。総会に提案される議案について，議決権を行使することができる株主の全員が賛成することが最初から分かっているときには，形式的な株主総会の開催を要求する必要はない。そこで，会社法は，取締役又は株主から総会の決議事項に属する事柄について提案があり，その事項について議決権を行使することができる株主の全員が書面又は電磁的方法（インターネット）により賛成したときは，株主総会を開催しないでも，決議があったものと扱うことにした（319条1項）。この制度は，株主数が少ない小規模の会社を想定している。

[7] 種類株主総会

(1) 種類株式とは

会社は異なる内容の株式を発行することができる（107条，108条）。たとえば，剰余金の配当について，普通株式に比べて優先配当が行われる株式（剰余金優先株式），普通株式に比べて劣後的に扱われる株式（剰余金配当劣後株式）などを発行することができる。発行する株式の一部は，自由に譲渡できる株式であるが，他の一部の株式については，株式を譲渡するには会社の承認を必要とするもの（譲渡制限株式）などとして発行することもできる。このように，剰余金の配当，株式の譲渡その他特定の事項について内容の異なる株式を**種類株式**と呼ぶ。この点については，第4章でより詳しく述べる。

(2) 種類株主総会

会社が2以上の種類株式を発行して場合において，会社が行う特定の行為が，ある種類の種類株主に損害を及ぼすおそれがあるときは，種類株式を有する株主

を構成員とする種類株主総会の決議を得なければならない（322条1項）。たとえば，普通株式の他に剰余金配当劣後株式を発行している会社において，普通株式についてだけ1株を2株に，1株を10株にするなどの株式分割を会社が行うときは，剰余金配当劣後株式の株主に損害を及ぼすことになるので，このような株式分割を行う場合には，剰余金配当劣後株式を有する株主を構成員とする種類株主総会の承認決議を得なければならない。

[8] 株主総会決議の瑕疵
(1) 緒 説
瑕疵とは，本来は，傷とか欠点のあることをいう。株主総会決議の瑕疵とは，決議が完全に有効なものとはいえない場合をいう。株主総会決議（種類株主総会決議も同じ）の存否又はその効力について争いが生じたときは，訴訟によって解決すべきことになっている。会社法は3つの訴訟類型に関する規定を設けている。株主総会決議が存在しないのに，総会議事録が作成されて，総会決議があったかのような外観が作り出された場合には，「決議不存在確認の訴え」を提起すべきことになる。一部の株主に招集通知を出さなかった場合あるいは，議案に関して株主が質問しようとしているのに議長がまったく無視して強引に決議した場合などのように，招集の手続又は決議方法が法令に違反する場合には，「決議取消の訴え」を，また決議の内容が法令に違反するものであるときは，「決議無効確認の訴え」を提起すべきことになる。

(2) 決議取消の訴え
(A) 取消事由
決議取消の訴えを提起することができるのは，㋑招集の手続又は決議の方法が法令・定款に違反し，又は著しく不公正なとき，㋺決議内容が定款違反であるとき，㋩特別利害関係人が議決権を行使したことにより，著しく不当な決議がされたときである。

招集手続の法令違反とは，取締役会設置会社において，取締役会の決議に基づかないで代表取締役が独断で招集したとき，株主の一部に招集通知漏れがあったときなどである。決議方法が法令違反になるのは，株主の質問に対する役員の説明義務違反がある場合，特別決議によるべき事項を普通決議によってした場合などである。決議方法が著しく不公正な場合とは，株主が発言を求めて挙手し，大声で「議長」と連呼したが，議長がこれを無視し，強引に決議したときなどであ

る。

　㈠は，たとえば，退職した取締役Aに退職慰労金を贈呈する株主総会決議が成立したが，その額が会社の規模・収益に照らして不当に高額であり，大株主でもあるAが議決権を行使したために決議が成立したのであるときは，他の株主はこの決議について，決議取消の訴えを提起することができる。

　(B)　提訴権者・提訴期間

　決議取消の訴えを提起することができるのは，株主，取締役その他の役員であり，会社を被告とする（831条1項）。提訴期間は，決議のあった日から3ヶ月以内である（831条1項）。3ヶ月以内に訴えを提起しないと，決議に取消事由があっても，その決議は有効なものと扱われる。

　(C)　訴えの利益

　決議取消の訴えが係属中に，訴えの利益が無くなる場合がある。たとえば，取締役選任決議取消の訴えの係属中に，その取締役が任期満了で退任し，適法な株主総会決議で新たな取締役が選任されたような場合である。このような場合には，訴えの利益を欠くとして，訴えは却下される。

　(D)　裁量棄却

　決議取消の訴えが提起され，かつ取消事由があると裁判所が認めるときでも，裁判所は必ず決議取消の判決を言い渡さなければならないわけではない。招集手続又は決議方法が法令・定款に違反する場合であっても，その違反する事実が重大でなく，かつ決議に影響を及ぼさないものであると認めるときは，裁判所は決議取消請求を裁量で棄却することができる（831条2項）。違反する事実が重大でないことと，その違反する事実が決議に影響を及ぼさないことの2つの要件を満たす場合に裁量棄却をすることができる。

　招集通知に「取締役増員の件」と記載されていたのに，ある取締役の解任決議が行われたケースにおいて，「予め総会決議事項の通知をしなかったことは，軽微な手続上の瑕疵ということはできない」として裁量棄却を認めなかった判例がある（最判昭31・11・15民集10巻11号1423頁）。また，発行済株式総数80万株の会社において，4,000株の株主に対する招集通知漏れがあったケースにおいて，この違法は決議の結果に異動を及ぼすような事情ではなかったとして，裁量棄却をした例もある（最判昭37・8・30判時311号27頁）。

　(E)　決議取消判決の効力

　決議取消を求める原告の請求を認容する判決（決議取消判決）が確定したとき

は，訴訟の当事者以外の第三者に対しても，その効力（対世効）を有する（838条）。決議取消の判決は，決議の時に遡ってその決議を無効とする効力がある（839条）。

(3) 決議無効確認の訴え

株主総会で決議した内容が法令に違反する場合は，決議無効確認の訴えの対象となる（830条2項）。取締役の解任は，株主総会決議事項であるが，取締役の一人であるAを解任するかどうかを取締役会に委任する旨の株主総会決議は違法である（295条3項参照）。

提訴権者，提訴期間についての制限はなく，誰でも，いつでも会社を被告として無効確認の訴えを提起することができる（834条16号）。

決議無効確認の訴えを認容する判決は，第三者に対してもその効力（対世効）を有する（838条），当該決議が決議の時に遡って無効であることを確認するものである。

(4) 決議不存在確認の訴え

総会決議が行われたかのような外形（議事録の作成，取締役の就任登記）はあるが，実際には決議が行われていない場合（総会不開催，事実上の不存在）と，若干の株主が集まって会議を開き，決議を行っているが，株主総会決議とは，法律的には認められない場合（法律上の不存在）とがある。

株主総会を開催した事実がないのに，総会決議で取締役を選任した旨の議事録を作成し，取締役就任の登記をする事例が多い。これは，事実上の不存在の場合であるが，法律上の不存在と認められた例もある。株主数が9人で発行済株式総数が5,000株の会社において，代表取締役（株主）が自己の実子2人の株主に口頭で総会招集の通知をしただけで，他の6人の株主（持株数2,100株）には通知せず，3人だけで株主総会と称して行った決議につき，最高裁は，決議は不存在であるとした（最判昭33・10・3民集12巻14号3053頁）。

総会決議が法律上の不存在であるとして争われた事例を紹介しておこう。Y会社の発行済株式総数の半数を有する株主で，かつ代表取締役であったXが知らない間に，Aらによって取締役を辞任したことにされ，総会（甲総会）を開催しなかったのにBを取締役に選任する決議をしたとの総会議事録及びAを代表取締役に選定した旨の取締役会議事録を作成し，登記簿上，Aが代表取締役として登記された。Xが甲総会決議不存在の確認を求めて訴えを提起したので，Aは代表取締役として株主総会（乙総会）を招集し，改めてBを取締役に選任した。こ

れによって，Bは取締役となり，Xは取締役の地位を失うことになるであろうか。

最高裁は，Bを選任する旨の株主総会（甲総会）の決議が不存在の場合には，Bが加わった取締役会は正当な取締役会とはいえず，その取締役会で選任された代表取締役（A）も正当に選任された代表取締役ではなく，株主総会の招集権限はないから，Aが招集した株主総会（乙総会）でBを取締役に選任する旨の決議がされたとしても，そのような決議は法律上存在しないといわざるをえない，と説いた（最判平2・4・17民集44巻3号26頁）。

決議不存在確認の訴えは，無効確認の訴えと同じく，株主，取締役など会社の内部関係者だけでなく，会社債権者なども訴えの利益がある限り，提訴することができる。不存在を確認する判決には，対世効がある（838条）。

3 株式会社の経営機構

[1] 緒　説

株式会社である以上，取締役を3人以上選任し，取締役会が重要な業務執行を決定するというのが平成17年改正までの法制であった。しかし，実際には，零細な株式会社が多く設立され，数合わせのために3人の取締役が名目的に選任され，取締役会を開催しない会社が多数存在していた。また，取締役会のない従来の有限会社制度は廃止され，既存の有限会社は株式会社になった。このような実情から，会社法は，取締役会を置かない株式会社を認めた。

[2] 機関設計の選択

(1) 機関設計に関する基本原則

① 株式会社（以下，単に会社という）は，すべて株主総会の他に1人又は2人以上の取締役を置かなければならない（326条1項）。

② 会社は定款の定めによって取締役会，会計参与，監査役，監査役会，会計監査人，監査等委員会又は指名委員会等を置くことができる（326条2項）。

　会計参与は，平成17年改正で初めて導入された役員であって，取締役と共同して計算書類を作成する。

③ 公開会社，監査役会設置会社，監査等委員会設置会社，指名委員会等設置会社は，取締役会を設置しなければならない（327条1項）。

公開会社とは，その発行する株式の全部又は一部について自由に譲渡することができるものとしている会社である。株式を証券取引所に上場している上場会社とは異なる。発行する全部の株式について，その譲渡には会社の承認を必要としている会社を非公開会社（譲渡制限会社）という。

④　取締役会設置会社（監査等委員会設置会社，指名委員会等設置会社を除く）は，監査役を置かなければならないが，非公開会社は監査役に代えて会計参与を置くことができる（327条2項）。

⑤　会計監査人設置会社（監査等委員会設置会社，指名委員会等設置会社を除く）は，監査役を置かなければならない（327条3項）。

⑥　監査等委員会設置会社及び指名委員会等設置会社は，会計監査人を置かなければならず，監査役を置くことはできない（327条4項，5項）。

⑦　大会社（非公開会社，監査等委員会設置会社及び指名委員会等設置会社を除く）は監査役会及び会計監査人を置かなければならない（328条1項）。

⑧　公開会社でない大会社は，会計監査人を置かなければならない（328条2項）。大会社とは，資本金額が5億円以上又は負債総額が200億円以上の会社をいい（2条6号），それ以外の会社が中小会社である。

(2) 機関設計の具体例

経営機構の選択例は，次の(A)～(D)の4つに分類するのが合理的である。

(A) 公開大会社

公開大会社は，取締役会と会計監査人の設置が強制され，監査役会，監査等委員会，指名委員会等のいずれかの選択ができる。

①　取締役会＋監査役会＋会計監査人
②　取締役会＋監査等委員会＋会計監査人
③　取締役会＋指名委員会等＋会計監査人

上場会社の経営機構（平成28年6月末現在）

監査役会設置会社	2,769社
監査等委員会設置会社	680社
指名委員会等設置会社	70社
上場会社　合計	3,519社

参考：監査等委員会設置会社は増加傾向
（日本取締役協会調査）

(B) 非公開大会社

会計監査人の設置を強制されるが，取締役会の設置は任意である。上記（A）の3種類に加えて，次の2種類が可能である。

④ 取締役＋監査役＋会計監査人
⑤ 取締役会＋監査役＋会計監査人

(C) 公開中小会社

公開会社はすべて取締役会及び監査役を置かなければならないが，会計監査人の設置は強制されない。上記の5種類の中で④を除く4種類に加え，次の2種類の選択が可能である。

⑥ 取締役会＋監査役
⑦ 取締役会＋監査役会

(D) 非公開中小会社

上記7種類に加えて，次の種類の選択が可能である。

⑧ 取締役のみ
⑨ 取締役＋監査役
⑩ 取締役会＋会計参与

株式会社の機関設置

	公開大会社	非公開大会社	公開中小会社	非公開中小会社
株主総会	●	●	●	●
取締役	●	●	●	●
取締役会	●	△	●	△
監査役	●	●	●	△
監査役会	●	△	△	△
会計監査人	●	●	△	△
監査等委員会 指名委員会等	△	△	△	△
会計参与	△	△	△	△

●は必須，△は選択可能

[3] 取締役

(1) 取締役の役割

　取締役会設置会社においては，取締役会が会社の重要な業務執行を決定するが，取締役は取締役会の構成員として，会社の経営に関する意思決定に関与する。取締役の中で代表取締役に選定された者及び業務執行取締役に選定された者は，会社の業務執行を担当する（363条1項）。取締役会を設置しない会社においては，取締役は会社の業務執行機関である。会社の経営は取締役の手腕にかかっており，会社の命運を決めることとなる取締役は，きわめて重要な地位を占めている。

(2) 取締役の選任・報酬等

(A) 取締役の選任・員数

　取締役は株主総会の決議で選任する（329条1項）。役員選任の株主総会においては，決議は普通決議で足りるが，定足数は，定款で軽減又は排除しているときでも，議決権を行使することができる株主の議決権の3分の1以上でなければならない（341条）。

　選任すべき取締役の数は，取締役会設置会社では3人以上（331条4項），取締役会を設置しない会社では1人でもよく，2人以上選任することもできる（326条1項）。

＊**社外取締役の選任**　　平成26年改正法は，取締役会の業務執行者に対する監督機能を強化するためには，社外取締役の存在が有益であるとの考え方に基づき，特に上場会社では，法的に強制はされないが，社外取締役を置くのが当然という立場に立っていた。令和元年の改正法はこれを一歩進めて，公開会社でありかつ金商法により有価証券報告書の提出義務を負う会社は，社外取締役を置くことが義務付けられた（327条の2）。員数についての規定はないので，1人以上置けばよいことになる。

　社外取締役となることができるのは，①当該会社又はその子会社の業務執行取締役もしくは執行役又は支配人その他の使用人でなく，その就任の前10年間当該会社又はその子会社の業務執行取締役等であったことがない者でなければならない（2条15号イ）。当該会社の発行済株式の大部分を所有して当該会社の経営を支配している個人株主（親会社等という用語が使われている）又は親会社の取締役，執行役もしくは支配人その他の使用人も社外取締役にはなれない（2条15号ハ）。当該会社の取締役，執行役もしくは支配人その他の重要な使用人の配偶者又は2親等内の親族も社外取締役になれない（2条15号ホ）。

　ところで，A社及びB社がともに甲会社の子会社である場合，A社とB社は兄弟会社といわれる。この場合，A社の業務執行者はB社の社外取締役になれない（2条15号ニ）。しかし，業務を担当しないA社の取締役はB社の社外取締役となることができる。

（B） 取締役になれない者

① **欠格事由**　取締役となるための特別な資格は必要でないが，次の者は取締役となることはできない（331条1項）。(1) 法人，(2) 成年被後見人，被保佐人又は外国の法令でこれらと同様に扱われる者，(3) 会社法，金融商品取引法，会社更生法，破産法などの罪を犯し，その刑に処せられ，その執行を終わり又はその執行を受けることがなくなった日から2年を経過しない者，(4) その他の法令の規定に違反し，禁錮以上の刑に処せられ，その執行を終わるまで又はその執行を受けることがなくなるまでの者（執行猶予中の者は欠格者にならない）である。

監査等委員会設置会社の監査等委員は，取締役会の構成員として取締役会を通じて，取締役，執行役の職務の執行を監督しかつ当該会社の監査をする役割を担っているため，当該会社もしくはその子会社の支配人その他の使用人又は子会社の会計参与もしくは執行役を兼ねることはできず（331条3項），指名委員会等設置会社の取締役は，取締役会の構成員として取締役会を通じて，取締役，執行役の職務の執行を監督する役割を担っているため，取締役は執行役の指揮命令に置かれる支配人その他の使用人を兼ねることはできない（331条4項）。

② **定款による取締役資格の制限**　公開会社においては，会社は取締役が株主でなければならない旨を定款で定めることはできない（331条2項本文）。これは，企業の所有と経営の分離をはかるための規定である。公開会社においては，株式が自由に譲渡され，株主数も多く，経営規模も大きいのが普通であって，取締役には高度の経営能力が要求される。したがって，企業経営についての専門的知識・能力を有する適材を広く登用できるようにしたものである。

非公開会社（譲渡制限会社）では，定款をもって取締役の資格を株主に限定することができる（331条2項ただし書）。譲渡制限会社では，株主の変動はまれであり，規模も小さいのが普通であって，現実にも所有と経営が分離されていないことを考慮したものである。

（C） 取締役の任期

取締役の任期は，原則として，選任後2年以内に終了する事業年度に係る最終の定時総会の終結の時までである（332条1項本文）。同一人が長期にわたって取締役の地位に留まることもできるが，少なくとも2年ごとに株主の信任を問わなければならないものとされている。定款で取締役の任期を短縮することができる（332条1項ただし書）。大公開会社の中には，定款で取締役の任期を選任後1年に短縮している会社が少なくない。それは，剰余金の配当決定を取締役会決議

だけで行うことができるようにするためである。剰余金の配当は、一般には株主総会決議によらなければならないが（454条1項）、会計監査人を置いていて、取締役の任期を定款で1年と定めている会社では、取締役会決議だけで剰余金の配当ができることになっている（459条1項4号）。

監査等委員会設置会社の取締役（監査等委員を除く）及び指名委員会等設置会社の取締役の任期は選任後1年である（332条3項，6項）。指名委員会等設置会社には会計監査人の設置が強制され、かつ取締役の任期は1年であるので、定款で別段の定めをすることなく（整備法57条）、取締役会決議だけで剰余金の配当を決定することができる。

非公開会社では、定款の定めによって取締役の任期を選任後10年以内に終了する事業年度に係る最終の定時総会の終結までとすることができる（332条2項）。

(D) 取締役の欠員

① 仮取締役・取締役職務代行者　取締役の死亡、辞任その他の事由により、法律・定款に定めた取締役に欠員が生じた場合には、株主総会で新たな取締役を選任すべきことになる。株主数が少ない小会社では、比較的簡単に株主総会を招集できるが、株主数の多い大会社では、招集準備に相当な費用と日数をかけなければならず、容易に株主総会を招集することはできない。

取締役に欠員が生じた場合には、利害関係人（株主、役員、使用人、会社債権者など）は、裁判所に一時取締役の職務を行うべき者（仮取締役）の選任を請求することができる（346条2項）。裁判所は、仮取締役を選任する際に、その報酬の額を定めることができる（346条3項）。

取締役選任の株主総会決議について、不存在確認の訴え、取消しの訴えが提起され、又は取締役解任の訴えが提起された場合において、取締役の職務執行を停止させる必要があるときは、裁判所に取締役の職務執行停止の仮処分が申請される場合がある。裁判所は、当事者の申請により、取締役の職務執行停止の仮処分命令を出し、かつ仮処分により取締役職務代行者を選任することがある（352条，民事保全法56条）。この場合の職務代行者は、常務に属しない行為をするについては、裁判所の許可を得なければならない（352条1項）。臨時株主総会の招集は常務に属しないと解される。

② 退任取締役の権利義務　取締役が欠け又は法律・定款で定めた取締役の員数に欠員が生じた場合には、辞任又は任期の満了により退任した取締役は、新たに選任された取締役が就任するまで、取締役としての権利義務を有する（346

条1項)。解任された取締役は除外される。

(E) 取締役の報酬

指名委員会等設置会社以外の会社においては、取締役の報酬、賞与その他の職務執行の対価として会社から受ける利益（以下、報酬という）は、株主総会の普通決議又は定款で定める（361条1項）。定款で定めると、報酬額を変更するたびに定款変更（株主総会の特別決議）の手続が必要となり、現実的でないため、一般に株主総会決議によっている。株主総会では、①額が決定しているものについては、その額、②額が確定しないものについては、その具体的な算定方法、たとえば、配当可能な剰余金の1％以内とか、ストック・オプションを付与するなど、③金銭でないもの（会社の施設の利用など）については、その具体的な内容を定めなければならない（361条1項）。

ストック・オプションとは、株式購入権である。一定の価格で一定数の株式を会社に対して売り渡すよう請求することができる権利である。たとえば、取締役のAが会社から1万株の株式を1株につき500円（権利行使価格）で購入する権利を付与された場合において、その会社の株式が市場で1株につき700円で取引されているとすれば、その権利を行使して、Aは会社から1万株を1株につき500円で買い入れ、市場で売却すれば、200万円の粗利益を得ることができる。

平成17年改正前は、取締役の賞与は配当可能利益から支給され、経費の支出とされた報酬とは別個のものとして処理されていたが、新法では賞与も報酬の一部としている。

なお、指名委員会等設置会社では、取締役（執行役、会計参与も同じ）の報酬は、株主総会決議事項ではなく、報酬委員会が個人別に決定する（404条3項）。

(3) 取締役の終任

(A) 終任事由

取締役と会社との関係は委任関係である（330条）から、委任の終了事由は、取締役の終任事由となる。取締役の辞任又は解任（民法651条1項）、取締役の死亡、破産手続開始の決定、成年被後見人となったこと（民法653条）は、委任の終了事由である。その他、任期の満了、会社の解散、欠格事由の発生は、取締役の終任事由である。

(B) 取締役の解任

① 株主総会決議による解任　会社は株主総会の普通決議によって、正当な理由があると否とを問わず、いつでも取締役を解任することができる（339条1

項)。旧法のもとでは，取締役の解任は，株主総会の特別決議によることになっていたが，新法では普通決議で足りることにした（309条7号参照）。正当な理由がないのに任期満了前に解任された取締役は，解任により生じた損害（残り任期中の報酬，退職金等）の賠償を会社に対して請求することができる（339条2項）。慰謝料を請求することはできない。

　法令・定款に違反し又は不正行為をしたため，あるいは病気その他取締役としての職務執行に支障があるなど，正当な理由により解任された取締役は，損害賠償を請求できない。

　②　**少数株主による取締役解任の訴え**　取締役が職務執行に関して不正の行為をし，又は法令・定款に違反する重大な事実があったため，株主総会においてその取締役を解任する議案が提出されたが，株主総会で解任議案が否決されたときは，次の要件を具備する少数株主は，株主総会の日から30日以内に，会社及び当該取締役を被告として，取締役解任の訴えを提起することができる（854条1項）。解任の訴えを提起できる株主は，(1) 総株主の議決権の3％以上の議決権を6ヶ月前から引き続き有する株主，又は (2) 発行済株式の3％以上の株式を6ヶ月前から引き続き有する株主である。(2) は，議決権のない株式を保有する株主に取締役解任の訴権を認めたものである。非公開会社では，6ヶ月の保有期間は不要である（854条2項）。

[4]　取締役会

(1)　強制設置と任意設置

　取締役会は，取締役全員によって構成される会議体である（362条1項）。公開会社，監査役会設置会社，監査等委員会設置会社，指名委員会等設置会社は，取締役会を設置しなければならないが（327条1項），その他の会社では，取締役会を設置するかどうかは会社の自由である。取締役会を設置する場合には，3人以上の取締役を選任しなければならない（331条4項）。株主総会の決議事項の項（13頁）で説いたように，取締役会設置会社では，会社の業務執行に関する決定権限は取締役会に属し，株主総会で決議する事項は限定されている。

(2)　監査役設置会社の取締役会の職務・権限

(A)　業務執行の決定

　取締役会は，「会社の業務執行の決定」及び「取締役の職務の執行の監督」ならびに「代表取締役の選定及び解職」を行う機関である（362条2項）。取締役会

は，法令・定款で株主総会の決議事項とされているものを除き，会社の業務執行に関するすべての事項について決定することができる。業務執行に関する事項は，すべて取締役会で決定することはできるが，細大漏らさずすべての業務執行に関する事項を決定する必要はなく，日常業務に関する事項ないし「重要な業務執行」でない事項については，代表取締役に委任することができる（362条4項の反対解釈）。

必ず取締役会決議によらなければならない事項は，株式の分割（183条2項），代表取締役の選定・解職（362条2項3号），公開会社における募集株式の発行（240条1項），株主総会の招集決定（298条4項）その他である。会社法はさらに，「次に掲げる事項その他の重要な業務執行の決定を取締役に委任することができない」（362条4項）として，7つの事項を列挙している。列挙事項だけでなく，「その他の重要事項」についても同じであることを明らかにしている。ここでの［取締役］とは，代表取締役その他の業務執行取締役のことである。

列挙されているのは，①重要な財産の処分及び譲受け，②多額の借財，③支配人その他の重要な使用人の選任及び解任，④支店その他の重要な組織の設置・変更・廃止，⑤社債発行事項その他社債を引き受ける者の募集に関する重要な事項，⑥法令遵守及び内部統制システムの整備，⑦定款の定めに基づく役員の責任の一部免除の決定である。

何が「重要な財産」か，どの程度が「多額の借財」に当たるかは，会社の規模や財産状況に照らして会社ごとに異なる。取締役の数が6人以上で，かつ社外取締役が1人以上いる指名委員会等設置会社以外の会社では，「重要財産の処分及び譲受け」と「多額の借財」について，取締役会決議に代えて，あらかじめ選定した3人以上の取締役（特別取締役という）の会議で決定することができる（373条1項）。

(B) 取締役会の監督機能

取締役会設置会社においては，業務を執行する取締役と業務執行に関与しない取締役とがあるが，取締役としての共通の職責を負っている。取締役会は，取締役の職務の執行を監督する機関である。業務を執行する取締役も業務執行をしない取締役も，すべて取締役会を通じて「取締役の職務の執行」を監督する職責を有する。業務を執行する取締役は3ヶ月に1回以上，自己の職務の執行状況を取締役会に報告する義務があるが（363条2項），これは取締役会が業務執行取締役の職務の執行状況を把握し，その監督機能を発揮できる機会を与えるためである。

取締役会の監督機能が強力に発揮されるのは，法令・定款に違反し，又は不正

の行為をする代表取締役その他の業務執行取締役を解職する権限を行使するときである。

(3) 取締役会の運営
(A) 取締役会の招集権者

　取締役会の招集権は，原則として，各取締役にあるが，会社は定款又は取締役会の決定により招集権者を定めることができる（366条1項）。取締役会決議による取締役会規則で，取締役会会長，社長などを招集権者としているのが普通である。

　招集権者を定めている場合において，一般の取締役は，取締役会を開催する必要が生じたときは，招集権者に対して取締役会の目的である事項を示して取締役会を招集するよう請求することができる（366条2項）。その請求の日から5日以内に，2週間以内の日を会日とする取締役会の招集通知が発せられない場合には，請求をした取締役は自ら取締役会を招集することができる（366条3項）。

　監査役設置会社においては，監査役は，取締役が不正の行為をし，もしくは不正行為をするおそれがあると認めるとき，又は法令・定款に違反する事実もしくは著しく不当な事実があると認めるときは，招集権者に取締役会の招集を請求することができる（383条2項）。監査役を設置していない会社では，同様の場合に株主も招集権者に取締役会の招集を請求することができる（367条1項）。取締役が請求した場合と同じ期間内に取締役会の招集通知が発せられないときは，請求をした監査役又は株主は，自ら取締役会を招集することができる（367条3項，383条3項）。

(B) 招集手続

　取締役会を招集する者は，会日の1週間前までに各取締役（監査役設置会社では監査役にも）に対して招集通知を発しなければならない（368条1項）。通知の方法については，特に定めはなく，書面に限らず口頭ないし電磁的方法によってもよい。取締役（監査役がいるときは監査役を含む）の全員が取締役会の開催に同意するときは，招集手続を省略することができる。全員が開催に同意すればよく，全員が出席しなくても，取締役会を開催することができる。

　株主総会の招集通知と違って，取締役会の招集通知には議題を示す必要はない。取締役はその会社の業務執行に関する事項については，いつでもどのような提案についても適切な審議・決議を行うべきことが期待されている。会社が定款又は取締役会規則で，「取締役会は議題を記載して招集通知を発する」旨を定めているときでも，取締役会では招集通知に記載のない事項について決議することがで

きる（東京地判平 2・4・20 金商 864 号 20 頁）。

取締役会の招集通知は監査役に対してもしなければならない（368 条 1 項）。監査役の職務は，取締役の業務執行を監査することであり，取締役会で法令・定款違反の決議又は著しく不当な決議が行われるのを阻止する趣旨で，監査役は取締役会へ出席し，必要があれば意見を述べる義務がある（383 条 1 項本文）。

(4) 取締役会の決議
(A) 決議の方法

取締役会の決議は，決議に加わることができる取締役の過半数が出席し（定足数），その過半数をもって行う（369 条 1 項）。現在いる取締役の数が法令・定款で定める最低人数を欠いているときも，定足数は法令・定款で定める最低人数を基礎としなければならない。定款で取締役の数を 5 人としている会社において，現在 3 人しか取締役がいないときは，3 人全員が出席しないと，取締役会を開催できないことになる。

(B) 特別利害関係人

取締役会の決議に特別の利害関係を有する取締役は，議決に加わることができない（369 条 2 項）。取締役と会社との関係は委任であり，取締役は会社に対して善管注意義務のほか忠実義務を負っている（355 条）。株主は株主総会において議決権を自己の利益のために行使することができるが，取締役会において取締役は受任者として会社の利益のために議決権を行使しなければならない。それゆえ，特別利害関係のある事項については，取締役は議決権を排除されるのである。

取締役がどのような場合に特別利害関係人となるかは，取締役の忠実義務を基準として決定される。取締役が自己又は第三者のために会社と競業する取引を行い又は取締役が自己又は第三者のために会社との間で利益相反取引をするに際して，取締役会の承認を得る場合（365 条 1 項）はその典型である。取締役が「第三者のために」するというのは，取締役がその第三者を代表又は代理して行う場合をいう。たとえば，A が甲会社の取締役であり，かつ乙会社の代表取締役である場合において，乙会社の土地を甲会社で買い入れる決議をするときは，A は第三者（乙会社）を代表する者であり，甲会社の取締役会決議において特別利害関係人となる。

代表取締役を選定する取締役会決議において，その候補となっている取締役は特別利害関係人に該当しないと解されている。しかし，代表取締役の解職については，少数の異論もあるが，判例・通説は，特別利害関係人に該当すると解している（最判昭 44・3・28 民集 23 巻 3 号 645 頁）。

(C) 決議の省略

　取締役会は，本来は，会議を開き，取締役たちの協議と意見の交換を行うことにより決議をすべきであるが，取締役会で決議すべき事項について提案があった場合に，その事項について決議に加わることのできる取締役の全員が書面又は電磁的記録により同意し，監査役が当該提案について異議を述べなければ，当該提案を可決する旨の取締役会決議があったものとみなす旨を定款で定めることができる（370条）。企業活動の国際化に伴い，外国に居住する取締役が増加している状況を考慮したものである。

(D) 取締役会議事録

　取締役会の議事については，議事録を作成し，出席した取締役及び監査役はこれに署名又は記名押印しなければならない（369条3項）。取締役会の決議に参加した取締役であって，議事録に異議をとどめなかった者は，その決議に賛成したものと推定される（369条5項）。会社は，取締役会の日から10年間その議事録を本店に備え置かなければならない（371条1項）。

　株主総会の議事録に比べて，取締役会の議事録には会社経営上の機密に属する事項が多いのが普通である。株主又は会社債権者は，いつでも株主総会の議事録の閲覧・謄写を請求することができるが（318条4項），株主又は会社債権者による取締役会議事録の閲覧・謄写請求はより厳格な要件のもとで認められる。

　まず，株主の場合には，監査役設置会社又は監査等委員会設置会社，指名委員会等設置会社とこれらの機関のない会社とで要件が異なる。監査役設置会社又は監査等委員会設置会社，指名委員会等設置会社の株主は，その権利を行使するために必要があるときは，裁判所の許可を得て取締役会議事録の閲覧・謄写を請求することができる（371条3項）。

　監査役を置いていない会社又は監査等委員会設置会社，指名委員会等設置会社でない会社の株主は，「その権利を行使するために必要があるときは」，営業時間内いつでも取締役会議事録の閲覧・謄写を請求することができる（371条2項）。監査役又は監査委員ないし監査委員のいない会社では，株主の経営監視の機会を確保する必要があるとの考慮から，株主は権利行使のため必要があるときはいつでも，裁判所の許可を得ることなく取締役会議事録の閲覧・謄写を請求できるものとしている。しかし，監査役又は監査等委員ないし監査委員（指名委員会等設置会社）のいる会社では，これらの役員が株主に代わって職務として取締役の職務執行を監査しているがゆえに，株主は裁判所の許可を得た場合にのみ取締役会

議事録の閲覧・謄写を請求できるにすぎないものとしている。裁判所が機械的に許可すれば，会社の機密が容易に漏れて，会社に回復し難い損害を及ぼすおそれがある。したがって，裁判所は，株主による取締役会議事録の閲覧・謄写が会社に著しい損害を及ぼすおそれがあると認めるときは，閲覧等を許可することができないものとされている（371条6項）。

なお，会社債権者は，役員又は執行役の責任を追及するため必要があるときは，裁判所の許可を得て，取締役会議事録の閲覧・謄写を請求することができる（371条4項）。

(E) 取締役会決議の瑕疵

株主総会決議に関しては，瑕疵の内容等に従って無効，取消し，不存在などに区別されるが，取締役会の決議に瑕疵がある場合についてはなんら規定されていない。したがって，取締役会決議に瑕疵がある場合は，一般原則に従い，決議の内容が法令・定款に違反するときも，決議の方法又は招集手続に瑕疵があるときも，すべて無効と解される。

4 会社の業務執行

[1] 取締役会を設置しない会社
(1) 業務執行

取締役会を設置しない会社では，取締役は単独で業務執行機関であり，取締役として選任されたことにより当然に会社の業務を執行する（348条1項）。法令・定款により株主総会の決議事項とされている事項については，株主総会の決議を経て，その必要がない事項については自らの決定により執行することができる。

取締役が2人以上いるときは，取締役の過半数をもって業務執行を決定しなければならない（348条2項）。取締役が数人いる場合には，特定の取締役に業務執行の決定を委任することもできるが，重要な業務執行，すなわち，支配人の選任・解任，支店の設置・移転・廃止，株主総会の招集決定，内部統制システム（後述）に関する事項，役員の責任免除については，特定の取締役にその決定を委任することはできない（348条3項）。

(2) 会社代表

取締役は会社を代表する（349条1項本文）。取締役が数人いるときでも，各取

締役が会社を代表する（349条2項）。会社は定款で特定の者を代表取締役とする旨を定めることができ，さらに定款の定めにより取締役の互選又は株主総会決議で代表取締役を定めることができる（349条3項）。会社が代表取締役を定めたときは，他の取締役は代表権を有しない（349条1項ただし書）。

[2] 取締役会設置会社
(1) 業務執行

　取締役会設置会社（指名委員会等設置会社を除く）の取締役は，取締役会の構成員であるに留まり，取締役会により業務執行取締役として選定されない限り，会社の業務を執行することはない。しかし，取締役会は取締役の中から，代表取締役その他の業務執行取締役を選定することができる（363条1項）。

　代表取締役以外の業務執行取締役は，一般に，副社長，専務取締役，常務取締役などの役付取締役として選定され，副社長・専務などに代表権を付与することもある。しかし，業務執行取締役として選定されていても，代表権を付与されていない取締役には，対外的な代表権はなく，財務計画，生産計画その他の内部的な業務を担当するにすぎない。

　取締役兼支店長，取締役兼財務部長，取締役兼工場長などの肩書を付与される者もある。支店長，財務部長，工場長などは使用人を表す肩書であり，これらの取締役は使用人を兼ねていることになる。

　社外取締役は会社の業務執行はせず，もし業務を執行すればその者の社外性は失われる（2条15号イ）。しかし，会社の業務執行取締役と会社との利益が相反する状況にあり又はMBO（経営者による自社株式に対する公開買付）の場合のように業務執行取締役が業務を行うことにより株主の利益が害されるおそれがあるときは，その都度，会社は取締役会決議により社外取締役に当該業務を委託することができる（348条の2）。この場合，社外取締役は業務執行取締役の指揮を受けず，独立の立場で当該業務を執行すべきことになる。

(2) 代表取締役
(A) 選　定

　取締役会設置会社の業務執行の決定権限は取締役会に属する（362条2項）が，取締役会は会議体であるため，その決議事項を実行するのには適当な機関ではない。そこで，取締役会は，取締役の中から代表取締役を選定し（362条3項），代表取締役が会社の業務を執行し，かつ会社を代表すべきものとしている。

取締役会は会社の業務執行に関する事項について細大漏らさず決議する必要はなく，法が重要な業務執行として取締役会決議を要求している事項以外の事項，ことに日常業務（常務）については，代表取締役にその決定を委任することができる（362条4項参照）。代表取締役の人数については，特に定めはなく，1人又は2人以上選定してもかまわない。その場合には，各代表取締役が代表権を行使することができる。

(B)　仮代表取締役・代表取締役職務代行者

　1人しかいない代表取締役が欠けた場合又は定款所定の代表取締役の員数が欠けた場合には，任期満了又は辞任により退任した代表取締役は，新たに選定された代表取締役が就任するまで，代表取締役としての権利義務を有する（351条1項）。代表取締役が欠けた場合には，裁判所は利害関係人の申立てにより一時代表取締役の職務を行うべき者（仮代表取締役）を選任することができる（351条2項）。

　代表取締役の職務執行停止の仮処分が申請された場合には，代表取締役の職務執行停止の仮処分命令が出され，その者に代わる代表取締役職務代行者が仮処分命令によって選任されることもある（352条1項，民事保全法56条）。

(C)　代表取締役の権限

　代表取締役は，会社の業務に関する一切の裁判上又は裁判外の行為をする権限を有し，その権限に加えた制限は，善意の第三者に対抗することができない（349条4項，5項）。この規定によれば，代表取締役は会社の業務に関することならばすべて行うことができるように読めるが，業務執行に関する決定と執行を区別しなければならない。

　法令・定款で株主総会決議事項とされている事項については，株主総会決議に基づいて代表取締役が執行しなければならない。また，取締役会設置会社では，会社の業務執行の決定権限は取締役会に属する（362条2項1号）。取締役会は，「重要な業務執行」については，取締役会決議により決定しなければならないが，重要ではない事項については代表取締役にその決定を委任することができる（362条4項）。したがって，代表取締役は，重要でないものとして取締役会から委任された事項については，自ら決定しかつ実行することができる。

　代表取締役の権限に加えた制限をもって善意の第三者に対抗できない（349条5項）ものとされているが，「代表取締役の権限に加えた制限」とはどういうことであろうか。たとえば，「多額の借財」は取締役会決議によらなければならな

いが（362条4項2号），その会社（大会社）の規模からみて1億円以下の借財は多額とはいえず，同規模の会社の代表取締役に選定された場合には，当然に代表取締役に委任されているものと解される場合において，その会社の取締役会規則で1,000万円以上の借財については，取締役会決議が必要である旨を定めていれば，この定めは代表取締役の権限に加えた制限といえるであろう。このような定めのある大会社において，代表取締役が取締役会の決議に基づかないで5,000万円の借入契約を締結した場合，相手方が善意であったときは，会社はその契約が無効であるとの主張ができないということである。

(3) 代表取締役の専断的行為の効力
(A) 判例の立場

会社法が株主総会又は取締役会の決議を要求している事項について，代表取締役がそれらの機関の決議を経ることなく，独断で行った行為（専断的行為）の効力に関して，判例は以下のような立場に立っている。

① 事業譲渡（旧営業譲渡）　　会社が事業譲渡を行うときは，株主総会の特別決議が必要である（467条，309条2項11号）。代表取締役が株主総会の承認を得ないで行った事業譲渡は無効であり，譲渡会社及びその株主，債権者等の利害関係人のほか，譲受会社もその無効を主張できるとの立場である（最判昭61・9・11金商758号3頁）。この判断は当然のことであって，学説上も異論はない。

② 第三者に対する新株の有利発行　　会社が第三者に対して特に有利な価額で新株を発行するには，株主総会の特別決議が必要であるが（201条1項，309条2項5号），代表取締役が株主総会の特別決議を経ることなく第三者に対して特に有利な価額で行った新株発行は無効原因にならないと判示した（最判昭46・7・16判時641号97頁）。この判例の立場は不当である。

③ 取締役会決議を欠く新株発行　　代表取締役が，取締役会を開催しないで自派の関係者にだけ新株を発行したケースについて，取締役会決議がなくても代表取締役が発行した以上，有効であるとした（最判昭36・3・31民集15巻3号645頁）。新株が著しく不公正な方法によって発行された場合にも，同様であるとする（最判平6・7・14金商956号3頁）。これを支持する学説もあるが，賛成できない。

④ 重要財産の処分等　　重要な財産の処分，多額の借財その他会社法362条4項に列挙する事項は，取締役会決議が必要であるが，これらの事項を代表取締役が専断で行ったときの効力について，最高裁は，代表取締役は会社の業務に関

して一切の行為をする権限を有するから，代表取締役が必要な取締役会の決議を経ないで取引をした場合でも，その内部的意思決定を欠くにとどまるから原則として有効であって，ただ相手方がその決議を経ていないことを知り又は知ることができたときに限って無効であると解している（最判昭40・9・22民集19巻6号1656頁）。

以上みてきたように，判例の立場は，場当たり的であって，一貫した理論はない。

(B) 検　討

会社法は，業務執行のうち重要な業務執行の決定については，必ず取締役会決議によるべきことを要求している（362条4項）。会社ないし株主の利益の観点から，きわめて重要と考えられる事項について，株主総会の決議が要求されている。法律上，株主総会又は取締役会の決議事項とされている事柄については，代表取締役には決定権限はなく，必要な機関の決議を経ないで代表取締役が専断で行為をすることは無権代表であって無効というべきである。代表取締役と取引をする第三者が，必要な機関の決議を経ていないことを知らない場合があり，取引の安全をはかる必要もある。したがって，代表取締役が法律により必要とされている機関の決議を経ないで行った行為は，原則として無効であるが，善意かつ重過失のない第三者には，会社は無効を主張できない（349条5項）と解釈するのが妥当である。判例のように，個別的に違った扱いをすべきではなく，一律に，この解釈で解決すべきである。

(4) 表見代表取締役

取締役会設置会社では，取締役会において代表取締役が選定される。わが国の会社では，取締役の中から社長，副社長などの名称が付与されるのが普通であるが，社長，副社長という名称は法定の機関ではなく，これらの名称を付与された取締役に代表権を与えるかどうかは会社の自由である。しかし，社長は同時に代表取締役であるのが一般である。そこで，会社が，代表取締役以外の取締役に社長，副社長その他会社を代表する権限があるものと認められる名称を付与した場合には，その名称を付与された取締役（表見代表取締役）の行為について，会社は善意の第三者に対してその責任を負うものとされる（354条）。代表権がないことを知らなかったことにつき重過失があった第三者は，悪意と同視される（最判昭52・10・14民集31巻6号825頁）。

5 取締役（執行役）の義務と責任

[1] 会社に対する義務
(1) 善管注意義務と忠実義務

　取締役（執行役も同様）と会社との関係には委任に関する規定が適用される（330条）。取締役は会社の受任者であるから，会社のために善良な管理者の注意義務（善管注意義務）を負う（民法644条）。取締役はまた「法令及び定款並びに株主総会の決議を遵守し，会社のため忠実にその職務を行わなければならない」（355条）。これを取締役の忠実義務という。以下においては取締役について述べることにするが，それらは，指名委員会等設置会社の執行役にも当てはまる（419条2項）。

　善管注意義務と忠実義務との関係をどう理解するかをめぐっては見解が分かれている。両者は同質のもので，取締役は忠実にその職務を遂行する義務を負うというのと，善良な管理者の注意をもって職務を遂行する義務を負うというのとは，その内容において差異はないという見解（同質説）があり，判例も，忠実義務に関する規定は善管注意義務を一層明確にしたにとどまると解する（最判昭45・6・24民集24巻6号625頁）。

　これに対して，善管注意義務は，取締役が職務を執行する際に尽くすべき注意の程度に関する規範であり，忠実義務は，会社と取締役との間における信認的関係における取締役の義務であって，取締役がその地位を利用し，会社の利益を犠牲にして自己の私益をはかってはならない義務をいい，両者はその機能する局面が異なるという説（異質説）がある。異質説が妥当である。次に述べる取締役と会社との取引に関する規定及び取締役の競業行為に関する規定は，忠実義務を具体化した規定と解される。

(2) 取締役の競業避止義務
(A) 意　義

　取締役（指名委員会等設置会社の執行役にも準用・419条2項）が自己又は第三者のために会社の事業の部類に属する取引をしようとするときは，その取引について重要な事実を開示し，株主総会（取締役会設置会社では取締役会）の承認を受けなければならない（356条1項1号，365条1項）。たとえば，家電製品の販売業を営む甲会社の取締役Aが，自己の店で家電製品の販売をすれば，Aは会社の事業と競業する取引をすることになる。この場合，甲会社の取締役Aが乙

会社を設立して代表取締役に就任し，乙会社が甲会社と同じ事業を開始すれば，Aは第三者（乙会社）のために甲会社と競業する取引をすることになる。甲会社の取締役Aが同業の乙会社（取締役会設置会社）の取締役に就任するだけでは，第三者のために競業取引をすることにはならない。乙会社の代表取締役に就任するか，乙会社の執行役ないし支配人に就任して業務執行をする場合に，第三者のために競業取引をすることになる。

　この規定は，取締役がその地位において知り得た知識を自己又は第三者のために利用し，会社の取引の機会を奪って，自己等の利益をはかり，会社に損害を与えるおそれがあるのを規制するものである。

（B）　会社の事業の部類に属する取引

　会社の事業の部類に属する取引とは，会社の事業と同種又は類似の商品ないし役務を対象とする取引であって，会社と競争を生じるものをいう。会社が実際に行っている事業と市場において取引先が競合し，会社と取締役（又は第三者）との間に利益衝突が生ずる可能性がある取引に限られる。会社が現に行っている事業だけでなく，すでに開業の準備に着手している事業や一時的に休止しているにすぎない事業は含まれるが，会社がまったく営業の準備をしていない場合や完全に廃止した事業は除かれる。

　営業地域が異なる場合はどうであろうか。取引の行われる地域が会社の営業地域と異なるため，取引について競合が生じるおそれがないときは，取締役会（又は株主総会）の承認は不要であり，ただ，会社がすでに進出の準備に着手し又はその地域への進出が合理的に予測されるときは，承認が必要であると解されている。

（C）　競業避止義務を負う者

①　事実上の主宰者　　競業避止義務を負うのは取締役及び指名委員会等設置会社の執行役である（356条，419条2項）。取締役に就任していないが，事実上，会社を支配している者も競業避止義務があるという判例がある。

　関東一円でパンの製造販売をしている甲会社の代表取締役であるAは，自己の資金で千葉県内のパン製造販売を営む乙会社を買収し，その株式の90％を保有していた。Aは乙会社の取締役には就任しなかったが，会社の絶対的な存在として君臨し，その営業を意のままに動かしていた。甲会社がAの競業避止義務違反の責任を追及したのに対して，裁判所はAを乙会社の事実上の主宰者であるとしてその競業避止義務を認めた（東京地判昭56・3・26判時1015号27頁）。

このケースは圧倒的な持株による会社支配であったが、そうでない場合にも事実上の主宰者と認定された事案がある。A会社の代表取締役Yは、その本店所在地と同じ県内にA会社と同一の事業を営むB会社を設立し、Y及びA会社におけるYの部下たちがB会社の株主となっていた。YはA会社が発注していた最新の機械をB会社に設置させたり、従業員をB会社に従事させるなど、B会社の利益をはかり、A会社の業績を低下させた。Yは部下たちに威圧的で、Yに逆らえる者はいなかった。YはB会社の取締役には就任していなかったが、A会社はYの競業避止義務違反の責任を追及した。

　裁判所は、YはB会社の株式の過半数を保有してはいないが、Yに対抗しうる株主は他に存在せず、自己に忠実な部下たちをB会社の取締役に就任させ、B会社の経営を支配してきた、としてYをB会社の事実上の主宰者と認定し、その競業避止義務違反を認めた（大阪高判平2・7・18判時1378号113頁）。

　② **退任取締役の権利義務を有する者**　　取締役が退任したために法令・定款で定める取締役の数に欠員が生じた場合、任期満了又は辞任した取締役は、新たな取締役が就任するまで取締役としての権利義務を有する（346条1項）。辞任した取締役は、会社が新たな取締役を選任するまでの間は、競業避止義務を負うのであろうか。

　株主数4名の同族会社で、生鮮物加工業を営む甲会社の現場責任者兼取締役であったAは、社長夫婦の従業員に対する冷酷な態度、Aの私生活への非難・干渉などに嫌気がさして退職を決意した。Aは在任中に甲会社と同じ事業を営む乙会社の設立準備を整え、2週間前に予告をしたのち退職し、翌日に乙会社の営業を開始した。甲会社は、取締役に欠員が生じているのでAはまだ甲会社の取締役の権利義務を有するところ、Aの行為は競業避止義務違反であるとして損害賠償を請求した。

　裁判所は、Aには競業避止義務があることを前提としたうえで、会社が後任の取締役を選任するのに2週間もあれば十分であったのに（株主4名の同族会社）、それをしないで旧商法258条1項（現会社法346条1項）の規定を根拠に辞任取締役に対し忠実義務・競業避止義務違反を理由に損害賠償を請求することは権利の濫用であると判示した（高知地判平2・1・23金商844号22頁）。

　退任した取締役が、346条により取締役としての権利義務を負う場合は別として、取締役が退任した後は競業避止義務を負わない。

(D) 完全子会社の代表取締役就任

甲会社が乙会社のすべての株式を保有する場合に，甲会社の取締役（代表取締役を含む）が乙会社の代表取締役に就任するときは，競業取引に関する規定は適用されない（大阪地判昭58・5・11金商678号39頁）。乙会社は法的には別法人であるが，経済的には甲会社の一部門にすぎず，乙会社の損益は，結局は甲会社の損益を意味し，両者間に利害対立は生じないからである。

(E) 競業取引をした取締役の報告

取締役会設置会社において，取締役が競業取引をしたときは，その取引後，遅滞なくその取引についての重要な事実を取締役会に報告しなければならない（365条2項）。取締役会で事前に承認を受けていた場合も，そうでない場合も同様である。承認を得ていた場合には，その取引が承認の範囲内にあるかどうかを事後にチェックするものであり，承認を得ていない場合には，取締役に対する責任追及を考慮する機会を与えることになる。

競業関係にある子会社等の代表取締役に就任している場合には，競業取引が継続することになり，このようなときは，その就任時に開示した事実に重要な変更が生じたときは，遅滞なく報告する必要があり，重要な変更がなければ，事実に変更がないことを定期的に報告すれば足りる。

(3) 利益相反取引

(A) 意　義

取締役（指名委員会等設置会社の執行役にも準用，419条2項）が会社の製品その他の財産を譲り受け，会社に対して自己の製品その他の財産を譲渡するようなときには，取締役と会社の利益が相反し，会社の不利益において取締役に有利な取引を行いがちである。そこで，法は，①取締役が自己又は第三者のために会社と取引をしようとするとき（356条1項2号）及び，②会社が取締役の債務を保証することその他取締役以外の者との間において会社と当該取締役との利益が相反する取引をしようとするとき（356条1項3号）には，その取引について重要な事実を開示して，株主総会（取締役会設置会社では取締役会）の承認を受けなければならないものとしている（356条1項，365条1項）。

取締役が自己又は第三者のために会社とする取引（直接取引）には，製品その他の財産の売買，金銭の貸し借りなど，利益が相反するすべての取引が含まれる。この場合の「第三者のため」とは，取締役が第三者の代表者又は代理人として取引をすることをいう。この規定は，会社の利益を犠牲にして取締役が自己又は第

三者の利益をはかるのを防止する趣旨の規定であるから，会社の利益が害されるおそれがない場合には，適用されない。たとえば，取締役が無利息で会社に金銭を貸し付けるとき，会社が普通取引約款に従って営んでいる契約をその約款に従って取締役が自己又は第三者のために締結する場合には適用されない。

　取締役が第三者に対して負担する債務を会社が保証する場合のように，会社と取締役とが法律的には直接の当事者とはならないが，会社が取締役のために第三者と取引を行い，会社の不利益において取締役等が利益を得るという取引（間接取引）もある。Ａが甲会社の取締役でかつ乙会社の代表取締役でもある場合において，乙会社が銀行から融資を受ける際に，甲会社が保証人となるようなときである。

　会社と取締役との間で利益相反取引をするについては，承認を得る必要があるのみならず，取締役会設置会社では，承認を得てした場合であると否とを問わず，利益相反取引をした取締役は，遅滞なく当該取引についての重要な事実を取締役会に報告しなければならない（365条2項）。

(B)　利益相反取引の効力

　取締役会等の承認を得ないで行った利益相反取引は無効であるが，第三者に対する関係では会社はその者が悪意であったことを立証するのでない限り無効をもって対抗できないとする立場（相対的無効説）が通説・判例となっている（最判昭43・12・25民集22巻13号3511頁，最判昭48・12・13金法709号35頁）。この説によれば，会社と取締役（又は取締役が代表ないし代理した第三者）との間では，同条違反の取引は無効であるが，善意の第三者には無効を主張できない。たとえば，会社が取締役に対して約束手形を振り出し，取締役がこの手形を第三者に裏書譲渡した場合，会社は善意の第三者である手形所持人に対しては，手形振出行為の無効をもって対抗できない。

　会社と取締役との関係においては，会社は同条違反の取引につき取締役に対して無効を主張できるが，取締役から会社に対して無効を主張することはできない（最判昭48・12・11民集27巻11号1529頁）。同条は会社の利益保護を目的とする規定であるとの理由による。同様の理由から，第三者の側からの無効の主張も封じられる。

(4)　取締役の監視義務と内部統制システム

　取締役は，他の取締役の職務の執行を善良な管理者の注意をもって監視し，その違法行為を防止すべき義務があるものと解される（監視義務）。規模の大きい

会社の事業活動はその範囲が広く，多くの事業分野に分かれているがゆえに，業務をなんら担当しない取締役はもちろん，業務担当取締役でも自己が担当する分野以外の会社の業務一般の状況を具体的に把握することは事実上不可能である。

そこで，取締役は，取締役会を通じて，業務担当取締役（又は執行役）や使用人が職務を遂行する際に，違法な行為に及ぶことを未然に防止し，会社の損失の発生及び拡大を最小限にするために内部統制システムを構築し，かつその適切さをチェックしておく必要がある。そして，その内部統制システムの実効性について特に疑念がない限り，業務担当取締役等から提供される情報を信頼することができ，疑わしい事情が存在しない限り，積極的に調査をしなかったとしても監視義務違反の責任を問われないものと解される。

法は，取締役会がいわゆる内部統制システム（リスク管理システム）ないしコンプライアンス（法令遵守）体制を構築することを要求している（362条4項6号，5項，416条1項1号ロ，ホ）。取締役会が，内部統制システムの大綱を決定し，業務担当取締役ないし執行役は，その大綱を踏まえ，担当する部門におけるリスク管理体制を具体的に決定する義務を負うものと解される。少なくとも，取締役は，業務担当取締役ないし執行役が，各担当部門に関するリスク管理体制を構築しているかどうかをチェックする必要があり，それは取締役としての善管注意義務の内容をなすと解される。

大和銀行事件においては，ニューヨーク支店の使用人が不正行為をして銀行に多額の損失をもたらしたが，同支店における業務に関するリスク管理体制は整備されていないとはいえず，したがって，検査担当取締役及びニューヨーク支店長として業務を担当した取締役には，米国財務省証券の保管残高の確認方法が適切さを欠いたことにつき任務懈怠の責任があるが，代表取締役（頭取，副頭取）には，その確認方法について疑念を差し挟むべき特段の事情が認められなかったので，取締役としての監視義務違反はないとされた（大阪地判平2・9・20金商1101号3頁）。

[2] 取締役（執行役）の会社に対する責任

(1) 任務懈怠責任

取締役及び執行役（以下，単に取締役等という）は，その任務を怠ったときは，これによって会社に生じた損害を賠償しなければならない（423条1項）。取締役等は，法令・定款並びに株主総会の決議を遵守する義務があり（355条，419条2

項），取締役等が法令・定款に違反する行為をすれば，任務違反となる。
　この場合の法令は，会社法だけでなく，金融商品取引法その他の法令で会社が遵守する必要のあるすべての法令が含まれる（最判平12・7・7金商1096号3頁）。取締役等の一般的義務である善管注意義務・忠実義務違反も法令違反となる。取締役等は，その任務を怠って会社に損害を与えたときは賠償責任があり，任務を怠らなかったことを証明すれば責任を負わない（過失責任）。

(2) 競業取引・利益相反取引の責任
（A）競業取引
　株主総会（取締役会設置会社では取締役会）の承認を得て競業取引をした場合でも，会社に損害が生じたときは，関与した取締役の任務懈怠責任が問われることもある。そして，承認を得ないで，競業取引を行えば法令違反の行為をしたことになり，任務懈怠の責任を負うべきことになる。その場合の会社の損害は，当該取引によって取締役，執行役又は第三者が得た利益の額と推定される（423条2項）。

（B）利益相反取引
　利益相反取引が行われ，会社に損害が生じたときは，取引をした取締役又は執行役，その取引をすることを決定した取締役又は執行役，その取引に関する承認の決議に賛成した取締役は，任務を怠ったものと推定される（423条3項）。規定自体から明らかなように，必要な機関の承認を得なかった場合はもちろん，承認を得て行ったときも賠償責任が生じる。推定であるから，任務を怠らなかったことを証明したときは，責任はない。しかし，自己のために（第三者のためを除く）会社と利益相反取引をした当事者である取締役・執行役は，無過失責任を負うものとされている（428条）。この者を除くその他の取締役・執行役の責任は過失責任である。

(3) 責任の一部免除
（A）株主の同意による免除
　取締役又は執行役（以下，取締役等という）の上述の任務懈怠責任は，原則として，総株主の同意がなければ免除することはできない（424条）。株主数の少ない同族会社などを除き，一般の公開会社では，総株主の同意を得ることは，実際上，不可能である。しかし，一定の要件を具備する場合については，株主総会決議，定款の規定ないし社外取締役等については責任限定契約に基づいて，任務懈怠責任の一部を免除することができる。

（B） 株主総会決議による責任減免

　取締役又は執行役の任務懈怠責任であって，その者が職務を行うにつき善意でかつ重大な過失がないときは，最低責任限度額を控除した残額については，株主総会の特別決議により免除することができる（425条1項）。免除できない最低責任限度額は，当該役員が会社から職務執行の対価として受ける報酬の，代表取締役及び代表執行役は6年分，代表取締役以外の取締役又は代表執行役以外の執行役は4年分，社外取締役は2年分に相当する額である（425条1項1号イ，ロ，ハ）。

　監査役設置会社において，取締役の責任の一部免除を株主総会に提出するには，取締役は，監査役（2人以上いるときは各監査役）の，監査等委員会設置会社では各監査等委員の，指名委員会等設置会社においては，各監査委員の同意を得なければならない（425条3項）。

（C） 定款の規定に基づく減免

　監査役設置会社（取締役が2人以上ある場合に限る），監査等委員会設置会社又は指名委員会等設置会社は，定款をもって役員の任務懈怠責任を一部減免することができる旨を定めることができ，そのときは，取締役の過半数の同意又は取締役会決議で減免することができる（426条1項）。減免の対象となる取締役等の責任の原因，減免の限度額等は，前述の株主総会決議による減免と同じである。

　定款の規定に基づいて取締役（会）が取締役・執行役の損害賠償責任を減免する旨を決定したときは，決定した取締役は，遅滞なく，責任原因事実，賠償責任額，免除できない額，その算定基準等を示し，減免に異議のある株主は1ヶ月を下らない一定の期間内に異議を述べるべき旨を公告し，又は株主に通知しなければならない（426条3項）。総株主の議決権の3％（定款でこれ以下の割合を定めることもできる）以上を有する株主の異議があったときは，定款の定めによる免除をすることはできない（426条5項）。

（D） 責任限定契約

　社外取締役についても，上述（B）及び（C）によりその任務懈怠責任の一部を免除することができるが，さらに，社外取締役（会計参与，社外監査役，会計監査人についても同様）が任務懈怠により会社に対して負う責任について，当該社外取締役が職務を行うにつき善意でかつ重大な過失がないときは，会社があらかじめ定款で定めた額と最低責任限度額（年収の2年分）とのいずれか高い額を限度とする責任限定契約を社外取締役等と締結することができる旨を定款で定めることができる（427条1項）。

会社が定款でこのような定めをしているときは，社外取締役等との間で，責任限定契約を結ぶことができる。社外取締役等について，このような責任限定契約を締結することができるものとしたのは，あらかじめ責任限度額を示すことによって，就任しやすくするためである。

(4) 株主代表訴訟
(A) 制度の趣旨

取締役・執行役等が法令・定款に違反する行為により会社に損害を与えたときは，会社はその責任を追及する訴えを提起することができるが，役員間の仲間意識から取締役等の責任追及の訴えを提起しない場合が十分に予想される。取締役等の責任が追及されずに放置されると，会社の利益が害され，ひいては株主の利益が害されることになる。そこで，法は，会社が取締役等に対して有する損害賠償請求権を株主が会社に代わって行使する制度，すなわち株主代表訴訟の制度を設けている。訴訟の形式は，会社ではなく株主が原告となり，取締役等を被告とし，株主は会社が取締役等に対して有する権利を会社に代わって行使することになる。このように，株主代表訴訟は代位訴訟の面もあるが，代表訴訟提起権は，会社運営を監督是正するために株主に認められた共益権の一種としての性質もある。

(B) 提訴権者・提訴前手続

提訴権者は6ヶ月前（定款でこれを下回る期間を定めることができる）から引き続き株式を有する株主である（847条1項）。公開会社でない会社の場合には，保有期間を問わない（847条2項）。保有期間の要件は，書面をもって，取締役等の責任追及の訴えを提起するよう会社に請求する時点で具備していなければならない。また，代表訴訟を提起した時点から訴訟が係属中ずっと株主であることが必要であって，訴訟提起後，株式の全部を譲渡して株主でなくなったときは，訴えは不適法として却下されるべきことになる。1株の株主でもよく（単独株主権），持株要件はない。

株主は会社に対して書面をもって取締役等の責任を追及する訴えを提起するよう請求し，この請求をした日から60日以内に会社が訴えを提起しないときに，請求した株主が取締役等を被告として訴えを提起することができる（847条3項）。60日の期間は，会社が調査し検討するための期間であるところ，会社が提訴の意思がないことを表明した場合は，60日の期間を待たないで，株主は代表訴訟を提起することができると解すべきである。なお，60日の期間の経過を待っていると，会社の債権が時効に係るなど会社に回復できない損害が生ずるおそれの

ある場合には，株主は60日の期間を待たず，直ちに代表訴訟を提起することができる（847条5項）。

監査役設置会社では，提訴請求は監査役に対して（386条2項1号），監査等委員会設置会社では，監査等委員（監査等委員が当事者のときは取締役会が定める者）に対して（399条の7第1項），また指名委員会等設置会社では監査委員（監査委員が当事者のときは取締役会が定める者）に対して（408条3項1号）しなければならない。

(C) 会社の行為による株主資格の喪失

代表訴訟を提起した株主が，訴訟係属中に自己の意思で全部の株式を他人に譲渡し，株主でなくなったときは，その者は原告適格を失うことは明らかである。しかし，代表訴訟を提起し又は共同訴訟人として参加した株主が，訴訟の係属中に，株式交換又は株式移転により完全親会社の株式を取得したとき，会社の合併により新設会社又は存続会社もしくはその完全親会社の株式を取得したときは，訴訟の当事者適格を失わない（851条1項）。

代表訴訟の係属中に，株式交換・株式移転や合併により完全親会社や存続会社ないし新設会社の株主となった後に，その完全親会社がさらに株式移転や合併などが繰り返されても，当該訴訟の当事者適格を失わない（851条2項，3項）。

上記のように会社の行為により完全子会社の株主資格を失った旧株主は，代表訴訟を提起することなく完全親会社の株主となった後も，完全子会社に対して責任追及の訴えを提起するよう書面等で請求することができる（847条の2第1項）。そして，完全子会社が60日以内に責任追及の訴えを提起しないときは，請求した株主は株主代表訴訟を提起することができる（847条の2第6項）。吸収合併による消滅会社の株主であった者が，存続会社の株主となっている場合にも同様である。

完全親会社となった会社がさらに株式交換等を繰り返した場合も同様である（847条の2第3項）。

(D) 訴訟の目的の価額（訴額）

民事訴訟の訴状には，民事訴訟費用等に関する法律（民訴費用法という）に基づき，訴えをもって主張する利益に応じて，手数料として印紙を貼付しなければならない。取締役たちが違法行為により会社に470億円の損害を与えたとして，証券会社の株主が代表訴訟を提起し，訴状に8,200円の印紙を貼付したところ，裁判所は，この訴訟における「訴えをもって主張する利益」は，請求が認容され

ることにより会社が受ける利益であり，その額は，請求金額であると説いて，2億3,538万円の印紙を貼付するよう命じた（東京地判平4・8・11金商915号15頁）。

その控訴審である東京高裁は，代表訴訟で勝訴しても当該株主は直接利益を受けるのではなく，会社に損害賠償が支払われることにより間接的に全株主の一員としてその利益に与るにすぎず，全株主が受ける利益と会社が直接受ける利益は同一ではなく，株主が受ける利益の価値を具体的に算定する基準を見出すことは困難であるから，その請求は民訴費用法4条2項に準じて「財産上の請求でない請求」（当時は，95万円とみなされた）とするのが相当であるとして，8,200円の印紙を貼付すれば足りると説いた（東京高判平5・3・30商事法務1317号52頁）。

平成5年の商法改正で，代表「訴訟の目的の価額の算定については，財産権上の請求でない請求に係る訴えとみなす」ことになり，新法（平成17年制定・会社法）もこの立場を維持する（847条6項）。ただし，現在は，財産上の請求でない請求に係る訴えの，訴訟の目的の価額は160万円とみなされ（民訴費用法4条2項），代表訴訟の手数料は13,000円となる。

(E) 悪意の株主の担保提供義務

株主による代表訴訟の提起が悪意によるものであることを疎明して株主に担保を立てるべきことを被告取締役が申し立てるときは，裁判所は株主に対して相当の担保を立てるべきことを命ずることができる（847条の4第2項，3項）。不当な訴訟の提起によって取締役等が害されるのを防ぎ，被告が原告株主に対して行使することがある損害賠償請求権を担保するためである。

代表訴訟の提起が不当訴訟として不法行為を構成することを認識し，又は通常人ならば不法行為であることを容易に認識することができたのに過失により代表訴訟を提起した場合には，悪意に出たものと解される（東京地決平6・7・22判時1504号121頁）。担保の額は，個々の請求ごとに判断され，被告ごとに300万円ないし1,000万円の担保が命じられている。被告数の多い場合には，総額で数億円の担保が命じられている（前掲東京地決平6年のケースでは，総額2億6,500万円の担保提供が命じられた）。裁判所が原告に担保提供を命じた場合には，その担保を提供するまで被告は応訴を拒むことができ，原告が担保を立てるべき期間内にこれを立てないときは，裁判所は口頭弁論を経ないで訴えを却下することができる（民訴78条）。

(F) 勝訴株主の費用の請求

株主が代表訴訟で勝訴したときは，その訴訟を行うのに必要な費用であって訴

訟費用（敗訴した被告が負担）を除く支出又は弁護士に支払うべき報酬額の範囲内において相当額を会社に請求することができる（852条1項）。

　代表訴訟を提起した株主が敗訴した場合でも，悪意があったときを除き，株主は会社に対して損害賠償義務を負わない（852条2項）。株主が，悪意で不当訴訟を提起したときは，被告役員に対してはもちろん直接・間接に害されることのある会社に対しても損害賠償義務が生じる。これに対して，原告株主は，被告役員に善管注意義務違反の責任があると信じて代表訴訟を提起したが，裁判所が，経営判断の原則が適用されるとして原告敗訴となるような場合，その他，被告の賠償責任が認められなかったというだけの理由で，原告に賠償責任を負わせるのは妥当でないのみならず，敗訴した原告に賠償責任を負わせると，代表訴訟が利用されなくなる。したがって，原告が敗訴し，会社に損害が生じても，悪意に基づくものでない限り，損害賠償義務はないものとしたのである。

　(G)　訴訟参加
　① 共同訴訟的当事者参加　　株主又は会社は，共同訴訟人として，又は当事者の一方を補助するため（補助参加），取締役等の責任追及の訴えに係る訴訟に参加することができる（849条1項）。これは，株主（代表訴訟）又は会社が取締役等に対して責任追及の訴えを提起した場合に，他の株主又は会社が原告側に訴訟参加することができることを定めたものである。

　② 会社の被告役員への補助参加　　代表訴訟の被告取締役を補助するために会社が補助参加できるかについては，議論があった。最高裁は「取締役会の意思決定が違法であるとして取締役に対して起訴された株主代表訴訟において，会社は特段の事情がない限り，取締役を補助するために訴訟に参加することが許されると解するのが相当である。けだし，取締役の個人的な権限逸脱行為ではなく，取締役会の意思決定の違法を原因とする会社の取締役に対する損害賠償が認められれば，その取締役会の意思決定を前提として形成された会社の私法上又は公法上の法的地位又は法的利益に影響を及ぼすおそれがあるというべきであり，会社は取締役の敗訴を防ぐことに法律上の利害関係を有するということができる」と説いて，会社の被告取締役への補助参加を認めた（最決平13・1・30民集55巻1号30頁）。

　平成13年の改正において，会社が代表訴訟の被告取締役に補助参加することができる旨の規定が設けられ，新法（平成17年制定・会社法）も同様の規定を設けている（849条2項）。すなわち，会社は，監査役（2人以上いるときは，各監査役）

の，監査等委員会設置会社では各監査等委員会の，また指名委員会等設置会社では各監査委員の同意を得て，被告役員側に補助参加することができる（489条3項）。

(5) 多重代表訴訟（特定責任追及の訴え）

(A) 制度の趣旨

企業集団による経営が進展しており，中核となる会社（甲会社）が子会社（A会社，B会社等）をもって経営する例が多い。そのような親子関係のある会社間の中で，甲会社がA会社の完全親会社であるという場合も少なくない。両者は法律的には別法人であるが，経済的・実質的には，A社は甲社の1つの工場ないし1つの営業部門のように密接な関係がある。したがって，A社の損害は甲社にも大きく影響する。また，甲社の資産としてA社の企業価値が計上されるが，その企業価値はA社の株式価値（1株の株価×持株数）であり，A社の損害はその株式価値に反映する。A社の取締役が任務懈怠行為によりA社に損害を被らしめた場合には，A社が（又はその株主である甲社が株主代表訴訟を提起して）当該取締役の責任を追及すべきであるが，A社の取締役は甲社（の経営陣）が選任した者であり，その責任追及は放置されがちである。そこで，平成26年改正法は，一定の場合，甲社の株主がA社の取締役の責任を追及することができるという多重代表訴訟（特定責任追及の訴え）の制度を導入した（847条の3）。完全親会社（以下，単に親会社という）の株主がつねに完全子会社（以下，単に子会社という）の取締役の責任追及の訴えを提起できるのではなく，次の要件を満たす場合だけである。なお，親会社とは最終完全親会社をいい，当該親会社にさらなる親会社がない場合をいう。

(B) 特定責任追及の訴えの要件

① **提起権者等**　6ヶ月前から引き続き親会社の議決権の1％又は発行済株式総数の1％以上を有する株主である。親会社の株主は書面等により子会社に対して責任のある取締役に対し特定責任に係る責任追及の訴えを提起するよう請求することができる（847条の3第1項）。子会社が親会社株主の請求の日から60日以内に訴えを提起しないときに，親会社株主は特定責任追及の訴えを提起することができる（847条の3第7項）。親会社株主から請求された場合には，子会社は訴えを提起しない理由を書面等で通知しなければならない（847条の3第8項）。

② **特定責任の意義**　特定責任とは，その子会社の株式の帳簿価額が親会社の総資産の5分の1を超える場合における当該子会社の取締役等の責任をいう（847条の3第4項）。親会社の総資産の5分の1を超える資産価値（株式の帳簿

価額)を有する子会社の取締役等が当該子会社に対して賠償責任を負う場合にだけ,換言すれば重要な子会社の取締役等が任務懈怠等により会社に対して損害を生じさせて責任を負う場合にだけ,親会社の株主が子会社に対するその者の責任追及の訴えを提起することができる。

なお,訴訟費用等については,通常の代表訴訟の場合と同様である(847条の4第1項)。

[3] 取締役・執行役の第三者に対する責任

(1) 第三者に対する責任

取締役・執行役(以下,取締役等という)が,その職務を行うについて悪意又は重大な過失があったときは,これによって第三者に生じた損害を賠償する責任を負う(429条1項)。また,取締役・執行役が,株式,新株予約権等を引き受ける者の募集に関する通知その他の資料についての虚偽記載,計算書類等の重要事項についての虚偽記載,虚偽登記,虚偽の公告をしたことにより,第三者に損害が生じたときは,当該行為をすることにつき注意を怠らなかったことを証明できない限り,賠償責任を負う(429条2項)。「注意を怠らなかった」というのは,無過失であったということである。

会社の取引の形態による第三者の損害については,第1項の適用が問題となる。

(2) 第三者の損害

取締役等がその職務を行うにつき悪意又は重過失があったため,第三者が損害を被る態様は,2つある。第一は,間接損害であり,取締役等の悪意又は重過失のある行為により会社に損害を与え,会社財産が減少した結果,第三者が会社に対する債権の満足を受けることができなくなったという損害である。たとえば,取締役等が会社財産を横領したり,支払見込みのない不良取引先へ商品を売り掛けるなどの行為をしたため,会社の経営が悪化し,第三者への支払が不能になったという場合である。取締役等がその職務を行うにつき,悪意又は重過失があったときに,損害を被った第三者に対して賠償責任が生じるのであって,不況とか連鎖倒産など,取締役等の責任に帰せしめることのできない事由で会社の経営が悪化し,支払不能になったような場合には,賠償責任は生じない。

第二は,直接損害であり,取締役等の悪意又は重過失のある行為によって,第三者が直接的に損害を被る場合である。たとえば,取締役等が支払える見込みがないのに商品を買い入れたり,金銭を借り入れ,実際にも支払ないし返済ができ

なかったような場合である。

　通説及び最高裁は，同条（429条）は，取締役の任務懈怠の行為と第三者の損害との間に相当の因果関係がある限り，会社がこれによって損害を被った結果ひいては第三者に損害が生じた場合であると，直接第三者が損害を被った場合であるとを問うことなく，取締役が直接に第三者に対して損害賠償の責任があることを規定したものであると解する（最判昭44・11・26民集23巻11号2150頁）。

　取締役等が会社に対して負担する善管注意義務及び忠実義務に悪意・重過失で違反すること，すなわち，悪意・重過失の対象は会社に対する任務懈怠と解されている。

(3) 取締役の監視義務
(A) 意　義

　取締役としての任務懈怠の行為を自ら行った取締役が，第三者に対して損害賠償の責任があることは，前述のとおりである。第三者に損害を与える行為になんら関与しなかった取締役は監視義務が問題となる。代表取締役には，他の取締役の職務の執行を監督し，その違法行為を防止すべき義務があり，すべての取締役には代表取締役その他の取締役の職務を監視し，その違法行為を防止すべき義務（監視義務）があるものと解されている。監視義務の根拠としては，取締役会が「取締役の職務の執行の監督」の機関であり（362条2項2号），取締役はその構成員であることに求められている。取締役は，「取締役の職務執行の監督機関」である取締役会の構成員であるから，他の取締役の職務執行を監視する義務があるというのである。そして，悪意又は重大な過失でこの監視義務に違反した取締役は，自らは違法な職務執行に直接関与しなかったとしても，それによって第三者が被った損害を賠償する責任があるものと解されている。

(B) 判例の立場

① 名目上の代表取締役の監視義務　　Yは甲会社の経営者A（代表取締役，専務）に頼まれ，名目的の社長（代表取締役）に就任したが，会社業務のすべてをAに任せきりにしていた。Aは支払資金がないことを知りながらBから商品の供給を受け，その代金支払のために約束手形を振り出しBに交付した。Bから手形を取得したXは，満期に手形金の支払を受けられず損害を被り，Yを訴えた。最高裁は「代表取締役が他の代表取締役その他の者に会社業務の一切を任せきりとし，その業務執行に何ら意を用いることなく，ついにはそれらの者の不正行為ないし任務懈怠を看過する場合には，自らもまた悪意又は重過失により任務を怠

ったものと解するのが相当である」と説いた（最判昭 44・11・26 民集 23 巻 11 号 2150 頁）。

② **平取締役の監視義務**　甲会社の取締役社長Ａは，会社の業務を独断専行し，株主総会も取締役会も開くことがなかったが，同社の取締役 Y_1 及び Y_2 は何ら注意も進言もしないで放置していた。社長Ａは，事業拡張を計画し，それに必要な資金を調達するために多額の融通手形を振り出して金融ブローカーのＢにその手形を預けた。ＢはＸに譲渡して対価の交付を受けたが，甲会社に引き渡さずに持ち逃げした。満期に手形金の支払を受けることができなかったＸが甲会社の取締役たちの対第三者責任を追及した。

最高裁は，「会社の取締役会は会社の業務執行につき監査する地位にあるから，取締役会を構成する取締役は，会社に対し取締役会に上程された事柄についてだけ監視するにとどまらず，代表取締役の業務執行一般につき，これを監視し，必要があれば，取締役会を自ら招集し，あるいは招集することを求め，取締役会を通じて業務執行が適正に行われるようにする職責を有する」と説き，Y_1 及び Y_2 には，その職責を行うにつき重大な過失があり，そのためにＸに損害を与えたとして賠償を命じた（最判昭 48・5・22 民集 27 巻 5 号 655 頁）。

取締役は取締役会に上程される事柄に限らず，代表取締役その他の業務執行取締役の業務執行一般について監視義務があるとして，広く取締役の監視義務を認めている。

最高裁の立場をそのまま適用すると，取締役に過酷ともいえる例が続出し，その後の下級審は，監視義務違反があったと認定するための具体的要件を探求するようになっている。その一例を紹介する。

③ **取締役の監視義務を否定した例**　甲会社の社長Ａと経理担当取締役Ｂの 2 人は，甲会社が巨額の赤字を抱えて倒産寸前の状態であるのに，そのことを隠し，偽りの決算書などを作り，経営が順調のように偽ってＸ銀行を信用させ，資金を借り入れた。しかし，結局，甲会社は間もなく倒産した。Ｘ銀行は，取締役Ａ・Ｂのほかもう一人の取締役Ｙに監視義務違反の責任があるとして損害賠償を請求した。Ｙは，小学校しか出ておらず，帳簿を理解する知識もなかったが，最年長の使用人という理由で取締役に就任していた。甲会社は取締役会を開催することもなく，社長Ａが経営を独断専行し，他の取締役に経営のことで口出しさせなかった。このケースについて，裁判所は，Ｘ銀行がＹに対して責任を問うことができるのは，㋐Ｙが，Ａ・Ｂの違法行為を知っていたこと，又は相当の注

意をしなくても容易に知ることができたのに漫然と看過したこと，㋩事前監視が可能であったのに監視権を発動しなかったことをX銀行が立証したときであると説き，このケースでは，かりにYが取締役会の開催を要求し，取引の前にAらの違法行為を阻止しようとしても，3人の取締役のうち2人が共同して取引をしようとしている以上，1人では阻止できなかったとして，Yの監視義務違反の責任は否定された（大阪高判昭53・4・17判時897号97頁）。

(C) 登記簿上の取締役

① 就任登記に協力した取締役　　株主総会において取締役として選任された者が正規の取締役である。正規の選任手続を経ていないが，取締役として登記されている者は，事実上の取締役であって，法律上の取締役とはいえない。

正規の選任手続を経ていないが，就任登記に協力した取締役は，第三者に対して悪意又は重過失による任務懈怠責任ないし監視義務違反の責任を負担しないでよいであろうか。判例・多数説は，取締役に就任することを承諾し，就任登記に協力した者は，908条2項（旧商法14条）の類推適用によって善意の第三者に対して取締役でないことをもって対抗できないと解している。

すなわち，908条2項は，故意又は過失により不実の事項を登記した者は，その事項が不実であることをもって善意の第三者に対抗することができないと規定するところ，同条にいう「不実の事項を登記した者」とは，当該登記を申請した商人（登記申請権者である会社）を指すと解すべきであるが，その不実の登記事項が株式会社の取締役への就任でありかつその就任の登記につき取締役とされた本人が承諾を与えたのであれば，同人もまた不実の登記の出現に加功したものというべきであって，したがって同人に対する関係においても，当該事項の登記を申請した商人に対する関係におけると同様，善意の第三者を保護する必要があるから，同条の規定を類推適用して，取締役として就任の登記をされた当該本人に故意又は過失がある限り，当該登記事項が不実であることをもって善意の第三者に対抗することができないと解する（最判昭47・6・15民集26巻5号984頁）。

② 退任登記未了の取締役　　取締役が辞任又は任期満了により退任したが，退任登記がされず，そのまま残存している場合にも，不実登記がされていることになる。しかし，退任登記が残存する場合には，就任登記とは違った扱いがされる。就任登記に際しては，取締役として登記される者が就任承諾書に署名するなど，その者の積極的関与があるのに対して，辞任等による退任登記においては，辞任者等の協力は不要であって，会社が必要な手続をすれば足りる。したがって，

不実登記の出現ないし残存について，就任を承諾した者と辞任者等とを同一に扱うことはできない。

退任した取締役は，退任登記が未了であっても，原則として，429条に基づく，対第三者責任を負わない（最判昭62・1・16判時1080号142頁）。退任取締役が第三者に対して取締役としての責任を負うのは，より積極的な帰責事由があるときである。取締役が退任したにもかかわらず，なお積極的に取締役として対内的又は対外的な行為を行った場合において，その行為により第三者が損害を被った場合あるいは辞任者が当該会社の代表者に対して退任登記をしないで不実登記を残存させることにつき明示又は黙示に承諾を与えた場合には，不実登記の残存に加功したということができ，これら場合にはなお取締役として対第三者責任を免れない（最判昭62年前掲判例，最判昭63・1・26金法1196号26頁）。

(D) 取締役会がない会社の取締役の監視義務

取締役会を設置していないが，2人以上の取締役がいる場合の取締役の監視義務はどうなるのであろうか。旧有限会社の取締役についてと同様の状況にある。最高裁判例はまだ現れていないが，下級審判例は監視義務があることを肯定しつつも，「株式会社（取締役会設置会社）の場合と異なり，取締役会のような代表取締役の業務執行の監視・監督を十分に期待しうる制度はないから，他の取締役の，代表取締役の業務執行に対する監視・監督の義務の程度はかなり軽減されるものと言わなければならない」（東京高判昭59・10・31判タ548号271頁）という立場がとられていた。

下級審は，取締役会のない会社（旧有限会社）の平取締役の監視義務違反の認定には慎重である。甲会社（旧有限会社）の代表取締役Aが営業不振の関連会社（S社）に対する多額の資金援助をしたため，自社の資金繰りが逼迫して倒産した。甲会社の顧問税理士Yが取締役として就任していた。債権回収ができなくなった債権者Xが，取締役Yの監視義務違反の責任を追及した。

裁判所は「Yは，顧問税理士として甲会社及びS会社の両社の税務処理を担当し，決算報告書も作成していたのであるから，甲会社の取締役就任当初から甲会社よりS会社への多額の資金援助がなされていること自体は当然認識していたものと推認でき，Yにおいても甲会社のS会社に対する資金援助が甲会社の資金繰りを逼迫させていることを認識できたはずである。したがって，Yが税理士として経理についての専門的知識を有していることからしても，Yには，甲会社の取締役として同社の代表取締役であるAに対し，甲会社からS会社に対する新

たな資金援助を中止するように助言・忠告すべき職務上の義務が発生していたというべきである。Aに対して，資金援助の中止を一度も進言しなかったことは，甲会社の取締役としての職務を行うについて任務懈怠があったと評価されてもやむをえない」と説きつつ，Aは甲会社のワンマン体制のもとで独断的に経営しており，Yは乙会社において税理士としての税務処理以外の業務を期待されていなかったこと，顧問税理士としての報酬以外に，取締役としての報酬を得ていなかったことを総合すると「Yには甲会社の取締役としての職務を行うについて任務懈怠が認められるとしても，これについてYに有限会社法30条の3（現会社法429条1項）の悪意又は重大な過失があったとまでいうことはできない」と結論付けた（名古屋高裁金沢支判平9・11・12判タ974号198頁）。

このように，下級審判例は，取締役の監視義務違反の責任を認めることにはきわめて慎重であるといえる。

6 会計参与

[1] 任意設置

会計参与は，平成17年制定の会社法において創設された機関である。中小会社の計算書類の正確を期すために設けられた。会社は定款の定めによって会計参与を置くことができる（326条2項）。非公開会社でかつ取締役会設置会社（監査等委員会設置会社及び指名委員会等設置会社を除く）では，会計参与を置けば監査役を設置する必要はない（327条2項ただし書）。会計参与を設置する会社に対しては，融資の条件ないし融資額について有利に扱うことを表明した大銀行がある。

[2] 選任・解任及び資格等

会計参与は株主総会決議により選任する（329条1項）。選任及び解任の株主総会決議は普通決議で足りる（定款で加重することもできる）が，定足数は議決権を行使することができる株主の議決権の3分の1以上の割合としなければならない（341条）。

会計参与は公認会計士，監査法人，税理士もしくは税理士法人でなければならない（333条1項）。監査法人又は税理士法人が会計参与に選任されたときは，その社員の中から会計参与の職務担当社員を選定し，これを会社に通知しなければ

ならない（333条2項）。

会社又はその子会社の取締役，監査役もしくは執行役又は支配人その他の使用人は会計参与になることはできない（333条3項1号）。業務停止の処分を受け，その停止期間を経過しない者（333条3項2号），税理士法43条の規定により税理士業務を行うことができない者（333条3項3号）は，会計参与となることはできない。

会計監査人が会計参与に選任されている場合には，その者は公認会計士法の規定により当該会社の計算書類について監査することができないから，その者は当該会社の会計監査人となることはできない（337条3項1号）。会社の会計監査人と会計参与を兼ねることはできないということである。しかし，顧問税理士はその地位のまま当該会社の会計参与になることは妨げられないと解される。税務に関する顧問契約は，委任契約であり，その契約があることによって会計参与の独立性が害されることはないというのがその理由である。

会計参与の任期は取締役のそれと同じである（334条1項）。会計参与の報酬は，定款でその額を定めていないときは，株主総会の決議で定める（379条1項）。会計参与が2人以上ある場合において，定款又は株主総会において各人の額を定めず報酬総額を定めるときは，その範囲内において会計参与の協議によって各人の報酬額を定める（379条2項）。

[3]　会計参与の職務権限

会計参与は，取締役・執行役と共同して，計算書類及びその附属明細書，臨時計算書類並びに連結計算書類を作成するとともに，会計参与報告を作成しなければならない（374条1項，6項）。取締役や執行役は単独では計算書類を作成することができず，会計参与と「共同して」作成する必要がある。会計参与が承認しない計算書類は株主総会の承認を得ても無効な文書となる。

会計参与報告には，会計処理方法に関する事項，計算書類を共同作成するに当たって問題となった事項（取締役・執行役と意見を異にした事項など）が記載される。

会計参与は，書面又は電磁的記録をもって作成されている会計帳簿又はそれに関する資料の閲覧・謄写をすることができるほか，取締役・執行役及び支配人その他の使用人に対して会計に関する報告を求めることができる（374条2項，6項）。職務を行うため必要があるときは，子会社に対して会計に関する報告を求め，会

社もしくはその子の業務及び財産の状況を調査することができる（374条3項）。会計参与から求められる会計情報の提供又は会計参与による業務・財産の調査を，子会社は正当な理由があるときは，拒むことができる（374条4項）。正当な理由とは，会計参与がその職務と合理的に関係のない目的のために情報収集権（報告徴求権）又は調査権を行使しようとしているような場合をいうのであろう。正当の理由は，子会社が証明すべきことになろう。

　会計参与は，その職務を行うに際して，取締役又は執行役の職務の執行に関し不正の行為又は法令・定款に違反する重大な事実があることを発見したときは，株主（監査役設置会社では監査役）に遅滞なく報告しなければならない（375条1項，3項）。監査役会設置会社では，その報告は監査役会（委員会設置会社では監査委員会）にしなければならない（375条2項，3項）。

　会計参与は，計算書類を承認する取締役会には出席し，必要があるときは意見を述べる義務がある（376条1項）。

[4]　計算書類等の備置き

　会計参与は，各事業年度の計算書類，附属明細書，会計参与報告を定時総会の日の1週間（取締役会設置会社では2週間）前の日から5年間，臨時計算書類（441条）及び会計参与報告をその作成の日から5年間，法務省令で定めるところにより，当該会計参与が定めた場所に備え置かなければならない（378条1項）。備え置く場所は，会計士，税理士等の事務所など，当該会社の本店・支店とは異なる場所でなければならない（施行規則103条）。株主及び債権者は，会社の営業時間内はいつでもこれらの書面又は電磁的記録を閲覧することができ，さらに書面の謄本又は抄本の交付請求，電磁的記録に記録された事項を電磁的方法により提供することの請求又はその事項を記載した書面の交付の請求をすることができる（378条2項）。なお，親会社の社員は，裁判所の許可を得て同様の請求をすることができる（378条3項）。

　会計参与が辞任したときは，保存期間である5年が経過する前でも，計算書類等の備置義務を負わない。計算書類は会社で保存・開示が行われるので，株主・債権者を害することがないからである。

7 監査役・監査役会

[1] 監査役の選任・資格・終任等
(1) 選任・資格

　監査役は，取締役（会計参与設置会社では会計参与をも含む）の職務の執行を監査する機関である（381条1項）。監査役は，株主総会の決議で選任する（329条1項）。この総会の定足数を，議決権を行使することができる株主の議決権の3分の1以上の割合としなければならない（341条）。監査役会設置会社でない会社は，1人でもかまわないが，監査役会設置では，3人以上でかつその半数以上は社外監査役でなければならない（335条3項）。社外監査役とは，その就任の前10年間，当該会社又はその子会社の取締役，会計参与もしくは執行役又は支配人その他の使用人となったことがない者であること，当該会社の親会社等の別の子会社の取締役，監査役もしくは執行役もしくは支配人その他の使用人でないこと，当該会社の親会社等の業務執行取締役等でないこと，当該会社の取締役もしくは支配人その他の重要な使用人の配偶者又は2親等内の親族でないこと（2条16号）である。

　監査役の選任に関する議案を株主総会に提出するには，取締役は監査役（監査役が複数いるときはその過半数，監査役会設置会社では監査役会）の同意を得なければならない（343条1項，3項）。監査役の独立性を確保する趣旨の規定である。監査役は，取締役に対して監査役の選任に関する議案を株主総会に提出することを請求することができる（343条2項）。監査役が辞任その他の理由で法令・定款に定める監査役の員数に欠員が生じているにかかわらず取締役が放置しているような事態を想定したものと考えられる。

　監査役は，当該会社もしくはその子会社の取締役もしくは支配人その他の使用人又は子会社の会計参与もしくは執行役を兼ねることはできない（335条2項）。監査役と会計参与とを兼任することはできない（333条3項1号）。取締役の欠格事由についての規定は監査役にも準用される（335条1項）。

　会社の顧問弁護士が監査役に就任することは許される（最判昭61・2・18金商742号3頁）。取締役の地位にあった者を営業年度の途中で退任させて監査役に選任することもできる（東京高判昭61・6・26金商750号16頁）。監査の対象期間とその就任期間の一致は要求されておらず，未就任期間中の監査は事後監査をすれば足り，その場合，前任監査役から監査報告の引継ぎを受ければよく，自己が取

締役に在任中は前任監査役によって監査されているがゆえにその間について自己監査するまでの必要はないという理由で，学説も一般にこの判例の立場を支持している。

(2) 監査役の終任

監査役は死亡，任期満了，欠格事由の発生，辞任又は解任により終任となる。監査役の任期は，原則として4年であるが（336条1項），公開会社でない会社では，定款によって10年とすることもできる（336条2項）。会社は補欠監査役を選任することができるが，定款によって，補欠監査役の任期を退任した監査役の任期満了時までとすることができる（336条3項）。

監査役の解任は，取締役のそれと異なり，株主総会の特別決議によらなければならない（309条2項7号）。

(3) 監査役の報酬

監査役の報酬は，定款にその額の定めがないときは，株主総会の決議によって定める（387条1項）。監査役が2人以上いる場合において，各監査役の報酬について定款の定め又は株主総会の決議がないときは，定められた報酬額の範囲内において，監査役の協議によって定める。監査役の独立性を確保する趣旨から，その報酬等について監査役は株主総会において意見を述べることができる（387条3項）。

[2] 監査役の職務権限

(1) 会計監査と業務監査

監査役は取締役（会計参与設置会社では会計参与を含む）の職務の執行を監査する（381条1項）。監査の対象としては，会計監査と取締役等の業務執行一般についての業務監査とがある。

監査役は取締役の業務執行についてどのような観点から監査すればよいのであろうか。取締役等の業務執行が法令・定款に違反していないかどうか（違法性監査）を監査すべきであり，取締役の業務執行の妥当性についての監査（妥当性監査）をする必要はない。

(2) 監査役の具体的な職務権限

(A) 総会提出議案等の調査

監査役は取締役が株主総会に提出しようとする議案，書類その他の資料（施行規則106条）を調査しなければならず，この場合，法令・定款に違反し，又は著

しく不当な事項があると認めるときは，その調査の結果を株主総会に報告しなければならない（384条）。

　(B)　取締役会への出席・意見陳述義務

　監査役は取締役会に出席し，必要があると認めるときは意見を述べなければならない（383条1項）。取締役会に出席することにより，業務執行に関する情報を直接に得ることができ，また違法ないし著しく不当な決議が行われることを阻止する機会を持つことになる。

　(C)　取締役への報告義務

　監査役は，取締役が不正の行為をし，もしくはするおそれがあると認めるとき，又は法令・定款に違反する事実もしくは著しく不当な事実があると認めるときは，遅滞なく，その旨を取締役（取締役会設置会社では取締役会）に報告しなければならない（382条）。取締役会へ報告するには，取締役会が招集されなければならないので，監査役は取締役に対して取締役会の招集を請求することができ，その請求をしたにもかかわらず所定の期間内に招集されないときは，監査役が自ら取締役会を招集することができる（383条2項，3項）。報告しても，取締役会が無視するときは，次の差止請求によることができる。

　(D)　取締役の違法行為の差止請求

　監査役は，取締役が会社の目的外の行為その他法令・定款に違反する行為をし，又はその行為をするおそれがある場合において，当該行為によって会社に著しい損害を生ずるおそれがあるときは，当該取締役に対してその行為をやめることを請求することができる（385条1項）。裁判外の請求により当該取締役がその行為をやめないときは，裁判上の請求をすることができ，行為の差止仮処分を求めることができる（385条1項）。

　(E)　業務・財産の調査権

　監査役は，いつでも，取締役，会計参与，支配人その他の使用人に対して事業の報告を求め，又は会社の業務・財産の状況の調査をすることができる（381条2項）。監査役は，取締役，会計参与など役員に事業の報告を請求できるほか，直接，支配人その他の使用人に対して事業の報告を求めることもできる。会社の業務・財産状況の調査方法には制限はなく，会社の帳簿や書類の閲覧・謄写のほか，取締役，会計参与，支配人その他の使用人から直接に聴取することもできる。この調査のために必要ならば監査役は補助者を使用することもでき，補助者の報酬を会社の負担とすることができる（388条）。取締役は，会社の秘密事項である

ことを理由に，監査役による報告の請求，業務・財産の調査を拒むことはできないものと解される。

　監査役から求められた事項について取締役は報告すれば足りるのではなく，取締役は自ら監査役に報告しなければならない場合もある。すなわち，会社に著しい損害を及ぼすおそれのある事実を発見したときは，取締役は直ちに当該事実を監査役に報告する義務がある（357 条 1 項）。

　(F)　子会社調査権

　監査役は，その職務を行うために必要があるときは，子会社に対して事業の報告を求め，又は子会社の業務・財産の状況の調査をすることができる（381 条 3 項）。親会社の監査役は，親会社の監査役として「その職務を行うために必要がある」範囲において子会社に報告を求め又は調査をすることができる。そこで，子会社は，正当な理由があるときは，監査役の求める報告又は調査を拒むことができる（381 条 4 項）。正当な理由とは，親会社監査役が，調査に名を借りた違法な調査（権限濫用）を行おうとするときである。

　(G)　監査報告の作成

　監査役は監査報告を作成しなければならない（381 条 1 項後段）。

　(H)　各種の訴権・訴訟代表

　会社の組織に関する訴え等において，監査役は，取締役や株主とともに提訴権者となっている（828 条 2 項）。会社と取締役との間の訴訟においては，監査役が会社を代表し（386 条 1 項），株主代表訴訟の提訴前手続として，株主が取締役の責任を追及するよう請求する場合には，監査役が会社を代表して請求を受けることになっている（386 条 2 項 1 号）。

　(I)　監査役・会計監査人の選任・解任等に関する権限

　①　監査役の選任・解任等に関する意見陳述権　　監査役は株主総会において監査役の選任・解任もしくは辞任について意見を述べることができる（345 条 4 項）。

　②　監査役の選任に関する同意権　　取締役は監査役の選任に関する議案を株主総会に提出するには，監査役（2 人以上いるときは過半数，監査役会があるときは監査役会）の同意を得なければならない（343 条 1 項，3 項）。

　③　会計監査人の選・解任議案の決定　　会計監査人の選任及び解任並びに再任しないことに関する議案の内容は監査役が決定する（344 条 1 項）。監査役が 2 人以上のときは過半数，監査役会設置会社では監査役会が決定する（344 条 2 項，3 項）。

④　**監査役・会計監査人の選任等に関する提案権**　監査役（監査役会のあるときは監査役会）は，取締役に対して，監査役の選任を議題とすること又は監査役の選任に関する議案（具体的に候補者を挙げて提案）を株主総会に提出することを請求することができる（343条2項）。

⑤　**会計監査人の報酬に関する同意権**　取締役は会計監査人の報酬等を定める場合には，監査役（2人以上いるときは過半数，監査役会があるときは監査役会）の同意を得なければならない（399条1項，2項）。

(3)　限定監査役

公開会社でない会社（監査役会設置会社と会計監査人設置会社を除く）は，監査役の監査範囲を「会計に関するもの」に限定する旨を定款で定めることができる（389条1項）。

定款で会計監査のみに限定された監査役（限定監査役と呼ぶ）は，会計に関する監査報告書を作成する義務があり（389条2項），取締役が株主総会に提出しようとする会計に関する議案，種類その他のものを調査し，調査の結果を株主総会に報告する義務を負う（389条3項）。

会社の会計帳簿その他会計に関する資料の閲覧・謄写ができるほか，取締役，使用人等に会計に関する報告を求め，子会社の調査権もあるが，いずれも「会計に関するもの」に限定される（389条4項）。

(4)　監査費用の請求

監査役がその職務の執行につき費用の前払い，支出した費用（利息付），負担した債務の債権者への弁済を請求したときは，会社はその費用又は債務が監査役の職務の執行に必要でないことを証明した場合を除き，その請求を拒むことはできない（388条）。監査役が監査費用として会社に請求できるのは，出張費，調査費，補助者の報酬その他，監査役としての職務執行のために必要な一切の費用である。

[3]　監査役会

(1)　監査役会の意義

大会社（非公開会社，監査等委員会設置会社及び指名委員会等設置会社を除く）は監査役会の設置を強制される（328条1項）。監査等委員会設置会社及び指名委員会等設置会社以外の会社は，大会社以外の会社も，監査役会を定款の定めによって任意に設置することができる。監査役会は，3人以上で，かつそのうち半数

以上の社外監査役でなければならない（335条3項）。

　大会社の事業は広範囲にわたるため，各監査役がその全事業について業務監査を行うことはきわめて困難である。そこで，各監査役が役割を分担して，それぞれが調査した結果を監査役会に持ち寄って情報を交換するとともに，それに基づく各監査役の意見やその根拠について相互に検証し合うことにより，組織的な監査を実現し，適切な監査意見の形成をはかり，監査の実効性を高める趣旨で設けられた機関である。監査役会設置会社においても，監査役は独任機関（各自が監査役としての権限を持つ機関）であり，その長所を損なわないように，監査役会の権限を限定している。

(2) 監査役会の運営
(A) 招集と決議

　監査役会は，各監査役が招集する（391条）。監査役会を招集するには，会日の1週間前（定款でこれを下回る期間を定めることができる）までに各監査役に通知をしなければならない（392条1項）。議題を示す必要はない。監査役全員の同意があるときは，招集の手続を省略することができる（392条2項）。

　監査役会の決議は，監査役の過半数をもって行う（393条1項）。監査役会は，議事録を作成し，出席した監査役はこれに署名又は記名押印しなければならない（393条2項）。監査役会に参加した監査役で，議事録に異議をとどめないものは，その決議に賛成したものと推定される（393条4項）。推定であるから，反証が許される。

(B) 議事録の備置き

　会社は監査役会の日から10年間，監査役会の議事録を本店に備え置かなければならない（394条1項）。株主はその権利を行使するため必要があるときは，裁判所の許可を得て監査役会の議事録の閲覧・謄写を請求することができる（394条2項）。債権者は役員の責任を追及するため必要があるとき及び親会社社員はその権利を行使するため必要なときは，裁判所の許可を得て，監査役会の議事録の閲覧・謄写を請求することができる（394条3項）。

　裁判所は，株主・債権者等から監査役会議事録の閲覧・謄写の許可を求められた場合，その閲覧・謄写により，会社又はその子会社に著しい損害を及ぼすおそれがあると認めるときは，その許可をすることができない（394条4項）。

(3) 監査役会の権限

　監査役会の職務は，①監査報告を作成し，②常勤監査役を選定及び解職するこ

とができ，③監査の方針，会社の業務及び財産の状況の調査の方法その他の監査役の職務の執行に関する事項の決定をすることである（390条2項）。監査役会は，監査役の中から常勤の監査役を選定しなければならない（390条3項）。

監査役会は，事業年度の初めに監査方針，監査計画，監査役の職務分担等を定め，この定めに従って各監査役がその監査業務を行い，事業年度末にその成果を持ち寄って，監査役会としての監査報告書を作成することになる。監査役会は，監査方針，監査方法及び「監査役の職務の執行に関する事項」を多数決で決定することができるが，その決定は「監査役の権限の行使を妨げることはできない」（390条2項ただし書）。たとえば，違法行為をした取締役を提訴するかどうかは監査役会の決議によるとの決定ができるとすれば，1人の監査役が提訴しようと考え，監査役会に提案したところ，多数決により否決された場合には，提案した監査役の権限は制限されることになる。これでは，独任機関としての監査役の機能が妨げられることになるので，監査役会はこのような決定はできない。

以上のほか，監査役会は他の機関から報告を受ける受動的権限を与えられている。

[4] 監査役の責任

(1) 会社に対する責任

監査役はその任務を怠ったときは，これによって会社に生じた損害を賠償する責任がある（423条1項）。この責任は，監査役の受任者としての善管注意義務違反によるもので，故意又は過失による任務懈怠があった監査役だけがこの責任を負う。監査役の任務懈怠行為が監査役会の決議に基づいて行われたときは，決議に参加した監査役であって，議事録に異議をとどめなかったものは，その決議に賛成したものと推定される（393条4項）。

監査役の任務懈怠による会社に対する責任は，原則として，総株主の同意がなければ免除することはできない（424条）。しかし，監査役に悪意又は重大な過失がないときは，株主総会の決議又は定款の定めにより，年収の2年分を控除した残額を免除することができる（425条1項ハ，426条1項）。

(2) 第三者に対する責任

監査役がその職務を行うにつき悪意又は重大な過失があったときは，これによって生じた第三者の損害を賠償しなければならない（429条1項）。これとは別に，監査役が，監査報告に記載し，又は記録すべき重要な事項につき虚偽の記載又は

記録をしたとき，たとえば，監査報告に基づいて第三者が取引を行い貸金債権又は売掛債権を取得したが，会社が支払えないまま破綻したような場合に，監査役が注意を怠らなかったことを証明しない限り，債権者に対して損害を賠償しなければならない（429条2項3号）。

8 会計監査人

[1] 強制設置と任意設置

大会社は公開会社であると非公開会社であるとを問わず，会計監査人を置かなければならない（328条1項，2項）。監査等委員会設置会社及び指名委員会等設置会社も会計監査人の設置が強制される（327条5項）。大会社，監査等委員会設置会社及び指名委員会等設置会社以外の会社は，定款の定めにより，任意に会計監査人を置くことができる。会計監査人を置くと，監査等委員会設置会社及び指名委員会等設置会社を除き，監査役の設置が強制される（327条3項）。

[2] 会計監査人の選任・資格等

(1) 選任・資格

会計監査人は株主総会の決議により選任する（329条1項）。役員の選任の場合と異なり，通常の普通決議で足り，定足数を定款で排除することもできる（341条参照）。監査役（会）設置会社では，株主総会に提出する会計監査人の選任議案は，監査役（2人以上のときは過半数，監査役会設置会社では監査役会）が決定する（344条1項，2項，3項）。

会計監査人は公認会計士又は監査法人でなければならない（337条1項）。監査法人の場合には，社員の中から会計監査人の職務を行う担当者を選定し，会社に通知しなければならない（337条2項）。欠格事由の定めがあり，①公認会計士法の規定による処分により計算書類の監査をすることができない者，②子会社，その取締役等から公認会計士もしくは監査法人の業務以外の業務により継続的に報酬を受けている者又はその配偶者，③監査法人でその社員の半数以上が②に掲げる者であるもの，は欠格事由に該当する（337条3項）。

会計監査人の任期は，選任後1年以内に終了する事業年度のうち最終のものに関する定時総会の終結の時までである（338条1項）。この定時総会において別段

の決議がされなかったときは，再任されたものとみなされる（338条2項）。会社が会計監査人を置く旨の定めを廃止したときは，定款変更の効力が生じたときにその任期は満了する（338条3項）。

会計監査人の報酬は株主総会ではなく，取締役（会）が決定するが，その報酬の決定については，監査役（2人以上いるときは過半数，監査役会があるときは監査役会）の同意を得なければならない（399条1項，2項）。

(2) 会計監査人の解任
（A） 株式総会による解任
株主総会の普通決議で会計監査人を解任することができる（339条1項）。会計監査人は正当な理由なく解任されたときは，解任により生じた損害を会社に対して請求することができる（339条2項）。会計監査人の解任の議案の内容は監査役（会）が決定する（344条）。

（B） 監査役による解任
監査役は，会計監査人が，①職務上の義務に違反し，又は職務を怠ったとき，②会計監査人としてふさわしくない非行があったとき，③心身の故障のため，職務の執行に支障があり，又はこれに堪えないときは，解任することができる（340条1項）。監査役が2人以上いるときは全員の同意が必要である（340条2項）。監査役会がある会社では，全員の同意のもとに監査役会が解任する（340条4項）。

監査役（会）が会計監査人を解任したときは，互選（2人以上いるとき）により定めた監査役又は監査役会の選定した監査役は，会計監査人を解任した旨及びその理由を解任後最初に招集される株主総会に報告しなければならない（340条3項）。

（C） 会計監査人の意見陳述権
会計監査人は，株主総会において会計監査人の選任，解任又は辞任について意見を述べることができる（345条1項，5項）。辞任した会計監査人は，辞任後最初の株主総会に出席して，辞任した旨及びその理由を述べることができる（345条2項，5項）。取締役は，辞任した会計監査人に意見を述べる機会を与えるため，株主総会の通知をしなければならない（345条3項，5項）。

[3] 会計監査人の職務権限
(1) 基本的な職務権限
会計監査人は，独立した専門家として会社の計算書類等を監査することを任務

とする。決算の結果を表す計算書類が会社の財産及び損益の状況を真実かつ公正に示しているかどうかを、外部の独立した専門家の立場から監査することである。会計監査人の直接の職務は、会社の計算書類及びその附属明細書、臨時計算書類並びに連結計算書類を監査し、会計監査報告を作成することである（396条1項）が、これを行うためには、事業年度中継続して会計監査をすることが必要である。その職務を遂行するために、会計監査人は、会計帳簿又はこれに関する書面により又は電磁的記録をもって作成されている資料の閲覧・謄写ができるほか、取締役、会計参与、支配人その他の使用人に対し会計に関する報告を求めることができる（396条2項）。

会計監査人は、その職務を行うため必要があるときは、子会社に対して会計に関する報告を求め、又は会社もしくは子会社の業務及び財産の状況を調査することができる（396条3項）。この場合、子会社は、正当の理由があるときは、報告又は調査を拒むことができる（396条4項）。

(2) 監査役への報告義務

会計監査人がその職務を行うに際して、取締役の職務の執行に関し不正の行為又は法令・定款に違反する重大ない事実があることを発見したときは、遅滞なく、これを監査役（監査役会設置会社では監査役会）に報告しなければならない（397条1項、3項）。

監査役の側からも、その職務を行うため必要があるときは、会計監査人に対してその監査に関する報告を求めることができる（397条2項）。

[4] 会計監査人の責任

(1) 会社に対する責任

会計監査人は、その任務を怠ったときは、会社に対してその損害を賠償しなければならない（423条1項）。この責任は、総株主の同意がなければ免除することはできないが（424条）、会計監査人が善意で重過失がなかったときは、株主総会の決議又は定款の定めるところによりもしくは責任限定契約（427条）により、年収の2年分を除く額については免除することができる（425条1項ハ）。

会計監査人の会社に対する責任も、株主代表訴訟の対象となった（847条1項）。

(2) 第三者に対する責任

(A) 悪意・重過失の行為による責任

会計監査人がその職務を行うにつき悪意又は重大な過失があったときは、これ

によって第三者に損害が生じたときは，損害賠償の責任がある（429条1項）。
　(B)　会計監査報告の虚偽記載による責任
　会計監査人が，会計監査報告に記載し，又は記録すべき重要な事項について虚偽の記載又は記録をしたときは，注意を怠らなかったことを証明しない限り，これによって第三者に生じた損害を賠償しなければならない（429条2項4号）。

9　監査等委員会設置会社

[1]　制度の新設

　株式会社の機関設計として，これまで監査役会設置会社及び委員会設置会社（指名委員会等設置会社と改正）があったが，平成26年の改正で新たに「監査等委員会設置会社」を選択することができることになった。会社に不祥事が生じるたびに監査役の監査権限を強化する方向で改正を重ねてきたが，取締役会で議決権をもたない監査役の権限強化では限界があるため，取締役会の中に取締役で構成される監査等委員会を設ける形の経営機構を選択肢として提供するものである。
　改正から2年後の平成28年6月現在，680社が監査等委員会設置会社に移行している。監査役会設置会社がその社外監査役を社外取締役に置き換えて監査等委員会設置会社に変更したものである。

[2]　監査等委員会設置会社の機関

　監査等委員会設置会社の経営機構は，監査役設置会社における監査役が監査等委員会に変わるだけで，業務執行は取締役会が決定し，代表取締役及び業務執行取締役が会社の業務執行を行う。監査等委員会設置会社では，監査役を置くことはできず，取締役の地位をもつ監査等委員により構成される監査等委員会が監査等の職務を行う。
　監査等委員会は，3人以上の取締役で構成され，その過半数は社外取締役でなければならない（331条6項）。監査等委員は，当該会社又はその子会社の業務執行取締役，支配人その他の使用人を兼ねることはできない（331条3項）。常勤の監査等委員を置くことは義務付けられない。

[3] 監査等委員の独立性の確保

　監査等委員会設置会社の取締役の選任については，監査等委員である取締役とそれ以外の取締役とを別に選任しなければならない（329条2項）。監査等委員会設置会社の一般の取締役と監査等委員である取締役とは任期も異なり，一般の取締役の任期は1年である（332条3項）であるのに対して，監査等委員である取締役の任期は2年であり，かつ定款又は株主総会決議でその任期を短縮することはできない（332条1項，4項）。

　監査等委員の報酬は，それ以外の取締役とは区別して定款又は株主総会決議で定めなければならない（361条2項）。監査等委員会設置会社の取締役の解任は株主総会の普通決議で足りるが，監査等委員である取締役の解任には株主総会の特別決議が必要である（344条の2第3項，309条2項7号）。

[4] 監査等委員会の職務・権限

　監査等委員会の職務は，①取締役の職務執行の監査及び②監査報告の作成にあり（399条の2第3項1号），基本的には，監査役設置会社の監査役や指名委員会等設置会社の監査委員会と同じであるが，監査等委員は，監査等委員会の決定に基づき，取締役の選任，解任，辞任（342条の2第4項）及び監査等委員以外の取締役の報酬（361条6項）について株主総会で意見を述べることができる。

　監査等委員も取締役会において株主総会に提案する取締役候補の決定に際し議決権を行使でき，代表取締役及び業務執行取締役の選定・解職に際し議決権を行使することができるのは当然である。たとえば，監査等委員は，ある取締役候補（A）につき不適任と判断し取締役会で反対に議決権を行使したが，多数決でAが候補者に選ばれて株主総会に提案する際に，監査等委員会であらかじめ決定しておけば，Aについて監査等委員会としては反対意見である旨を意見陳述できるということである。実際に株主総会において取締役会の分裂状態を曝け出すような場面は想像し難い。

　一般に，取締役の利益相反取引（自己取引）が行われて会社に損害が生じた場合，その自己取引に関与した取締役は任務を懈怠したものと推定されるが（423条3項），その自己取引につき事前に監査等委員会の承認を得ていたときは，関与取締役たちは任務懈怠の推定を受けない（423条4項）。監査等委員会の承認を得て自己取引が行われたときは，関与取締役は任務懈怠の推定を受けないので，原告の側で関与取締役たちの任務懈怠を証明すべきことになる。このような扱い

は，監査等委員会設置会社に特有のものである。

[5] 各監査等委員の職務・権限

　監査等委員は主として監査等委員会の決定に参加する形でその任務を遂行するが，緊急を要する場合には，単独で行為する権限がある。取締役が株主総会に提出しようとする議案等に法令・定款違反があると認めるときは，その旨を株主総会に報告しなければならない（399条の5）。監査等委員は取締役であり，株主総会に提出する議案の決定に関与する者であり，その議案等に法令違反等があると認めるときは，取締役会へ報告すべきである（399条の4）とされているのに加えて，その事実を株主総会へも報告すべきことになっている。

　各監査等委員は，取締役が不正の行為をし，もしくはするおそれがあると認めるとき，法令・定款に違反する事実もしくは著しく不当な事実があるときは，遅滞なく取締役会に報告する義務があり（399条の4），さらに，取締役が法令・定款に違反する行為をし，又はするおそれがあり，それにより会社に著しい損害が生じるおそれがあるときは，差止請求権がある（399条の6）。

[6] 監査等委員会の運営

　監査等委員会は各監査等委員が招集する（399条の8）。招集権者を定めないことにしている。招集通知は1週間前までに各監査等委員に対して発しなければならないが（399条の9第1項），全員の同意があれば，招集手続を省略することができる（399条の9第2項）。取締役は監査等委員会の要求があるときは，求められた事項について説明義務がある（399条の9第3項）。

　監査等委員会の決議は，決議に加わることができる委員の過半数が出席し，その過半数をもって行う（399条の10第1項）。特別利害関係を有する委員は決議に加わることができない（399条の10第2項）。

[7] 監査等委員会の議事録

　監査等委員会が開催されたときは，議事録を作成し，出席した委員は署名又は記名押印をしなければならない（399条の10第3項）。株主又はその親会社社員はその権利を行使するために必要なとき，債権者は取締役等の責任追及のため必要なときは，裁判所の許可を得て議事録の閲覧・謄写を請求することができる（399条の11第2項，3項）。裁判所は，その閲覧等により当該会社（親会社，子

会社を含む）に著しい損害を及ぼすおそれがあると認めるときは，許可することができない（399 条の 11 第 4 項）。

[8]　監査等委員会設置会社の取締役会の権限

　監査等委員会設置会社の取締役会は，経営の基本方針・業務執行の決定，取締役の職務の執行の監督，代表取締役の選定・解職を行う権限がある（399 条の 13 第 1 項）。取締役の過半数が社外取締役である監査等委員会設置会社の場合には，取締役会の決議又は定款の定めにより会社法 399 条の 13 第 5 項に列挙する事項を除いては，新株発行等の重要事項を代表取締役に委任することができる（399 条の 13 第 5 項柱書き，同条第 6 項）。

　監査等委員会設置会社であるが社外取締役が過半数に満たない会社では，監査役設置会社の取締役会と同様の範囲の職務・権限を有する。

　なお，監査等委員会が選定する監査等委員は，会社が取締役会招集権者を定めているときでも，取締役会を招集することができる（399 条の 14）。

10　指名委員会等設置会社

[1]　経営機構の選択

　大多数の会社がいま採用している経営機構は，昭和 25 年（1950 年）の商法大改正において導入されたものであり，半世紀以上にわたってわが国に定着してきた。それは，伝統的な経営機構ないし日本型経営機構といわれる。日本型経営機構は，全体としての取締役会が重要な業務執行を決定し，代表取締役ほか業務執行取締役が業務の執行を担当するものであり，取締役の職務執行を独立した監査役（会）が監査するという基本構造である。

　平成 14 年の商法改正において，アメリカ型の経営機構である委員会設置会社（平成 26 年改正で指名委員会等設置会社に変更）についての規定が設けられ，大会社はそのいずれかを選択することができるようになった。指名委員会等設置会社の経営機構においては，全体としての取締役会は経営の基本方針のほか一部の業務執行の決定を行うが，取締役 3 人以上で構成する指名，報酬，監査についての 3 委員会が設けられ，それぞれ所定の事項は委員会で決定し，業務執行は取締役会で選任される執行役が当たることになる。指名委員会等設置会社では，監査

委員会が監査を担当し，監査役を置くことはできない（327条4項）。
　細部にわたれば多くの差異があるが，指名委員会等設置会社の基本的な特徴は2つある。第一に，業務執行と監督機関を分離する。一般の会社（指名委員会等設置会社以外の会社で取締役会設置会社を以下では便宜上，一般の会社という）では，取締役は取締役会の構成員であると同時に主要な取締役が業務執行を行いながら，取締役会の構成員であるため取締役会としての監督機能を果たす。これに対して，指名委員会等設置会社では，執行役が業務執行を担当し，取締役は，その地位においては業務執行をすることができず，取締役会による業務執行の監督を強化しようとするものである。第二に，一般の会社では，重要な業務執行は取締役会で決定する必要があって，代表取締役など業務執行取締役に委任できないのに対して，指名委員会等設置会社では，取締役会専決事項を除き，それ以外の事項は執行役に委任することができるため，執行役の判断で業務執行できる範囲が広く，迅速な決定が可能な構造である。

[2]　各種の委員会
(1)　取締役会の内部機関
　指名委員会等設置会社では，指名，監査，報酬に関する3委員会が置かれる。各委員会は，3人以上の取締役で組織され，その過半数は社外取締役でなければならない（400条1項〜3項）。社外取締役とは，株式会社の取締役であって，当該会社又はその子会社の業務執行取締役もしくは執行役又は支配人その他の使用人でなく，かつ，過去に当該会社又はその子会社の業務執行取締役もしくは執行役又は支配人その他の使用人となったことがないものをいう（2条15号）。取締役会が委員を選定する（416条4項8号）。
　委員会は取締役会の内部機関であって，それぞれ所定の事項について決定するが，その決定は最終のものであって，取締役会が委員会の決定を覆すことはできない（404条参照）。委員会は推薦又は諮問をする機関ではなく，決定権限を持っている。

(2)　指名委員会
　指名委員会は，株主総会に提出する取締役の選任及び解任に関する議案を決定する（404条1項）。次期取締役候補を決定することがこの委員会の基本的な役割である。その権限は，執行役の人事には及ばず，執行役の選定及び解職の権限は取締役会に属する（402条2項，403条1項）。委員会設置会社においても，株主

の議案提案権は排除されないので，株主は指名委員会の提案と異なる者を取締役候補として提案することもできる（304条）。

取締役の解任議案もこの委員会で決定されるが，これとは別に，少数株主は取締役の解任を議題とした株主総会の招集を取締役に請求し，遅滞なく総会が招集されないときは，裁判所の許可を得て，自ら総会を招集して取締役解任の議案を提出することができる（854条）。

(3) 監査委員会
(A) 監査委員会の権限等

監査委員会は，①執行役等（執行役，取締役，会計参与）の職務の執行の監査及び監査報告の作成，②株主総会に提出する会計監査人の選任及び解任並びに会計監査人を再任しないことに関する議案の内容の決定を職務とする（404条2項）。監査委員は，会社もしくはその子会社の執行役，業務執行取締役又は子会社の会計参与，支配人その他の使用人を兼ねることはできない（400条4項）。自己監査を避けるためである。

一般の監査役会設置会社における監査役は，独任制の機関とされ，監査役会は各監査役の権限の行使を妨げる決議をしてはならないものとされている（390条2項）のに対して，指名委員会等設置会社においては，執行役等の職務執行についての調査権限は各監査委員にではなく監査委員会に付与されている。すなわち，監査委員が執行役等に報告を求め，会社及び子会社の調査を行うには，監査委員会から選定されなければならず，かつ監査委員会が執行役等からの報告の徴収又は調査に関する事項についてなんらかの決議をしたときは，監査委員はその決議に従わなければならないことになっている（405条4項）。

緊急の事態に備え，迅速な対応が要求される局面では，各監査委員が単独で行動することも予定されている。すなわち，各監査委員は，執行役又は取締役が不正の行為をし，もしくは当該行為をするおそれがあると認めるとき，又は法令・定款に違反する事実もしくは著しく不当な事実があると認めるときは，遅滞なく，その旨を取締役会に報告しなければならない（406条）。また，各監査委員は，執行役又は取締役が会社の目的の範囲外の行為その他法令・定款に違反する行為をし，又はするおそれがある場合においては，当該行為により会社に著しい損害が生ずるおそれがあるときは，当該執行役又は取締役に対し，当該行為をやめることを請求することができる（407条1項）。その請求は裁判外の請求に限らず，裁判上の請求をすることもでき，差止めの仮処分を裁判所が執行役又は取締役に命

ずるときは，担保を立てさせない（407条2項）。
　(B)　訴訟代表
　指名委員会等設置会社における執行役又は取締役と会社との間の訴訟では，原則として，監査委員会が選定する監査委員が会社を代表する（408条1項2号）。しかし，監査委員が訴訟の当事者である場合には，取締役会が定める者（株主総会が定めるときは，その者）が会社を代表する（408条1項1号）。
　株主代表訴訟の前提手続として，株主が執行役等の責任追及の訴えを提起するよう請求する場合に，その請求を受けるのは監査委員である（当該監査委員がその訴えに係る訴訟の当事者である場合を除く）（408条3項1号）。
　(4)　報酬委員会
　報酬委員会は，役員（取締役，執行役，会計参与）の個人別の報酬の内容を決定する（404条3項前段）。執行役が会社の支配人その他の使用人を兼ねているときは，支配人その他の使用人の報酬についても同様とする（404条3項後段）。報酬委員会は，執行役等の個人別の報酬内容に関する方針を定め，その方針に従って報酬を決定しなければならない（409条1項，2項）。報酬内容の決定に関する方針とは，たとえば，原則として執行役等の報酬の50％については，業績連動型（ストック・オプションその他）とするなどである。
　個人別の報酬は，額が確定しているものは，その額，額が確定していないものは，個人別の具体的な算定方法，金銭でないものは，個人別の具体的な内容，について定めなければならない（409条3項本文）。会計参与については，確定金額で定めなければならない（409条3項ただし書）。

[3]　委員会の運営
　(1)　招集・決議
　各委員が，委員会を招集することができる（410条）。委員会を招集するには，会日の1週間（取締役会でこれを下回る期間を定めることができる）前までに各委員に通知しなければならない（411条1項）。全員の同意があるときは，招集手続を省略することができる（411条2項）。執行役等は，委員会の求めがあったときは，出席して求められた事項について説明しなければならない（411条3項）。
　委員会の決議は，決議に加わることができる委員の過半数が出席し，その過半数をもって行うのが原則であるが，取締役会はその定足数，決議要件の割合を高めることができる（412条1項）。決議に特別利害関係のある委員は決議に加わる

ことはできない（412条2項）。

(2) 議事録

委員会は，議事録を作成し，出席した委員は署名又は記名押印をしなければならない（412条3項）。議事録が電磁的記録をもって作成されているときは，法務省令で定めるところにより，署名又は記名押印の代わる措置をとる必要がある（412条4項）。委員会に出席した委員で，議事録に異議をとどめないものは，決議に賛成したものと推定される（412条5項）。

会社は委員会議事録を会日から10年間その本店に備え置かなければならない（413条1項）。株主は権利を行使するために必要なとき，債権者は委員の責任を追及するため必要なときは，裁判所の許可を得て議事録の閲覧・謄写を請求することができる（413条3項，4項）。裁判所は，その閲覧等が会社，親会社，子会社に著しい損害を及ぼすおそれがあると認めるときは，許可を与えることができない（413条5項）。

[4] 指名委員会等設置会社の取締役の地位

一般の会社の取締役は，取締役の資格で業務執行を行うことができるが，指名委員会等設置会社の取締役は，その資格で会社の業務執行をすることはできない（415条）。監督と執行を分離し，取締役は取締役会の構成員として監督の役割に徹すべきことになっている。もっとも，取締役も執行役を兼ねることができ（402条6項），執行役として会社の業務執行に当たることはできる。

一般の会社の取締役の任期は原則として2年であるが，指名委員会等設置会社の取締役の任期は，1年とされている（332条3項）。

[5] 指名委員会等設置会社の取締役会

(1) 招集権者

指名委員会等設置会社の取締役会は，招集権者の定めがある場合でも，委員会がその中から選定する者が招集することができる（417条1項）。執行役も業務執行を遂行するうえで取締役会の決議を必要とする事項があるときは，取締役会があらかじめ定めた取締役に対して取締役会の招集を請求することができ，所定の期間内に招集されないときは，執行役が自ら取締役会を招集することができる（417条2項）。

(2) 取締役会の基本的権限

　取締役会は，指名委員会等設置会社の業務執行を決定し，かつ執行役等の職務の執行を監督する（416条1項1号，2号）。会社の業務執行の決定と執行役等の職務の執行の監督をその職務・権限とする点で，一般の会社における取締役会の職務・権限と変わりない。一般の会社の場合に，代表取締役その他の業務執行取締役に取締役会の専決事項を除く事項についての決定権限を委任することができるのと同じく，指名委員会等設置会社においても，取締役会の専決事項を除く事項について取締役会はその決定権限を代表執行役その他の執行役に委任することができる。しかし，両者はその委任できる事項の範囲において違いがある。指名委員会等設置会社の取締役会は，執行役に委任できる事項が多い。

　指名委員会等設置会社では，全体としての取締役会決議によらず，きわめて重要かつ具体的な事項が委員会によって決定されることになっており，また執行役に委任できる事項が多いため，一般の会社の取締役会より決議事項が少なくなっている。

(3) 取締役会の具体的権限

(A) 専決事項

　取締役会は，経営の基本方針を決定する（416条1項1号イ）。会社によっては，会社の財務目標，重要な経営戦略などを定めることもあろう。

　「監査委員会の職務の執行のため必要なものとして法務省令で定める事項」を取締役会で決議する必要がある（416条1項1号ロ）。指名委員会等設置会社は通常は大規模会社であり，その事業は広範かつ複雑であるのが通常である。社外取締役が過半数を占める監査委員会が，会社の業務執行が適正かつ効率的に行われているかどうかを適確に監査することができるように，「監査委員会の職務の執行のために必要な事項」を決定する必要がある。具体的には，①監査委員会の職務を補助すべき使用人に関する事項，②執行役や使用人が監査委員会に報告すべき事項，③執行役の職務の執行に係る情報の保存・管理に関する事項，④執行役が職務遂行の過程で作成した情報の保存管理に関する事項などが定めなければならない（施行規則112条）。

　取締役会は，「執行役の職務の執行が法令及び定款に適合することを確保するための体制その他株式会社の業務の適正を確保するために必要なものとして法務省令で定める体制の整備」をしなければならない（416条1項1号ホ）。いわゆるリスク管理システム及びコンプライアンス（法令遵守）のためのシステムである。

取締役会は，執行役を選任するが（402条2項），執行役を2人以上選任するときは，執行役の職務の分掌及び指揮命令の関係その他の執行役相互の関係に関する事項を定めなければならない（416条1項1号ハ）。

以上は取締役会の専決事項であって，取締役にその決定を委任することはできない（416条3項）。その他，取締役会は，委員会の委員の選任・解職，代表執行役の選定・解職，合併契約の内容の決定，会社分割等組織変更の内容の決定その他が取締役会の専決事項とされている（416条4項ただし書）。逆にいえば，取締役会の専決事項とされていない事項については，その決定を執行役に委任することができる。

(B) 執行役に委任可能な事項

一般の会社においては，取締役会の専決事項とされている事項であるが，指名委員会等設置会社の取締役会が執行役に委任できる事項としては，重要な財産の処分，多額の借財，支配人その他の重要な使用人の人事，支店その他の重要な組織の設置・廃止・変更（362条4項参照），株式の分割（183条2項参照），自己株式の消却（178条2項参照），所在不明株主の株式の売却（197条4項参照），募集株式事項の決定その他がある。

[6] 執行役・代表執行役

(1) 執行役

指名委員会等設置会社では，執行役が業務を執行する。取締役会は，1人又は2人以上の執行役を選任しなければならない（402条1項，2項）。執行役には，取締役と同様の欠格事由がある（402条4項，331条1項）。取締役が執行役を兼ねることはできる（402条6項）。ただし，社外取締役及び監査委員は執行役となることはできない（2条15号，400条4項）。

執行役は，取締役会の決議によって委任を受けた会社の業務執行の決定及び業務の執行を行う（418条）。会社と執行役との関係は委任関係であり（402条3項），したがって，執行役は会社に対して善管注意義務（民法644条）を負う。また，取締役と同じように，忠実義務，競業避止義務及び利益相反取引に関する規定の適用がある（419条2項）。

執行役が業務執行をする際に，会社との利益相反取引とか合併契約書の内容の決定など取締役の承認ないし決議を得る必要が生じる場合がある。そこで，執行役に取締役会招集請求権が認められており，執行役は，取締役会がその招集請求

を受ける取締役として定めている取締役（416条1項ニ）に対して，会議の目的たる事項を示して取締役会の招集を請求することができる（417条2項前段）。その請求後5日以内に，請求の日から2週間以内の日を会日とする取締役会の招集通知が発せられないときは，当該執行役は自ら取締役会を招集することができる（417条2項後段）。執行役は取締役会への出席権はなく，取締役会の要求があったときに出席して，求められた事項について説明義務がある（417条5項）。

執行役は，会社に著しい損害を及ぼすおそれのある事実を発見したときは，直ちにその事実を監査委員に報告しなければならない（419条1項）。このような緊急の事態がなくても，執行役は，3ヶ月に1回以上，自己の職務の執行状況を取締役会に報告しなければならない（417条4項前段）。この場合，執行役は他の執行役を代理人として，当該報告をすることができる（417条4項後段）。執行役の全員が取締役会に出席する必要はなく，代表執行役が出席して，他の執行役の職務執行の状況を取締役会に報告すれば足りるようにしたものである。

執行役の任期は，選任後1年以内に終了する事業年度のうち最終のものに関する定時総会の終結後最初に招集される取締役会の終結の時までである（402条7項）。

(2) 代表執行役

指名委員会等設置会社は，取締役会の決議で代表執行役を選定しなければならない（420条1項前段）。執行役が1人のときは，その者が代表執行役に選定されたものと扱われる（420条1項後段）。代表執行役は，会社の業務に関する一切の裁判上又は裁判外の行為をする権限を有し，その権限に加えた制限は，善意の第三者に対抗することができない（420条3項，349条4項，5項）。

指名委員会等設置会社においても，業務執行の決定権限は取締役会に帰属し，代表執行役を含む執行役は，取締役会の決議により委任を受けた業務執行の決定（418条1号）をする権限しか有しないのであって，代表執行役は，取締役会から決定することを委任された業務執行の決定及び株主総会，取締役会等の必要な機関が決定した事項のすべてを執行する機関と解すべきである。したがって，「会社の業務に関する一切の行為をする権限」とは，執行自体について妥当するが，決定権限を含むものではないと解さなければならない（「代表取締役の権限」の説明（40頁）参照）。

なお，表見代表執行役についての規定もある。会社が代表執行役以外の執行役に社長，副社長その他指名委員会等設置会社を代表する権限を有するものと認め

られる名称を付した場合には，その執行役がした行為について，善意の第三者に対してその責任を負う（421条）（「表見代表取締役」についての説明（42頁）参照）。

第3章
株式会社の設立

Contents

1 発起人
2 定款の作成
3 設立の二方法
4 設立登記
5 設立に関する責任

1　発起人

[1]　発起人とは

株式会社を設立するには，設立企画者としての**発起人**が必要である（26条1項）。発起人は定款を作成し，発起人として署名又は記名押印をしなければならない（26条1項）。

発起人は株式会社の設立に際して発行する株式を1株以上引き受けなければならない（25条2項）。発起人の数については特に定めはなく，1人でもかまわない。自然人は行為能力の制限の有無にかかわらず発起人となることができ，法人も発起人になることができる。

[2]　設立中の会社と発起人

発起人が会社の設立に必要な行為を進めて，最後の手続である設立登記をしたときに会社（法人）として成立する（49条）。会社は設立登記によって瞬時に生まれるのではなく，定款の作成，引受人の確定，出資の履行，取締役となるべき者など機関の決定などの段階を経て，徐々に成長・充実して会社となる。登記により完成するその前身である実体を「**設立中の会社**」という。設立登記が行われるまでは権利能力がないため，設立中の会社は「権利能力のない社団」である。

成立後の会社と設立中の会社とは，実質的には同一であると考えられるから，設立段階における法律関係がそのまま成立後の会社に引き継がれることになる。

[3]　発起人の権限

発起人が設立中の会社の執行機関としてその権限内で行った行為の効果は成立後の会社に帰属する。発起人は「会社の設立それ自体を直接の目的とする行為」をする権限がある。たとえば，定款の作成，株式の引受け・払込みに関する行為，創立総会の招集などである。また，会社の設立に必要な行為，たとえば，設立事務所の賃借，事務員の雇用，株式引受に必要な印刷の委託なども，その権限内の行為である。

会社が成立したのち直ちに営業が開始できるように，営業所・工場の敷地や建物の譲受や賃借，機械・原料などの買入，使用人の雇入れなどの行為を開業準備行為という。法が認める財産引受（28条2号）以外は発起人の権限に属さないと解される（財産引受については後述）。

2 定款の作成

[1] 定款とは

　定款は，実質的意義においては，各会社の組織，運営などを定めた根本規則であり，形式的には，その根本規則を記載した書面ないし電磁的記録をいう。定款で定めるべき事項は，すべての会社に共通して必ず定めなければならない事項（絶対的記載事項）と各会社が自由に定めることができる事項（相対的記載事項）とがある。会社法は，いわゆる定款自治の範囲を広く認める立場に立っており，各会社が任意に定款で定めることができる事項は多方面にわたっている。

　なお，発起人は作成した定款につき公証人の認証を受けなければならず，公証人の認証を受けなければ定款としての効力を生じない（30条1項）。

[2] 絶対的記載事項

　すべての株式会社において必ず記載しなければならない事項が絶対的記載事項である。それは，①商号，②目的（事業目的），③本店の所在地，④設立時に出資される財産の価額又はその最低額，⑤発起人の氏名・名称及び住所（以上27条），⑥発行可能株式総数（37条1項）である。

　会社が将来において発行することができる株式の総数（発行可能株式総数）は当初の定款で定めていなくてもよく，設立登記の時までに発起人全員の同意によって定めれば足りる（37条1項）。設立時に発行する株式数は，発行可能株式総数の4分の1を下ることはできないが，非公開会社（株式につき譲渡制限の定めをしている会社）は4分の1以下でもかまわない（37条3項）。会社成立後に，発行可能株式総数の限度内で，必要に応じて新株ないし新株予約権を発行して発行済株式数を増加することができる。発行可能な限度枠を使い切り，さらにそれを超えて新株等を発行するには，定款を変更して発行可能株式総数を増加しなければならない。

　なお，会社の「公告の方法」を定款で定めることもできるが，その場合には，㋑官報に掲載する方法，㋺日刊新聞紙に掲載する方法，㋩電子公告のいずれかを定めることができる（939条1項）。公告の方法は絶対的記載事項ではなく，定款に定めがない場合には，会社の公告方法は官報に掲載する方法によるべきことになる（939条4項）。

[3] 相対的記載事項
(1) 変態設立事項
(A) 変態設立事項とは

設立手続において，発起人等により濫用される危険がある事項として定められたもので，定款に記載しなければ効力が生じず，かつ原則として裁判所の選任する検査役による調査が必要な事項を変態設立事項という。以下の4つの事項がそれである。

① 現物出資　株式会社における出資は金銭で行うのが原則である。しかし，発起人に限り金銭以外の現物で出資することもできる。現物出資をするときは，出資者の氏名・名称，出資される財産及びその価額，その者に対して割り当てられる株式の数（種類株式を発行するときは種類ごとの数）を定款に記載しなければならない（28条1号）。

貸借対照表に資産として掲げうる財産であれば現物出資の目的とすることができる。動産，不動産，株式その他の有価証券，特許権など財産の種類を問わない。

② 財産引受　発起人が設立中の会社のために，会社の成立を条件として特定の者から一定の財産を譲り受ける契約を結ぶことを財産引受という。これを行うときは，当該財産その価額並びに譲渡人の氏名・名称を定款に記載しなければならない（28条2号）。財産引受は，財産が過大に評価される危険があるので，原則として厳重な検査が行われる。

定款に記載のない財産引受は無効であり，会社成立後の株主総会決議でこれを承認しても有効とならない（最判昭28・12・3民集7巻12号1299頁）。

③ 発起人の特別利益　会社設立に貢献した発起人の功労に報いるために，発起人に報酬その他の特別利益を与えることができ，その場合には，報酬の額その他特別利益の内容及びそれを受ける発起人の氏名・名称を定款に記載しなければならない（28条3号）。特別利益として，利益配当，残余財産分配，新株引受（株式募集）などにおいて優先権を与えること，会社の設備利用に関し特権を与えることなどが許される。

④ 設立費用　成立後の会社の負担とする設立費用の額は定款に記載し，かつ検査により不当と認められなかった範囲で会社の負担とすることができる（28条4号）。設立費用としては，設立のために使用する事務所の借り賃，定款の作成費，株主募集の広告費，使用人の報酬など，会社設立のために必要な一切の費用が含まれる。定款の認証の手数料など会社に損害を与えるおそれのないものと

して法務省令で定めるものは，定款に記載するまでもなく当然に会社の負担となる。法務省令では，定款に貼付する印紙税，払込取扱銀行に支払う手数料，登録免許税が定められている（施行規則5条）。

(B) 変態設立事項の検査

定款に変態設立事項が含まれているときは，発起人は公証人の認証を得た後遅滞なく，その事項を調査させるため，裁判所に対し検査役の選任の申立てをしなければならない（33条1項）。検査役は必要な調査を行い，調査の結果を記載した報告書又は電磁的記録を裁判所に提出し，同様の書面又は電磁的記録を発起人にも提供しなければならない（33条4項，6項）。検査役の報告を受けた裁判所は，変態設立事項に関する定款の定めに不当と認める事項があるときは，これを変更する決定をし（33条7項），発起人に通知すべきことになる。現物出資の目的財産が過大に評価されて，現物出資者に対して与える株式数が不当に多いと認めるときは，与えるべき株式数を減少する決定をし，あるいは財産引受の対価や設立費用が不当に高額であると認めるときは，その額を減額するなどの変更決定をすることができる。

裁判所の変更の決定に不服の発起人は，変更決定の確定後1週間内に限り，株式の引受けを取り消すことができる（33条8項）。たとえば，現物出資に関する裁判所の変更に不服の発起人は株式の引受けを取り消すことができる。変更決定確定後1週間以内に取り消さなかったときは，裁判所の変更とおりに定款が変更されたものとみなされる。財産引受の場合には，譲渡人が裁判所の変更決定に応じて減額を承諾すれば，定款の内容は裁判所の決定のとおりに変更されるが，譲渡人が承諾しないときは，財産引受は解除すべきことになる。

変態設立事項の全部又は一部が裁判所により変更された場合，変更決定確定後1週間内に限り，発起人全員の同意により裁判所が変更した事項についての定めを廃止する定款の変更をすることができる（33条9項）。たとえば，当初予定していた財産引受につき裁判所が変更の決定をしたので，財産引受に関する事項を削除したものに定款の内容を変更することができる。

(C) 検査役の調査が不要な場合

変態設立事項のうち，現物出資及び財産引受（以下，現物出資等という）については，次の場合に裁判所の選任する検査役の調査は不要である（33条10項）。

① 少額特例　定款に記載又は記録された現物出資等の財産価額の総額が500万円を超えない場合である（33条10項1号）。

② **市場価格のある有価証券** 市場価格のある有価証券であって，法務省令で定める方法により算定されるものを超えない額で評価された現物出資等については，検査役の検査は不要である。取引所の相場のある有価証券に限らず，市場価格があれば足りる。厳密な意味での有価証券ではなく，金融商品取引法2条2項の規定により有価証券とみなされる権利（株券が発行されない会社の株式など）を含む（33条10項2号）。

③ **弁護士等の証明** 現物出資財産等について定款に記載又は記録された価額が相当であることについて弁護士，弁護士法人，公認会計士（外国公認会計士を含む），監査法人，税理士，税理士法人の証明を受けた場合である。不動産については，当該証明に不動産鑑定士の鑑定評価も必要である（33条10項3号）。

なお，弁護士等であっても次の場合には，証明をすることはできない（33条11項）。①発起人，②財産引受における譲渡人，③設立時取締役又は設立時監査役，④業務停止の処分を受け，その停止期間を経過しない者（公認会計士法29条2号参照），⑤弁護士法人，監査法人，税理士法人であって，その社員の過半数が①から③に該当する場合である。

(2) 定款におけるその他の定め

株式会社の定款には，会社法の規定により定款に定めがなければその効力を生じない事項その他会社法の規定に違反しない事項を記載することができる（29条）。株式の譲渡を制限するときはその旨，取締役会その他の機関設計をどうするか，どのような種類の株式を何株発行するかなど定款で定めるべき事項は多い。

[4] 定款の備置き

発起人（成立後は会社）は発起人が定めた場所（成立後は本店及び支店）に定款を備え置かなければならない（31条1項）。発起人（成立後は株主及び債権者）は，発起人が定めた時間（成立後は営業時間）内はいつでも定款を閲覧することができ，発起人（成立後は会社）が定めた費用を支払って定款の謄本又は抄本の交付を請求することができる（31条2項）。

会社成立後においては，親会社社員（株主その他の社員）はその権利を行使するため必要があるときは，裁判所の許可を得て，子会社の定款の閲覧等を請求することができる（31条3項）。

3 設立の二方法

[1] 発起設立

(1) 発起設立とは

設立時に発行する株式のすべてを発起人だけで引き受け，発起人以外の者にはまったく株式を割り当てないで設立する方法を発起設立という。ほとんどの場合に発起設立の方法が選択される。

(2) 発行株式に関する事項の決定

会社の設立に際して発行する株式に関する次の事項について，定款に定めがないときは，発起人全員の同意で決定しなければならない（32条1項）。①発起人が割当てを受ける株式数，②株式と引換えに払い込む金銭の額，③成立後の会社の資本金及び資本準備金に関する事項である。

設立に際して発行する株式が種類株式（たとえば，利益配当優先株）であるときは，発起人に対して割り当てる株式数だけでなく，その種類株式の内容についても発起人全員の同意で定めなければならない（32条2項）。

(3) 出資の履行

(A) 出資の払込み・給付

発起人はその引き受けた株式につき金銭の全額を払い込み，又は出資すべき金銭以外の財産の全部を給付しなければならない（34条1項本文）。金銭の払込みは，発起人が定めた払込取扱銀行においてしなければならない（34条2項）。

出資の履行をしていない発起人があるときは，発起人は期日を定めて，その期日までに出資を履行するよう期日の2週間前までに通知をしなければならない（36条1項，2項）。期日までに出資の履行をしなかった発起人は，引受人としての地位を失う（36条3項）。

(B) 権利株の譲渡

設立時の株式引受人は，出資を履行することにより会社成立後は株主となる地位にある。この地位を**権利株**という。権利株（引受人としての地位）の譲渡は成立後の会社に対抗できない（35条）。

(4) 設立時役員の選任

(A) 選任の方法

定款で設立時の取締役を定めていない場合には，出資の履行が完了した後遅滞なく設立時の取締役を選任しなければならない（38条1項，3項）。選任すべき

取締役の数はその定款がどのような機関設計をしているかにより違いがある。取締役会を置かない会社は1人で足りるが、取締役会設置会社では3人以上でなければならない（39条1項）。

その他、監査役、会計参与、会計監査人を置くことにしていて、定款でそれらの役員を定めていない会社では、これらの役員を選任する必要がある（38条2項）。監査役会を置く会社では、3人以上の監査役を選任する必要がある（39条2項）。

設立時の役員は発起人の議決権の過半数をもって決定する（40条1項）。発起人は、出資の履行をした株式1株につき1個の議決権を有し、単元株制度を採用する会社では、1単元の株式数につき1個の議決権を有する（40条2項）。

(B) 代表取締役・各委員の選定

取締役会設置会社（指名委員会等設置会社を除く）である場合には、設立時取締役（監査等委員会設置会社では監査等委員である取締役を除く）の中から設立時代表取締役をその過半数をもって選定しなければならない（47条1項、3項）。

指名委員会等設置会社の場合には、設立時取締役はその過半数の賛成によって、指名委員会、報酬委員会、監査委員会の委員となるべき設立時取締役を選定し、さらに執行役、代表執行役を選定しなければならない（48条1項）。

(5) 設立時取締役等による調査

設立時取締役（監査役設置会社では、設立時取締役及び設立時監査役）は、選任後遅滞なく、少額特例により検査役の検査を受けていない現物出資財産等及び市場価格のある有価証券について定款に記載・記録された価額が相当であること、弁護士等による証明が相当であること、出資の履行が完了していること、その他設立手続が法令・定款に違反していないことについて調査しなければならない（46条1項）。平成17年改正前の旧法下でのように、設立時に発効する株式の総数について引受けがあったかどうかは調査する必要はない。

設立時取締役等は、調査事項について法令・定款違反があり又は不当な事項があると認めるときは、発起人にその旨を通知しなければならない（46条2項）。設立しようとする会社が委員会設置会社であるときは、設立時取締役は、調査を終了したときはその旨、不当な事項を発起人に通知したときはその旨及び内容を設立時代表執行役に通知しなければならない（46条3項）。

[2] 募集設立
(1) 株主の募集
(A) 募集株式に関する事項の決定

設立時に発行する株式の一部を発起人が引き受け，残部について引受人を募集する方法を募集設立という。発起人全員の同意で引受人を募集する旨を定めることができる（57条1項）。一般公衆から公募する方法だけでなく，発起人の知人，友人など特定範囲の者から募集する縁故募集も募集設立になる。

発起人は，設立時に発行する株式の引受人を募集する場合には，そのつど，全員の同意で次の事項を定めなければならない（58条1項，2項）。①設立時募集株式の数，種類株式を発行するときはその種類ごとの数，②株式の払込金額，③金銭の払込みの期日又は期間，④一定の日までに設立の登記がされない場合には，引受けを取り消すことができることとするときは，その旨及びその一定の日である。

数回にわたって募集する際には，当該募集ごとに均等に募集条件を定めなければならない（58条3項）。

(B) 会社に関する情報の提供

発起人以外の者は，どのような会社を設立しようとしているのか知らないのが通常であり，募集に応じて株式の引受けをするかどうかの判断材料が必要である。そこで，発起人は，設立時募集株式の引受けの申込みをしようとする者に対して，設立しようとしている会社について一定の情報を提供しなければならないものとしている（59条1項）。提供すべき情報は，定款の認証の年月日と認証した公証人の氏名，定款の絶対的記載事項（27条），変態設立事項（28条），設立時発行株式に関する発起人の決定事項（32条1項），募集株式に関し発起人が定めた事項（58条1項），発起人が出資した財産の価額，払込取扱銀行などである（59条1項）。

(C) 特定の者による総数の引受け

設立時に発行する株式のうち発起人が引き受けた部分を除く募集株式の全部を証券会社や投資ファンドなど特定の者が引き受ける場合には，募集株式の引受けの申込みをしようとする者への情報提供義務を定めた規定は適用されない（61条）。

(2) 株式引受の申込みと割当て

(A) 申込み・割当て

募集株式の引受けの申込みをしようとする者は，引き受けようとする株式数，その氏名・名称と住所を記載した書面を発起人に交付しなければならない（59条3項）。書面の交付に代えて，発起人の承諾を得て，書面に記載すべき事項を電磁的方法によって申し込むこともできる（59条4項）。

発起人は，申込者の中から割当てを受ける者を定め，かつその者に割り当てる株式数を定めて（60条1項），その申込者に対して払込期日の前日までに割り当てる株式数を通知しなければならない（60条2項）。募集に際して特別な割当方法を定めていない限り，法律上は割当自由の原則が採用されており（60条1項），発起人は申込者の中から誰に何株を割り当てるかを自由に決定することができる。

(B) 株式引受行為の性質

株式の引受けは，引受けの申込みと発起人による割当て（承諾）とによる会社への入社契約と解される。この入社契約は，多数人による社団の形成に向けられた共同行為であり，団体形成という共同の目的を持つものである。二当事者間における取引行為とは異なる性質があるため，民法の意思表示に関する規定をそのまま適用することは妥当でない。そこで，会社法は，申込者の申込みが真意でないことを発起人が知っていた場合及び発起人と申込者による通謀虚偽表示があっても，その申込みは無効とならないものとしている（51条1項）。

株式引受の申込みにつき，錯誤があった場合の無効の主張及び詐欺もしくは強迫による取消しの主張は，一定の時期までは認められるが，会社の成立後（発起設立，募集設立の双方）又は創立総会もしくは種類株主総会において議決権を行使した後は（募集設立），錯誤による無効，詐欺・強迫による取消しの主張は許されない（51条2項，102条4項）。

(3) 株式の払込み

(A) 出資の履行

株式引受の申込者は発起人から割り当てられた株式数について株式の引受人となる（62条）。引受人は発起人の定めた払込期日又は期間内に株式の払込金額の全額を定められた払込取扱銀行において払い込まなければならない（63条1項）。払込期日又は期間内に払込みをしなかった引受人は，払い込むことによって株主となる権利（引受人の地位）を失う（63条3項）。

(B) 払込取扱銀行の保管証明

募集設立の方法による会社設立の登記の際に保管証明書が必要である。発起人は，株金の払込取扱銀行に対して，払込金保管証明書の交付を請求することができる（64条1項）。

保管証明書を発行した銀行は，その「証明書の記載が事実と異なること」又は「払い込まれた金銭の返還に関する制限」があることをもって成立後の会社に対抗することができない（64条2項）。払込保管証明をした銀行は，その証明した額について払戻しをする責任を負う。

「証明書の記載が事実と異なる」というのは，払込みの事実がなかったということであり，現実に払込みがなければ証明書を発行すべきでなく，証明書を発行した以上，証明した金額の払戻しに応じなければならない。「返還に関する制限」とは，いわゆる「預合い」のことである。すなわち，発起人が払込取扱銀行から金銭を借り入れ，その借入金を株式払込金として保管してもらい，発起人と取扱銀行との間で，発起人が現実にその借入金相当額の預金をしない限り銀行は払込金として保管している金額の払戻しには応じないとの合意をしている場合である。

預合いによって会社の設立登記が行われたときは，一定の資本金を有するかのごとき会社が成立することになるが，現実には登記された資本金の額に相当する資産の存在しない会社が生まれることになる。法はこのような預合いをした発起人等に対して5年以下の懲役もしくは500万円以下の罰金に処し，又はこれを併科することにしている（965条）。これに応じた者（払込取扱銀行において発起人と合意をした支店長など）も同罪である（965条）。

(C) 見せ金

預合いの悪弊は古くから見られ，明治32年の判例がある。その後もこの悪弊は続いていたが，昭和13年の商法改正の際にこれを禁じ，預合いを処罰の対象としたことから，預合いの潜脱行為として見せ金が登場するようになった。払込取扱銀行からの借入金を払込金として保管しているかのごとく保管証明書を発行するが，設立登記が済めばすぐ返済するのが預合いである。これに対して，見せ金は払込取扱銀行以外の銀行等から払込金相当額の金銭を借り入れ，その金銭を払込取扱銀行へ株式払込金として預け，保管証明書の発行を受けて設立登記を終えると直ちに払戻しを受けて，貸主に返済するという払込みの仮装である。会社成立後に会社に資産が残らない点は預合いと同じである。

最高裁は，当初から真実の株式の払込みとして会社資金を確保する意図がなく，一時的の借入金をもって単に払込みの外形を整え，株式会社成立の手続後直ちにその払込金を払い戻してこれを借入先に返済する場合には，会社の営業資金はなんら確保されたことにならないのであって，このような払込みは，払込みとしての効力は生じないと説き，さらに，会社成立後借入金の返済までの期間の長短，払込金が会社資金として運用された事実の有無等をみて，その払込みとしての効力を判断すべきであるとしている（最判昭38・12・6民集17巻12号1633頁）。最高裁のこの立場に立って，会社が成立してから12日後に借入先へ返済した分については見せ金として無効とし，1年10ヶ月後に返済した分については会社の資金として運用したものと判断して見せ金には該当しないと説いた判例がある（東京地判昭46・1・29判時626号91頁）。

(4) 創立総会
(A) 創立総会の招集

発起人は，払込期日又は払込期間の末日のうち遅い日以後，遅滞なく創立総会を招集しなければならない（65条1項）。これは数回に分けて募集をした場合を想定している。第一次募集と第二次募集に分けて募集する場合には，払込期日又は払込期間も異なってくるが，その払込期日又は払込期間の末日のうち遅い日から遅滞なく創立総会を招集すべきことになる。招集するについては，発起人は総会の日時，場所，総会の議題のほか，書面投票（書面による議決権行使）を行うときはその旨，電磁的方法によって議決権を行使できるものとするときはその旨を定めなければならない（67条1項）。議決権を行使できる設立時株主が千人以上のときは，書面投票を実施しなければならない（67条2項）。

招集通知は原則として会日の2週間前までにしなければならないが，設立する会社が非公開会社であって，かつ書面投票又は電磁的方法での議決権行使を行わない場合には，1週間（定款でこれを下回る期間を定めているときは，その期間）前までに通知を発しなければならない（68条1項）。通知は通常到達すべきであったときに到達したものとみなされる（発信主義，68条6項）。取締役会設置会社であって，書面により又は電磁的方法での議決権行使を認めるときは，通知は議題等を記載した書面でしなければならないが（68条2項），設立時株主の承諾を得て電磁的方法により通知することもできる（68条3項）。

書面投票を実施する場合には，議決権の行使について参考となるべき事項を記載した参考書類及び議決権行使書面を交付しなければならず（70条1項），電磁

的方法による議決権行使を行う設立時株主には，参考書類に記載すべき事項についての情報を提供しなければならない（70条2項）。

書面投票又は電磁的方法での議決権行使を認める場合を除き，設立時株主全員の同意があるときは，招集手続を省略することができる（69条本文）。

創立総会は，招集通知に記載された事項（議題）についてだけ決議することができる（73条4項本文）。ただし，招集通知に記載がなくても，定款の変更又は設立廃止の決議はできる（73条4項ただし書）。

(B) 創立総会の決議

募集設立の場合には，設立時の取締役，会計参与，監査役，会計監査人は創立総会の決議によって選任される（88条1項）。監査等委員会設置会社の場合には，監査等委員である取締役とその他の取締役とを区別して選任しなければならない（88条2項）。創立総会の決議は，議決権を行使できる設立時株主の議決権の過半数が出席し（定足数），出席した設立時株主の議決権の3分の2以上の多数をもって行う（73条1項）。書面投票により行使された議決権（75条2項）及び電磁的方法で行使された議決権（76条3項）の数は出席した議決権の数に算入するのは当然である。

設立時株主はその引き受けた株式1株（定款で単元株制度を定めている会社は1単元）につき1個の議決権を有する（72条1項）。

設立時株主は代理権を証明する書面を発起人に提出して，代理人によって議決権を行使することができる（74条1項）。設立時株主又は代理人は，発起人の承諾を得て，書面の提出に代えて，当該書面に記載すべき事項を電磁的方法により提供することもできる（74条3項）。

書面による議決権の行使は必要な事項を記載した議決権行使書面を，招集通知を発した日以後2週間を経過した時から創立総会の日時以前の時までに発起人に提出することにより（75条1項，施行規則13条），また，発起人の承諾を得て電磁的方法で議決権を行使する者は，書面投票と同じ時までに議決権行使書面に記載すべき事項を発起人に送信して行う（76条1項，施行規則14条）。

(C) 設立事項の報告

発起人は設立に関する事項を創立総会に報告しなければならない（87条1項）。発起人は，変態設立事項の定めがあるときはその事項を記載し，かつ裁判所の選任した検査役が作成した調査報告書の内容及び現物出資等が相当である旨の弁護士等の証明に内容を記載した書面又は電磁的記録を創立総会に提出しなければな

らない（87条2項）。

発起人が設立時株主に対して創立総会で報告すべき事項を通知した場合において，当該事項を創立総会に報告することを要しないことにつき設立時株主の全員が書面又は電磁的記録により同意の意思表示をしたときは，同意されたその事項については報告をする必要はない（83条）。

（D）　設立事項の調査

設立時取締役（監査役設置会社では設立時の取締役及び監査役）は，その選任後遅滞なく，現物出資等の対象である有価証券について定款に記載された価額が相当であること，現物出資等についての弁護士等の証明が相当であること，発起人による出資の履行及び募集株式引受人による払込みが完了していること，その他の設立手続が法令・定款に違反していないことについて調査し，調査の結果を創立総会に報告しなければならない（93条1項，2項）。設立時取締役は，創立総会において設立時株主から調査に関する事項について説明を求められたときは，必要な説明をする義務がある（93条3項）。

設立時取締役（監査役設置会社では，監査役を含む）の全部又は一部が発起人であるときは，創立総会の決議で設立事項の調査人を選任し，その調査人が必要な調査を行い，調査の結果を創立総会に報告させることもできる（94条1項，2項）。

（E）　創立総会における定款の変更

発起人は募集株式の払込期日又はその期間の初日のうち最も早い日以後は定款の変更をすることはできない（95条）。募集株式の引受けをした者は引受当時の定款の内容を承認して引き受けたのであって，引き受けた後に発起人によって勝手に定款が変更されると，引受人が害されることがありうるからである。しかし，設立時株主たちによる創立総会の決議により定款の変更をすることは可能であるのみならず（96条），定款変更を必要とする事情も生じることがある。たとえば，募集設立において，発起人が引き受ける株式数と合わせて1万株となるように設立時の発行株式数を想定し，発行可能株式総数を4万株と定款で定めていたが，発起人の引き受けた株式数と応募した引受株式数が合計で5,000株にすぎなかった場合には，定款を変更して発行可能株式総数を2万株とせざるをえない。

発行可能株式総数を定款で定めていないときは，創立総会の決議によって，定款を変更して発行可能株式総数の定めをしなければならない（98条）。何も定めていない定款に発行可能株式総数の定めを設けることは定款の変更に該当する。

次の事項の定款変更については要件が加重される。

① **株式譲渡制限の定め**　定款を変更して，発行する全部の株式について，譲渡による株式の取得につき会社の承認が必要とする旨の定めを設ける場合には（種類株式発行会社を除く），議決権を行使できる設立時株主の過半数（人数）であって，設立時株主の議決権の3分の2以上の多数をもって行わなければならない（73条2項）。

② **会社による強制取得条項**　定款を変更して，発行する全部の株式について，一定の事由が生じたことを条件に会社が強制的に株主から買い取ることができる旨の定めを設け，又はこの事項についての定款の内容を変更しようとするときは，設立時株主全員の同意を得なければならない（73条3項）。

③ **一定の種類株式についての強制取得条項**　設立中の会社が種類株式を発行する場合において，ある種類の株式の内容として，一定の事由が生じたことを条件として会社が強制的に取得（買付）することができる旨の定款の定めを設け，又はすでに定められているこの事項についての定款を変更しようとするときには，当該種類株式の引受人全員の同意が必要である（99条1項）。

④ **種類創立総会の決議を必要とする事項**　定款を変更して，ある種類株式の内容として当該種類株式の取得につき会社の承認を要するものとし，又は当該種類株式を株主総会決議により会社が全部取得できる旨の定款の定めを設けるときは，当該種類株式の設立時株主等により構成される種類創立総会の決議が必要である（100条）。

(F)　**変態設立事項の変更と引受けの取消し**

創立総会において，現物出資等の変態設立事項に関する事項を変更する定款変更の決議をした場合には，その決議に反対した設立時株主は決議後2週間内に限り，引受けの意思表示を取り消すことができる（97条）。

4　設立登記

[1]　設立の登記

会社はその本店の所在地において設立の登記をすることによって成立する（49条）。設立登記によりかつ登記の時に会社は成立し，法人格を取得する（3条参照）。

発起設立の場合には，設立時取締役等による調査（46条1項）が終了した日又は発起人が定めた日のいずれか遅い日から2週間内にしなければならない（911

条1項)。

募集設立の場合には、通常は創立総会の終結の日から2週間内に設立登記をしなければならない (911条2項1号)。

どのような事項を登記すべきか。まず、会社の目的、商号、本店及び支店の所在地、資本金は基本的登記事項である。株式に関するものとして、発行可能株式数、発行済株式の総数並びにその種類及び種類ごとの数、株券発行会社であるときはその旨、株主名簿管理人（旧法下の名義書換代理人）を置いたときはその名称・住所・営業所、新株予約権を発行したときは、その数・行使条件等が登記事項となっている（911条3項1号～12号）。

機関に関する事項としては、取締役の氏名、代表取締役の氏名・住所、取締役会設置会社であるときはその旨、会計参与を置くときはその旨並びに氏名・名称及び会計書類等の備置場所、監査役を置くときはその旨及び氏名、監査役会を置くときはその旨及び社外監査役についてはその旨、会計監査人を置くときはその旨及びその氏名・名称等が登記されなければならない（911条3項12号～21号）。委員会設置会社の場合には、取締役のうち社外取締役である者についてはその旨、各委員会の委員及び執行役の氏名、代表執行役の氏名・住所が登記事項である（911条3項22号）。その他、社外取締役、会計参与、社外監査役又は会計監査人が負う責任限度に関する契約の締結について定款に定めがあるときは、その定め、公告方法について定款に定めがあるときは、その定めが登記事項とされている（911条3項23号～30号）。

[2] 登記の効果

(1) 本来の効果

登記の一般的な効力は対抗要件とされているが（908条1項）、会社の設立登記には創設的効力があり、設立登記により会社が成立する（49条）。株式引受人（法は設立時株主ともいう）は株主となり（50条1項、102条2項）、発起人又は設立時取締役等がその権限に基づいて設立中の会社のために行った行為は、成立後の会社に対してその効果が生じ、設立中の会社に帰属していた法律関係は当然に成立後の会社に帰属する。

(2) 特殊の効果

(A) 株式引受の無効・取消しの制限

発起人及び募集株式の引受人は、会社成立後又は（募集設立では）創立総会も

しくは種類創立総会において議決権を行使した後は，錯誤を理由として株式引受の無効を主張し，又は詐欺もしくは強迫を理由として株式引受の取消しをすることはできない（51条2項，102条4項）。ただし，未成年その他の制限能力者による取消しは制限されていない。

(B) 詐害行為取消権

ある者が債権者を害することを知ってその所有財産を現物出資として出資し，設立時株式を引き受けた場合に，債権者は民法424条に基づき詐害行為取消権を行使することができるであろうか。次のような事例があった。AはX銀行に対して5億5,000万円余の借入金債務を負担していたが，借入金の返済を完全に停止した。Xからその所有財産に対して強制執行されるおそれが生じたので，Aはその所有する①アパートの土地・建物，②別荘地の共有持分権（①と②の現物出資時の評価額は合計で9,370万円）③商業ビル（評価額1億5,190万円）のすべてを現物出資してY会社を設立した。Y会社は資本金3,000万円の株式会社である。XはY会社を被告として③の不動産だけについて民法424条に基づく詐害行為取消しの訴えを提起した。裁判所は「株式会社に対する現物出資行為についても，少なくとも株式会社の資本を毀損しない範囲では，設立行為を直接取り消すことにはならないから，詐害行為として取り消すことができると解するのが相当である」と説いた（東京地判平15・10・10金商1178号2頁）。

債権者に株式引受の取消権を認めて出資財産の返還を請求できるものとしないと，奸悪な債務者による財産隠匿を許すことになるとして，詐害行為取消権を認めるのが通説となっている。上記判例は，「会社の資本（3,000万円）を毀損しない範囲」で詐害行為取消を認めたものである。

5 設立に関する責任

[1] 会社が成立した場合

(1) 発起人等の責任

株式会社の設立は資本団体の創設である。登記された資本の額に相当する現実の財産が会社によって保有されなければならない。設立登記に際して，登記官は申請書及び添付書類の形式審査はするが，申請書等に記載された事項が真実に実質を伴っているか否かは調査しないし，実質調査を要求することは事実上不可能

である。したがって，実体の伴わない会社が出現しかねない。そこで，法は設立手続を進める発起人や設立時取締役に一定の責任を負わせることにしている。

(2) 財産価格てん補責任

会社の設立に際して，現物出資又は財産引受（以下，現物出資等という）が行われた場合において，当該財産の価格が定款に記載された価格に著しく不足するときは，発起人及び設立時取締役は連帯して会社に対し不足額を支払う義務を負う（52条1項）。しかしながら，現物出資等について，裁判所の選任する検査役の調査を経た場合及び発起設立では，当該発起人又は設立時取締役が職務を行うにつき注意を怠らなかったことを証明したときは，てん補責任を負わない（52条1項，103条1項）。

現物出資者又は財産引受における譲渡人は無過失であってもつねに不足額を支払う義務がある（52条2項カッコ書）。また，現物出資等について定款に記載された財産の価格が相当である旨の証明をした弁護士等も，不足額のてん補責任を負うが，証明者が当該証明をするについて注意を怠らなかったことを証明した場合には，てん補責任を負わない（52条3項）。

(3) 設立時の仮装払込に対する責任

発起人が設立時発行株式について出資に履行を仮装した場合には，当該発起人は，会社に対して仮装した出資に係る金銭の全額の支払い又は仮装した財産の全部の給付をする義務を負う（52条の2第1項）。発起人の出資の仮装に関与した他の発起人又は設立時取締役も同額の支払義務を負う（52条の2第2項本文）。ただし，出資の仮装をした者を除き，他の発起人等はその職務を行うにつき注意を怠らなかったことを証明すれば，この義務を負わない（52条の2第2項ただし書）。

募集設立において，募集株式の引受人が払込みを仮装した場合には，会社に対して仮装した払込金額の全部を支払う義務がある（102条の2第1項）。引受人の払込仮装に関与した発起人又は設立時取締役も仮装した引受人と連帯して支払義務を負うが，これらの者は注意を怠らなかったことを証明すればその義務を負わない（103条2項）。

出資（払込み）の履行を仮装した発起人・引受人は，その義務を履行した後でなければ設立時株主又はその後の株主としての権利を行使することができない（52条の2第4項，102条3項）。これらの者から株主の権利を譲り受けた者は，悪意又は重大な過失がない限り，株主の権利を行使することができる（52条の2

第5項，102条4項)。

会社の成立後，新株を発行する場合にも同様に規制される（後述）。

(4) 発起人等の損害賠償責任

発起人，設立時の取締役又は監査役は，会社の設立についてその任務を怠ったときは，これにより会社に生じた損害を賠償する責任を負う（53条1項）。これらの者は設立中の会社の執行機関として，善良な管理者の注意をもって任務を遂行すべき義務があり，その任務を懈怠して会社に損害を生じさせるときは損害賠償責任が生じる。任務を懈怠した発起人等だけに責任が生じるが，たとえば，発起人総代に設立事務の執行を一任した場合には，その総代に任務懈怠があれば，一任した他の発起人も責任を免れないと解される。一任して自らはなんら職務を遂行しなかったことが任務懈怠になるからである。

発起人，設立当時の取締役及び監査役がその職務を行うについて悪意又は重大な過失があったときは，これによって第三者に生じた損害を賠償する責任を負う（53条2項）。この場合の第三者には，株式申込人，株主が含まれると解すべきである。

発起人等は会社と第三者との双方に対して損害賠償の義務を負い，株主も第三者に含まれると解されるが，会社に対する責任は任務懈怠責任であり，第三者に対する責任は法が認めた特別の責任（特殊の不法行為責任という説もある）であって，両者の責任の性質は異なる。したがって，次のようなケースでは，発起人等は双方に対して責任が生じる。発起人が「見せ金」によって会社を設立し，設立登記の翌日，株式払込金を引き出して借入先に返済した。会社の営業開始時には会社財産は存在しなかったが，営業を開始し，取引先に対して債務を負担した。その会社について設立無効判決が確定し，発起人が会社に対して損害賠償金を支払ったとしても，その賠償金が取引先に対する弁済に充てられ，株主固有の損害が賠償されない限り，取得した株式が無価値になった株主は発起人に損害賠償を請求できることになる。

(5) 発起人等の連帯責任

発起人，設立時の取締役及び監査役が会社又は第三者に生じた損害を賠償する責任を負う場合において，他の発起人等もまた当該損害を賠償する責任を負うときは，これらの者は連帯債務者とされる（54条）。連帯債務については，連帯債務者の一人に対する履行の請求は他の連帯債務者に対してその効力がある（民434条）。

発起人及び設立時取締役の財産価格てん補責任並びに発起人，設立時の取締役及び監査役の会社に対する任務懈怠責任は，総株主の同意がなければ免除することができない（55条）。

[2] 会社不成立の場合

会社が成立しなかったときは，発起人は連帯して「会社設立に関してした行為」について責任を負い，設立に関して支出した費用を負担する（56条）。成立後に設立無効判決が確定した場合は，不成立ではない。

発起人の連帯責任となる「会社設立に関してした行為」とは，どのような行為であろうか。判例は，「株式の募集，払込金の受領等のごとき会社設立行為自体に属するもの及び設立に必要な行為，たとえば設立事務所の賃借り，事務員の雇用，株式募集広告委託のごときをいう」と説いている（大判昭14・4・19民集18巻4号472頁）。この判例は，発起人が設立のために必要な金銭を他人から借り入れる行為は，発起人個人としてなしたか発起人団体としてなしたかを問わず，「会社設立に関してした行為」とは認められず，したがって発起人の連帯責任とはならず，借り受けた発起人個人に又は発起人団体として借り入れたときは分割責任として発起人全員に請求すべきものとする。

株式引受人から受領した払込金の返還債務，設立事務所の賃料支払債務など，通説によれば，発起人が設立中の会社の機関として有する権限の範囲内においてなした行為より生じる債務について発起人は連帯債務を負担する。

[3] 擬似発起人の責任

発起人とは，定款に発起人として署名又は記名押印をした者である（26条1項）。実際に会社設立事務に関与したか否かは関係ない。募集設立において，発起人ではないが，株式引受の募集広告その他募集に関する書面（目論見書など）又は電磁的記録に自己の氏名・名称及び会社の設立を賛助する旨を記載し，又は記録することを承諾した者は発起人とみなされ，発起人と同様の責任があるものとされる（103条2項）。このような者を擬似発起人という。

擬似発起人のこの責任は会社の成立，不成立にかかわらず生ずるものであるが，実際上は，会社不成立の場合に問題となる。会社不成立の場合における株式払込金の返還が主要な責任となろう。会社が成立した場合の発起人の会社に対する損害賠償責任は，任務懈怠責任であるところ，擬似発起人はなんら職務権限をもた

ず，また発起人の業務執行を監視すべき義務を負わすこともできないがゆえに，会社に対する損害賠償義務はないものと解すべきである。現物出資又は財産引受における財産価格のてん補責任は，募集広告等とは無関係であるから，擬似発起人はてん補責任を負うことはない。

[4] 株式会社設立の無効

(1) 設立無効の訴え

　会社が一応成立して営業を開始すると，会社の内外において多数の者との間に種々の法律関係が生じるのが普通である。したがって，設立無効の原因をできるだけ制限する必要があり，また設立無効をどのような方法においても主張できるものとすると，法律関係をいたずらに混乱させるおそれがあるので，設立無効の訴えによってのみ主張できるものとしている。

　無効原因について法は特に定めていない。①定款の絶対的記載事項の記載がなく又は記載が違法である場合は無効原因と解されている。しかし，公証人の認証を得る段階でこの点はチェックされる。②公証人の認証を受けなければ定款としての効力が生じない（30条1項）。定款の認証がないことは，設立無効の原因となる。実際には，登記申請の際に指摘されるので，この理由で無効となる事例は考え難い。③募集設立において，創立総会の招集がないことは無効原因と解される。④株式発行事項など発起人全員の同意で決定すべき事項があるが，全員の同意がなかったという事実を無効原因と解する説もあるが，一人でも反対があったという事実を無効原因と解する必要はないものと解する。

　設立無効の訴えは，会社成立の日から2年以内である（828条1項1号）。提訴期間を経過すれば，かりに無効原因があっても，その瑕疵は治癒される。

　提訴権者は，株主，取締役，清算人，監査役，委員会設置会社の執行役である（828条2項1号）。被告は会社であり（834条1号），会社の本店の所在地を管轄する地方裁判所に訴えを提起しなければならない（835条）。数人の者により別個に訴訟が提起された場合には，その弁論及び裁判は併合して行われなければならない（837条）。

(2) 設立無効判決の効力

　設立無効の訴えにおいて原告が勝訴し，設立無効の判決が確定したときは，その判決には対世効があり，第三者に対してもその効力が生じる（838条）。判決の効力は，訴訟の当事者にのみ生じるのが一般原則であるが，会社との間で法律関

係をもっている利害関係者は多く，その法律関係を画一的に確定する必要があるので，会社の組織に関する訴えを認容する確定判決は，第三者に対してもその効力が及ぶものとしている。

　設立無効の判決には，遡及効はなく，会社の設立を無効とする判決が確定したときは，無効とされた設立行為は将来に向かってその効力を失う（839条）。「無効の訴え」として扱われるが，判決の効力は将来に向かって生じるので，実質は取消しの訴えと同じで形成訴訟の性質をもつ。無効判決が確定するまでは，会社は存在したことになり，それまでの間に会社，その株主及び第三者の間に生じた権利義務に影響を及ぼさない。会社は既往の関係では有効に存在したのと同様に扱われるから，取締役が会社の機関として第三者との間で行った法律行為による権利義務の効力は維持され，株主が引受人として払い込んだ金銭又は現物出資として給付した財産は会社に帰属する。

　無効判決が確定したときは，会社はその財産や法律関係を整理し既往の関係を消滅させるための清算手続に入るべきことになる（475条2号）。

　以上とは異なり，設立無効の訴えにおける原告敗訴の判決（請求棄却の判決）は，民事訴訟の一般原則に従い（民訴115条1項），当事者間でのみその効力が生じ，第三者に対しては効力を及ぼさない。したがって，2年以内なら，別人が同一又は別個の無効原因に基づいて設立無効の訴えを提起することができる。

第4章
株　式

Contents

1　株式とは
2　株主の権利
3　株式の分割と併合
4　特殊な内容の株式
5　単元株式制度
6　株式の譲渡
7　株式譲渡の制限
8　自己株式の取得
9　特別支配株主の少数派株主に対する株式売渡請求権

1 株式とは

株式は，会社事業に対する均一に細分化された持分である。同じ種類の株式は，すべて均等に細分化されていて，どの株式もその権利内容は同じである。株式の所有者が株主である。会社は法人であるから（3条），会社事業は法律的には会社自体の所有に属し，株主は，会社事業を直接的に所有する関係にはなく，会社に対する法律上の地位として捉えられる。株式にはさまざまな種類があるが，株式は種類ごとに均一の割合的単位となっており，1人の株主が複数の株式（単位）を所有することができる（持分複数主義）。

2 株主の権利

[1] 株主の権利

普通株式を所有する株主は，法が株主に付与するすべての権利を享受する。普通株式を所有する普通株主は，株主総会において行使することができる議決権，会社の収益の分配に与る剰余金分配請求権，会社が清算するときの残余財産分配請求権など，あらゆる権利を付与される（105条1項）。会社は，以上の普通株式とは異なる内容の株式（種類株式）を発行することができる。種類株式の株主の権利は，その種類ごとに異なる。会社は内容の異なる種々の株式を発行することができるが，剰余金分配請求権と残余財産分配請求権の全部を与えないものとする株式の発行は許されない（105条2項）。

[2] 株主権の分類

株主の会社に対する権利は，自益権と共益権とに分類される。自益権は，株主が会社から経済的利益を受けることを目的とした権利であり，剰余金分配請求権，残余財産分配請求権，株式無償割当を受ける権利，株式買取請求権のほか，特殊な株式についての株式取得請求権，取得条項付株式における取得対価請求権などがある。

共益権は，株主が広い意味で会社の経営に参与することを目的とした権利である。共益権には，議決権，総会決議の取消し・無効・不存在などの訴権，新株発行無効・不存在などの訴権，合併無効の訴権，株主代表訴訟提起権などがある。

共益権には，1株の株主でも行使できる単独株主権と，総株主の議決権の一定割合又は発行済株式の一定割合（1％，3％など）以上の株式を単独又は共同で所有する場合に限って行使できる少数株主権とがある（854条1項ほか）。少数株主権には，株主提案権（303条2項），総会招集請求権（297条1項），取締役の解任請求権（854条1項），帳簿閲覧請求権（433条1項）などがある。

[3]　株主平等の原則

公開会社は，株主をその有する株式の内容及び数に応じて，平等に取り扱わなければならない（109条1項）。異なる内容（たとえば，A種株式とB種株式）の株式を発行することができ，A種株式の株主とB種株式の株主とを同様に扱う必要はないが，同種の株式の株主についてはその持株数に応じて平等に扱わなければならない。

公開会社でない会社では，剰余金の配当，残余財産の分配，議決権の3点について，株主ごとに異なる取扱いを行う旨を定款で定めることができる（109条2項）。たとえば，非公開会社である甲株式会社において，株主Aが100株，ベンチャーキャピタルBが900株の株式を所有する場合に，Bの所有する株式は1株につき1議決権であるが，A所有の株式は1株につき10議決権を有するものと定款で定めることができる。この場合には，Aの所有する株式（複数議決権株式）は種類株式とみなされる（109条3項）。

[4]　株式の共有

株式は1株が最低の単位であって，それ以上に細分化することはできない。2人で1株を所有するときは，2人で1株を共有することになる。実際には，共同相続をした数人の相続人が多数の株式を共有することとなる場合が多い。

2人以上の者が株式を共有するときは，その株式について権利行使をする者（権利行使者）を1人定めて，その者の氏名・名称を会社へ通知しなければ，その株式について権利を行使することができない（106条本文）。権利行使者の通知がない場合でも，共有者の権利行使に会社が同意したときは，その権利を行使することができる（106条ただし書）。

株式を相続した共同相続人は，権利行使者を定めて会社へ通知しないと，会社の同意がない限り，誰も株主として権利行使ができない。「特別の事情」がある場合は別である。一人会社（株主が1人）において，その株主が死亡し，全株式

が共同相続されたが，遺産分割について協議が調わず，権利行使者を指定することができないまま数年が経過していて，株主総会も開催できない状況下であったのに，株主総会が開催され，取締役が選任されたとして取締役の就任登記が行われた。共同相続人の1人が株主総会不存在確認の訴えを提起したところ，会社側は，その者には原告適格がないと争ったケースにおいて，最高裁は，共同相続人間において権利行使者の指定及び会社に対する通知を欠く場合であっても，その株式が会社の発行済株式の全部に相当し，共同相続人のうちの1人を取締役に選任する旨の株主総会決議がされたとしてその旨の登記がされているときは，特別の事情が存在し，他の共同相続人は，決議不存在確認の訴えにつき原告適格を有するものというべきである，と説いた（最判平2・12・4民集44巻9号1165頁）。

3 株式の分割と併合

[1] 株式の分割

(1) 株式分割の意義

株式の分割とは，会社財産を増加させないで，1株を2株にし，5株を6株にするなど，発行済株式数を増やすことである。資本金の額は増加させずに，株式数だけを増やす場合だけでなく，準備金を減少させて，その減少させた額を資本に組み入れ，増加した資本の額に相当する数の新株を発行して株主に割り当てる場合なども，株式の分割である。

外部から新たな資金が払い込まれないのに，株式数は増加するので，1株当たりの株価は低下する。高くなりすぎた株価を下げるために株式分割が行われ，また市場で流通している株式数が少なすぎるときに，株式分割が行われる。

(2) 株式分割の手続

株式分割は，株主総会（取締役会設置会社では取締役会）の決議によって行う（183条2項）。株式分割は，すべての株主の持株数を増加させ，株主の持株比率を変動させることもないため，取締役会設置会社では取締役会決議で足りる。

株式分割により発行済株式総数は増加するが，定款で定めた発行可能株式総数を超えることはできない。新株の発行に伴い株式数が増加して，発行可能株式総数を超えることとなる場合には，定款変更の手続が必要になる。定款変更は株主総会の特別決議によるのが原則である。しかし，株式分割のため発行済株式総数

が増加する場合については，特別の扱いがされる。2以上の種類の株式を発行していない会社においては，株主総会決議によらないで，分割前の発行可能株式総数に分割の割合を乗じた数の範囲内で発行可能株式総数を増加する旨の定款変更をすることができる（184条2項）。

[2] 株式の併合
(1) 株式併合の意義

2株を併せて1株とし，3株を併せて2株とするように，数株を併せてそれより少数の株式数にすることが株式の併合である。株式の併合は，合併の準備として，又は株式移転を行う準備のためなど，企業再編の準備として行うことができる。これらの場合には，1株に満たない端数が生じる（2株を併せて1株とする場合には，3株の株主は1株と0.5株となり1株に満たない端数が生じる）こととなる併合も許されると解される。法は「取締役は，株主総会において，株式の併合をすることを必要とする理由を説明しなければならない」旨を定めている（180条3項）。株式を併合するときは，1株に満たない端数が生じる株主と端数がまったく生じない株主とがあり，株主平等原則に抵触することになる。したがって，株式の併合を必要とする合理的理由がないときは，端数が生じることとなる株式の併合はできないと解すべきである。

(2) 株式併合の手続

株式を併合すると，すべての株主の持株数は減少するのみならず，株主の中には株主としての地位を失ってしまうものも出てくる。このように，株式の併合は株主の利害に重大な影響を及ぼすので，これを行うには株主総会の特別決議が必要である（180条2項，309条2項4号）。

株主総会では，併合の割合，併合が効力を生じる日，種類株式発行会社では，併合する株式の種類及び効力発生日における発行可能株式総数について決議しなければならない（180条2項）。この場合，発行可能株式総数は効力発生日における発行済株式総数の4倍を超えることはできない（180条3項本文）。ただし，非公開会社の場合には，4倍という制限はない（180条3項ただし書き）。会社は，株主総会の決議を経たのち，併合の効力が生じる日の2週間前までに株主及び登録株式質権者に決議事項を通知するか，通知に代えて公告しなければならない（181条）。

(3) 株式併合と株主の救済
(A) 株式併合差止請求権

株式の併合が法令・定款に違反する場合において，株主が不利益を受けるおそれがあるときは，株主は会社に対して当該株式の併合をやめることを請求することができる（182条の3）。

(B) 株式買取請求権

株式の併合により1株に満たない端数が生ずる場合には，併合に反対の株主は1株に満たない端数の全部を公正な価額で買い取ることを会社に対して請求することができる（182条の4第1項）。反対株主とは，併合を承認するための株主総会に先立って併合に反対する旨を会社に通知し，かつ株主総会で反対に議決権を行使した株主又は当該株主総会において議決権を行使できない株主をいう（182条の4第2項）。

買取価額について会社と株主との間で協議が調ったときは，併合の効力発生日から60日以内にその支払いをしなければならない（182条の5第1項）。効力発生日から30日以内に協議が調わないときは，株主又は会社は，その期間の満了の日後30日以内に裁判所に対し価格の決定を申し立てることができる（182条の5第2項）。

4 特殊な内容の株式

[1] 取得請求権付株式

株主が会社に対してその所有する株式の取得を請求することができる内容の株式が，取得請求権付株式である。会社はその発行する全部（107条1項2号）又は一部（108条2項5号）を取得請求権付株式とすることができる。会社がその発行する株式の一部を取得請求権付株式とするときは，取得請求権付株式は種類株式である。

株主の請求により会社が株式を取得する際の対価として，金銭に限らず，当該会社の社債，新株予約権，新株予約権付社債，一部が取得請求権付株式であるときは，他の株式などを交付することができる。取得請求権付株式を発行するときは，会社は株主から取得する株式1株に対して会社が交付するこれらの対価の内容，取得請求することができる期間について定款で詳細に定めておかなければな

らない（107条2項2号，108条2項5項）。

　取得の対価として会社が株主に交付する財産の帳簿価額が，請求の日において分配可能剰余金の額を超えているときは，株主は取得請求をすることができない（166条1項ただし書）。2以上の株式を発行する会社が，取得請求権付株式の取得の対価として，他の株式を交付するときは，財源規制はない（166条1項ただし書は，108条2項5号ロを含めていない）。

[2] 取得条項付株式

　会社がその発行する全部又は一部の株式の内容として，「一定の事由」が生じたことを条件として，当該会社がその株式を取得することができる旨を定款で定めている株式を取得条項付株式という（2条19号）。

　全部の株式を取得条項付株式として発行するときは，何を一定の事由とするのか（会社が別に定める日とすることもできる），取得の対価として株主に社債，新株予約権，新株予約権付社債を交付するときはその内容について詳細に，金銭その他の財産を交付するときは財産の内容及び数もしくは額について定款で定めておかなければならない（107条2項3号）。会社がその発行する株式の一部を取得条項付株式とする場合には，上記の対価に加え，他の株式を対価とすることもできる（108条2項6号）。

　「別に定める日が到来すること」を「一定の事由」とするときは，株主総会（取締役会設置会社では取締役会）の決議でその日を定め（168条1項），株主及び登録株式質権者に当該日の2週間前までに通知しなければならない（168条2項）。公告をもって通知に代えることができる（168条3項）。

　会社が取得の対価として株主に交付する財産の帳簿価額が，一定の事由が生じた日において，分配可能剰余金の額を超えるときは，会社は取得条項付株式を取得することができない（170条5項）。

[3] 全部取得条項付種類株式

(1) 全部取得条項付種類株式とは

　株主総会の決議（特別決議）によりその種類株式の全部を会社が取得することができる旨を定款で定めている株式を全部取得条項付種類株式という（108条1項7号）。この種の株式は，会社が内容の異なる2以上の株式を発行する場合に，その中の1種類の株式として発行することができる。定款では，全部取得条項付

種類株式を発行することができる旨，取得対価の価額の決定方法及び発行可能株式総数を定める（108条2項7号）。

(2) 株主総会による取得決議

取締役は，株主総会において全部取得条項付種類株式の全部を取得することを必要とする理由を説明しなければならない（171条3項）。株主総会においては，当該株式の取得と引換えに対価を交付するときは，その取得対価について次の事項を決議（特別決議）する必要がある（171条1項）。

④取得対価がその会社の他の株式であるときは，その株式の種類及び種類ごとの数又は算定方法，㊁取得対価がその会社の社債であるときは，その社債の種類及び種類ごとの各社債の金額の合計額又はその算定方法，㊇取得対価が新株予約権であるときは，その新株予約権の内容及び数又はその算定方法，㊁取得対価が新株予約権付社債であるときは，上記㊁及び㊇に関する事項，㊉取得対価が株式等以外の財産であるときは，その財産の内容及び数もしくは額又はその算定方法，㊇全部取得条項付種類株式を会社が取得する日，について決議しなければならない（171条1項）。

(3) 100％減資が可能

経営悪化の状態が続いている会社では，会社の再建のために株主を完全に入れ替える手段がとられる場合がある。旧株主を一掃して，新たな出資者を受け入れるのである。全部取得条項付種類株式は，株主全員の同意を得る必要がなく，株式の全部を会社が取得することを可能とするものである。

普通株式だけを発行している会社の場合には，定款を変更して全部取得条項付種類株式を発行することができる旨の定款規定を設け（309条2項11号），株主総会の特別決議で普通株式の内容を変更し，これを全部取得条項付種類株式としたうえで（111条2項），これを全部会社が取得して消却すれば，100％減資することができる。なお，全部取得条項付種類株式は定款で2以上の内容の異なる株式を発行できる旨の定款規定があればよく，実際に2以上の内容の異なる株式が発行されていることは必要でないと解されている。

[4] 剰余金分配に関し内容の異なる株式

会社は，剰余金の配当に関し普通株式より優先的に扱われる優先株式，普通株式より劣後的に扱われる劣後株式を発行することができる（108条1項1号）。剰余金の配当に関し異なる株式を発行するときは，定款で，その種類の株主に交付

する配当財産の価額の決定方法，剰余金の配当をする条件その他剰余金の配当に関する取扱いの内容，発行可能種類株式数を定めなければならない（108条2項1号）。

優先株式については，「分配可能剰余金の30％を超えない範囲で発行時に取締役会で定める率とする」もしくは「分配可能剰余金の○％を優先株主に優先的に配当する」などの定め方をすることができる。劣後株式については，「普通株式に対する配当が○円未満のときは，配当しない」などと定めることができる。

「配当財産の価額の決定方法」として，特定事業部門の収益に応じて配当する旨を定めることができる。トラッキング・ストックと呼ばれる株式であって，いくつかの事業部門を持つ会社において，特定の事業部門の業績に応じて配当を行うこととした種類株式である。

[5] 議決権制限株式

会社は，株主の株主総会における議決権の行使に関して内容の異なる株式を発行することができる（108条1項3号）。この場合には，定款でその種類株主が株主総会において議決権を行使できる事項，その種類株式につき議決権の行使に条件を付けるときはその条件，発行可能株式数を定めなければならない（108条2項3号）。

議決権を行使できる事項としては，取締役の選任議案，合併承認議案など，株主総会事項であればどれでもよい。議決権を行使できる事項は1つでも複数でもかまわない。株主総会事項について議決権を行使できる事項が限られるので，この種の株式を議決権制限株式という。

会社は議決権制限株式を無制限に発行できるものとすると，ごく少数の議決権のある株主によって会社が支配されることとなるので，公開会社においては，議決権制限株式の数が発行済株式総数の2分の1を超えるにいたったときは，会社は，その数を2分の1以下にするために必要な措置をとらなければならない（115条）。

[6] 拒否権付株式

株主総会又は取締役会の決議が必要とされている事項について，これらの機関による決議に加えて，当該種類株主総会の決議をも必要とする株式を発行することができる（108条1項8号）。この種の株式を発行するには，定款で，その種類

株主総会の決議を必要とする事項，その種類株主総会決議を必要とする条件を定めるときはその条件を定めなければならない（108条2項8号）。

たとえば，会社が合併するには株主総会の特別決議による承認が必要であるが，ある種類株主総会の決議もまた必要である旨を定款で定めることができる。そのような種類株式を発行した場合には，株主総会で合併を承認しても，その種類株主総会で合併議案に反対すれば，合併をすることができなくなる。ある種の会社の行為に拒否権を持つことになるため，拒否権付株式又は黄金株ともいわれる。

[7] 取締役等を選任できる種類株式

譲渡制限会社は，ある種類株式の株主を構成員とする種類株主総会において取締役又は監査役を選任するものとする種類株式を発行することができる（108条1項9号）。この場合には，定款で，その種類株主総会において取締役又は監査役を選任すること及び選任する取締役又は監査役の数などを定めなければならない（108条2項9号）。

次のような場合にこの種の種類株式を利用することができる。甲会社が55％，乙会社が45％出資して，取締役を5人とする合弁会社（丙会社）を設立するとしよう。丙会社が普通株式を発行すれば，甲会社が推薦する者が取締役の全員を占めることになる。甲会社から3人，乙会社から2人の取締役を出すことにしようとすれば，甲会社に3人の取締役を選任できるA種類株式を，乙会社に2人の取締役を選任できるB種類株式を割り当てればよい。

[8] 複数議決権株式

会社は株主をその有する株式の内容及び数に応じて平等に扱わなければならないのが原則である（109条1項）。剰余金の配当，残余財産の分配に関しては，優先株式，劣後株式など内容の異なる株式を発行することができることはすでに述べた。その他に，譲渡制限会社は，株主総会における議決権の数が株主ごとに異なる株式を発行することができる（109条2項）。たとえば，株主Aの所有する株式は，1株につき10議決権，100議決権など複数議決権を持つ株式（複数議決権株式）であるが，その他の株主の所有する株式は1株につき1議決権しか与えられないものとすることができる。

5 単元株式制度

[1] 単元株式とは

会社は，定款で10株，100株など，一定数の株式をもって1単元とする旨を定めることができる（188条1項）。会社が1単元の数として定款で定めた一定数の株式を単元株式という。1単元の数は1,000株を超えることはできない（施行規則34条）。この場合には，1単元ごとに1個の議決権を行使することできる。

[2] 単元未満株主の権利

単元未満株主は，議決権がない（189条1項）が，単元未満株式も株式であることには変わりないから，剰余金の配当を受ける権利，株式無償割当てを受ける権利その他の自益権は与えられる（189条2項）。

単元未満株式には，議決権がないため，単元未満株主はその有する単位未満株式を会社に対して買い取ることを請求することができる（192条1項）。

会社が定款で単位未満株主に株式の売渡請求権を与える旨を定めているときは（194条1項），単元未満株主は1単元となるべき株式の売渡しを会社に請求することができる（194条2項）。たとえば，100株を1単元とする会社において，ある株主が60株を有する場合に，会社に対して40株を売り渡すよう請求することができる。

6 株式の譲渡

[1] 緒　説

株式会社の株主には，持分会社の社員と違って退社（出資の返還を受けて，会社から離脱）の制度はない。その代わり，株主が出資した資本を回収する方法として株式の譲渡が認められている。

株式会社である以上，会社は株式の譲渡を禁ずることはできない。しかし，会社は株式の譲渡による取得を制限し，株式の取得について会社の承認が必要とすることはできる（107条1項1号，108条1項4号）。その発行する株式の全部について，株式の取得につき会社の承認が必要とされている会社を譲渡制限会社という（2条5号参照）。これに対して，その発行する株式の全部又は一部について

株主が自由に譲渡できる会社を公開会社という（2条5号）。譲渡制限のある株式とその制限のない株式とでは、譲渡の手続が変わってくる。いずれの場合にも、株式の譲渡により取得した者は、株主名簿にその氏名・名称を記載するのでなければ、株主であることをもって会社に対抗できないことになっている（130条1項）。そこで、まず株主名簿について述べることにする。

[2] 株主名簿

(1) 株主名簿の作成

会社は、株主名簿を作成し、株主の氏名・名称及び住所、各株主に有する株式数（種類株式発行会社では、株式の種類及び種類ごとの数）、株式取得の日、株券発行会社では株券番号を記載しなければならない（121条）。

一度、株主名簿にその氏名等を記載したならば、その後、譲渡等により当該株式を取得した者がその氏名等の記載を請求（名義書換請求）してくるまで、会社は株主名簿上の名義人を株主として扱うべきことになる。

(2) 株主名簿の備置き・閲覧

会社は株主名簿をその本店に備え置かなければならない（125条1項）。定款で、株主名簿に関する事務を行う株主名簿管理人を置くことを定めた会社では、株主名簿管理人の営業所で株主名簿を備え置くべきことになる（125条1項カッコ書）。上場会社では、一般に、証券代行会社、信託銀行などを株主名簿管理人としている。

株主及び債権者は、会社の営業時間内はいつでも、請求の理由を明らかにして株主名簿の閲覧・謄写を請求することができる（125条2項）。会社は、請求者が株主の権利の確保又は行使に関する調査以外の目的で請求を行ったとき、請求者が閲覧・謄写によって知り得た事実を利益を得て第三者に通報するために請求を行った場合その他、一定の場合には、閲覧・謄写の請求を拒むことができる（125条3項）。

株主が会社の業務に関して自己の主張を宣伝し同調を求める目的あるいは他の株主から株式を譲り受ける目的で株主名簿の閲覧・謄写を請求するのは、正当な目的である。閲覧・謄写請求をして入手した株主名簿の情報を名簿業者に売却した例があり、会社はこのような者の閲覧請求を拒絶することができる。

(3) 株主名簿記載事項証明書

株券不発行会社においては、株券が存在しないため、株主であることを証明す

る手段が必要になる。株主は，その証明手段として，会社に対しその株主についての株主名簿記載事項を記載した書面の交付を請求することができる（122条1項）。この証明書には，代表取締役（又は代表執行役）が署名又は記名押印をしなければならない（122条2項）。株券発行会社では，このような証明は不要である（122条4項）。

(4) 株主名簿の効力

株主名簿に株主として記載された者（名義人）は，その者が株主であることを証明するまでもなく，株主として扱ってもらえる（株主名簿の資格授与的効力）。会社が，株主名簿の名義人を株主として扱った行為（その者への剰余金の配当，その者に株主総会での議決権を行使させたことなど）はすべて適法となる（株主名簿の免責的効力）。

会社から株主に対してする通知・催告は，株主名簿に記載された株主の住所に宛てて発すれば足りる（126条1項）。株式の共有者は，会社から通知・催告を受ける者を1人定めて会社へ通知しなければならないが，共有者が通知等を受ける者を知らせない場合には，会社は共有者の任意の1人に対してすれば足りる（126条4項）。

株式の譲渡はその取得者の氏名・名称及び住所を株主名簿に記載しなければ，その者が株主であることをもって会社その他の第三者に対抗することはできない（130条1項）。株券発行会社においては，取得者の氏名・名称を株主名簿に記載することが，会社に対する対抗要件である（130条2項）。

(5) 基準日

公開会社の場合には，株主は多数で絶えず変動する。株式を取得したが，株主名簿への記載を請求しないままこれを他に譲渡する者もあり，株主名簿上の株主（名義人）はもはや真実の株主ではないということが多い。会社が株主総会を開催し，株主総会で議決権を行使させ，あるいは剰余金の配当を受けさせる場合には，その時における株主としての権利を行使すべき者を確定する必要がある。株主の権利を行使させる者を確定する必要があるときは，会社は基準日を設定し，その基準日の2週間前までに「基準日株主が行使することができる権利の内容」（株主総会での議決権の行使，剰余金の分配を受ける権利など）を定めて公告しなければならない（124条3項）。しかし，定款で，定時総会の基準日を定めている場合には，定時総会に限っては，公告の必要はない（124条3項ただし書）。

基準日を設定したときは，その基準日における株主名簿上の株主に権利を行使

させなければならないのが原則であるが，1つの例外がある。基準日株主が行使することができる権利が，株主総会での議決権であるときは，会社は基準日後に株式を取得した全部又は一部の者に議決権を行使させる旨を定めることができる（124条4項本文）。しかし，「当該株式の基準日株主の権利を害することはできない」（124条4項ただし書）。「当該株式の基準日株主」であるから，たとえば，Aが基準日に株主であったが，基準日後（株主総会前）にAがその株式をBに譲渡した場合，会社がAの同意を得ないでBに議決権を行使させる決定をすることは，Aを害することになる。基準日後に新株を発行し，株主総会前に新しく株主となった者に議決権を行使させることは，差し支えないことになる。

[3] 株式譲渡の手続

(1) 株券発行会社の場合

株券発行会社の株式の譲渡は，株券の交付によって行う（128条1項）。株券は，株主の会社に対する権利を表章した有価証券である。公開会社でかつ株券発行会社は，株式を発行した日以後遅滞なくその株式について株券を発行しなければならない（215条1項）。非公開会社でかつ株券発行会社は，株主から請求があるときまで，株券を発行しないことができる（215条4項）。

株券発行会社においては，株券を基準にして権利関係が定まる。株券の占有者は，適法の権利者と推定される（131条1項）。株式を譲渡するには，株券の交付（引渡し）が必要であり，株券の所持人は，株券を提示して会社に株主名簿の記載（株主としての記載）を請求することができ，会社はその請求者が無権利者（泥棒，拾得者，預かっている者など）であることを証明できない限り，その請求を拒むことはできない。

株券の交付を受けて株式を譲り受ける者は，譲渡人が無権利者であったときでも，そのことにつき悪意又は重大な過失がない限り，株券について権利者となることができる（131条2項）。このように，無権利者から株券を取得した者が，譲渡人の無権利について善意でかつ重大な過失がないときは，株券について権利者となることを株券の善意取得という。株券を善意取得することにより，それに表章されている株式を善意取得することになる。

(2) 株券喪失者の救済

株券発行会社においては，株式の譲渡は株券の交付によって行わなければならないが，株券を喪失（紛失，盗難，滅失など）した者は，株式を譲渡できなくな

る。また，株券を取得していたが，まだ株主名簿に株主として記載されていない者は，会社から株主として扱ってもらえない。そこで，株券喪失者を救済するため，発行会社は株券喪失登録簿を備え置き，喪失者は喪失登録をする制度を設けている。

会社は株券喪失者（A）の申請に基づき，株券喪失登録簿に喪失者の氏名・住所，喪失した株券番号，喪失株券の株主名簿上の名義人，喪失登録日を記載する（221条）。喪失株券を取得した者（B）があるときは，その株券を提示して1年以内に株主名簿への記載（名義書換）を請求するはずである。Bが株主名簿の名義書換請求をしてきたときは，会社はBから株券の提出を受けて，株券を2週間預かり，喪失株券の所持人が現れたことをAに通知し，2週間後に喪失登録を抹消するとともにBへ株券を返還する（225条）。会社が喪失登録されている株券を2週間預かるのは，AがBの権利を争い，自己の権利を確保する機会を与えるためである。Bが善意取得しているときは，Bが権利者となる。

喪失登録をした株券について，株券を所持して株主名簿への記載（名義書換）を請求する者が現れないときは，喪失登録日から1年後に株券は無効となり，喪失登録者は会社から株券の再発行を受けることができる（228条）。

(3) 株主名簿への株主の記載

株券発行会社の株式の譲渡は，取得者の氏名・名称及び住所を株主名簿に記載しなければ会社に対抗することができない（130条2項）。株券発行会社においては，取得者が単独で株券を提示して株主名簿の記載を請求することができる（施行規則22条2項1号）。

(4) 株券不発行会社の場合（振替株式を除く）

株券を発行しない会社の株式の譲渡は，譲渡当事者間の意思表示（譲渡契約）のみで行う。会社及び第三者に対する対抗要件は，取得した者の氏名・名称及び住所の株主名簿への記載である（130条1項）。

株式を譲渡により取得した者は，譲渡した株主名簿上の株主又はその相続人その他の一般承継人と共同して株主名簿にその氏名・名称を記載することを会社に請求することができる（133条1項，2項）。Bが株主名簿上の株主であるAから株式を譲り受けたときは，AとBが共同して株主名簿上の名義をBに変更するよう請求する。株主名簿上のAが死亡し又はA（会社）が合併により消滅したときは，相続人や合併により承継した会社（一般承継人）に株主名簿上の株主名義に変更するまでもなく，相続人その他の一般承継人から取得した者とこれらの一

般承継人との共同請求によることができる（133条2項）。
　次の場合には，単独で株主名簿の記載（名義書換）を請求することができる（施行規則22条1項）。
　　イ　株式を取得した者が，株主名簿上の株主又はその一般承継人に対して名義書換を請求すべきことを命じる確定判決を得たうえで，判決書を提示して請求するとき，
　　ロ　相続・合併など一般承継により株式を取得した者が，一般承継を証明する書面（戸籍謄本，遺産分割証明書，合併については登記事項証明書）を提出して請求するとき，
　　ハ　当該株式を競売により取得した者が，競売により取得したことを示す書面その他の資料（競売代金の納付証明書など）を提出して請求するとき，
　　ニ　株式交換・株式移転により会社の株式の全部を取得した者が請求するとき，
などである。

(5)　振替株式の譲渡
(A)　株式の振替制度
　上場会社の株券（現物）は平成21年1月5日にすべて廃止され，電子化された株券（電子株券）として取引されることになった。その取引は，「社債・株式等の振替に関する法律」（振替法）に依拠して行われる。振替制度の中心となるのが振替機関である。この振替機関のもとに，第一種金融商品取引業者（証券会社），銀行，信託会社等が口座を開設することができ（振替法44条1項），これを直接口座管理機関という。この直接口座管理機関のもとに一般投資家（加入者）及び他の金融商品取引業者等（間接口座管理機関という）が振替口座を開設する。これらの口座管理機関のもとに一般の投資家（加入者という）が顧客口座を開設して，株式の取引を行う。

(B)　振替株式の譲渡
　振替株式についての権利の帰属は，振替口座簿の記載又は記録により定まる（振替法128条1項）。たとえば，口座管理機関（甲）のもとにあるAの顧客口座簿にY会社の普通株式1万株の保有記録があれば，AはY会社の1万株の株主であるということになる。株主が金融商品取引業者（口座管理機関）を通じて株式の売買を行う場合，その口座管理機関のもとにある株主の振替口座簿への減少（売却）又は増加（取得）の記載又は記録によって行われる（振替法132条1項）。株主の振替口座簿への増加の記載は第三者に対する対抗要件であり，株主名簿の

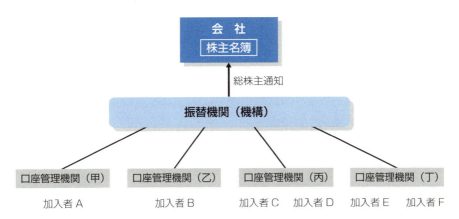

名義書換が会社に対する対抗要件となる（振替法161条3項）。

振替株式の口座の記載には，加入者（顧客）がその振替株式を適法に有すると推定する効力がある（振替法143条）。振替株式に特有の問題が生じることがある。たとえば，加入者AがY社の株式100株を買い入れたのに，Aの口座管理機関が誤ってAの口座にY社株式1,000株の増加記載をしたとする。AはY社の株式1,000株を適法に有するものと推定されるが，900株については無権利者である。そして，BがAからY社の1,000株を振替手続により取得した場合，BがAの無権利について悪意又は重大な過失がなかった限り，Bは900株についても善意取得する（振替法144条）。

上記の場合，誤記載による900株については発行済株式総数を超過することになる。過誤記載した口座管理機関は自己の保有するY社株式又は新たに900株を取得して，発行会社に対して900株につき権利放棄の意思表示をしなければならない（振替法145条，146条）。

*振替法上の扱い
1 株式の譲渡―売主・買主の口座上に減少（売主）・増加（買主）の記載　取引のたびに発行会社の株主名簿上に反映されない。
2 基準日―振替機関から発行会社へ総株主通知があり，これに基づいて株主名簿を作成
3 個別株主通知（少数株主権の行使）
少数株主権を行使しようとする者（加入者）は，直近上位機関（口座を開設している証券会社のこと）を経由して振替機関に対する個別株主通知の申し出を行い，振替機関から発行会社に個別株主通知が行われる。このときから4週間が経過する日までに権利行使をする

（振替法154条2項，3項，振替法施行令40条）。

　株主が個別株主通知の申し出をした後，会社に個別株主通知がされるのは，最短で4営業日後である。株主が口座管理機関にもつすべての口座の記録を集約するための事務手続の必要のため，実務上，最短4営業日が必要とされる。

7　株式譲渡の制限

[1]　定款による株式の譲渡制限

　会社は定款でその発行する株式の全部（107条1項1号）又はある種類の株式（108条1項4号）の譲渡による取得について会社の承認を必要とする旨を定めることができる。株式の譲渡による取得につき会社の承認が必要な株式を譲渡制限株式といい，その発行する株式の全部が譲渡制限株式である会社を譲渡制限会社という。

　会社の承認機関は，株主総会（取締役会設置会社では取締役会）とされているが，定款で承認機関につき別段の定めをすることができる（139条1項）。

[2]　譲渡承認請求の方法

(1)　株主又は取得者からの承認請求

　譲渡しようとする株主は，譲渡の相手方，譲渡しようとする株式の種類及び数を会社に示して，承認を求め，会社が承認しないときは，会社が買い取るか，買受人を指定するよう請求することができる（138条1号）。

　譲渡以外の原因で株式を取得した者からも同様の請求をすることができる（137条1項）。取得者から承認請求するときは，原則として，株主名簿上の株主又はその者からの一般承継人と共同で請求しなければならない（137条2項）。

(2)　会社による買取り

　譲渡承認請求を会社が拒否するときは，譲渡承認を求める株式を会社が買い取るか，又は買取人を指定しなければならないが（140条1項，4項），会社が買い取る旨の決定は，株主総会の特別決議による必要がある（140条2項，309条2項1号）。譲渡承認請求者（以下，請求者という）は，この決議について特別利害関係人に該当するので，議決権を行使することはできない（140条3項）。

　会社が買取りの決定をしたときは，その決定事項を請求者に通知しなければな

らない（141条1項）。その通知をする際に，1株当たりの純資産額に買取株式数を乗じた額を本店所在地の供託所に供託し，その供託を証する書面を請求者に交付しなければならない（141条2項）。

　株券発行会社であるときは，請求者は会社から書面の交付を受けた日から1週間以内に譲渡承認を求める株券を供託所に供託し，遅滞なくその旨を会社に通知しなければならない（141条3項）。

(3)　買取人の指定

　会社が譲渡を承認しないときは，株主総会（取締役会設置会社では取締役会）の決議により，請求者の株式を買い受ける者（指定買受人）を指定しなければならない（140条5項）。指定買受人は，会社から指定を受けた旨及び買い受ける株式数を承認請求者に通知しなければならない（142条1項）。

　指定買受人は，通知をする際に，上に述べた，会社が買い取るときと同じ額を供託所に供託し，供託を証する書面を請求者に交付し，請求者は，株券発行されているときは，株券を供託所に供託し，その旨を指定買受人に通知しなければならない（142条2項，3項）。

(4)　売買価格の決定

　会社又は買受指定人は，1株当たりの純資産額に売買株式数を乗じた額を供託すべきことになっているが，請求者との間で売買価格について協議が調わないときは，当事者双方のいずれかから，裁判所に売買価格の決定を申し立てることができる（144条4項）。

(5)　みなし承認

　会社は譲渡承認請求のあった日から2週間以内に，①その承認請求による取得を承認するか否かの決定をして通知しないとき，②会社が譲渡承認請求を承認しない旨の決定をして通知をした日から，40日以内に，株主総会の特別決議により会社が対象株式を買い取る旨の決議した事実を請求者に通知しないときには，会社は譲渡承認請求を承認したものとみなされる（145条）。

　会社が譲渡承認請求に対して承認するかどうかを決定するのは，株主総会の普通決議（取締役会設置会社では取締役会決議）によってである（139条1項）。会社が承認しないことに決定し，かつ指定買受人を指定しない場合には，会社が対象株式を買い取るべきことになるが，請求者から会社が買い取るときは，自己株式の取得になるため，株主総会の特別決議が必要となる（140条2項，309条2項）。承認しない旨の決定をしたのち，会社が買い取ることを決定するには株主総会の

決議（特別決議）が必要となるので，40日という期間が設けられている。

[3]　親会社株式の取得禁止
(1) 原　則
子会社がその親会社の株式を取得することは禁止される（135条1項）。禁止の理由は2つある。子会社の取締役は親会社の経営陣の意向に従わざるをえないので，子会社が親会社株式を大量に取得して議決権を行使すれば，親会社の取締役はその支配的地位を固定化するおそれがある。子会社による親会社株式の取得を自由にすれば，親会社の指示で子会社が親会社株式の売買を通じて株価操作をすることが可能になるなどの弊害がある。

(2) 例外的に許される場合
子会社による親会社株式の取得を認めざるをえない場合がある。親会社をA，子会社をBとする。BがC会社の全部の事業を譲り受ける場合には，BはC会社の資産のすべてを承継することになるところ，C会社の資産の中にAの株式があるときは，Bはその株式を承継することになる（135条2項1号）。BがC会社と合併し，合併によりC会社が消滅するときは，BがC会社の全財産を承継する。C会社の財産の中に，Aの株式があるときは，Bがその株式を承継する（135条2項2号）。その他，吸収分割，新設分割により他の会社からBがAの株式を承継する場合も同様である（135条2項3号，4号）。

[4]　親会社株式についての権利
子会社が例外的にその取得を許される場合においても，子会社は親会社株式について議決権を行使することができない（308条1項カッコ書）。議決権及び議決権を前提とするその他の権利（総会招集請求権，株主提案権など）も行使することはできないが，剰余金の配当その他の自益権は認められる。

なお，子会社は相当の時期に親会社株式を処分しなければならない（135条3項）。

8 自己株式の取得

[1] 自己株式とは

会社が自社の発行した株式を取得することを自己株式の取得という。会社は自己株式を取得し，期間の制限なく保有し続けることができる。会社が自己株式を取得すれば，市場に出回っている株式数は減少し，また自己株式には，議決権及び剰余金の配当はないため，一般の株主が所有する1株当たりの株式価値は高まることになる。

会社が保有している自己株式（金庫株）は，合併，株式交換などをする際に，新株の発行に代えて利用することができ，また資金が必要なときは，自己株式を売却して資金調達をすることもできる。

[2] 株主との合意による自己株式の取得

(1) 授権決議

会社は株主総会の普通決議で自己株式を有償で取得することができ，その場合には，取得する株式の種類及び数，取得のために交付する金銭等の内容及び総額，取得することができる期間（1年を超えることはできない）について決議しなければならない（158条1項）。この決議は，会社が一定期間内に，一定数の自己株式を一定の総額の範囲内で取得することができる旨の授権決議である。

(2) 株主一般からの取得

授権決議に基づいて，株主一般から自己株式を取得するときは，取締役会設置会社では取締役会決議により（157条2項），その他の会社では取締役（2人以上あるときはその過半数）の決定により，取得する株式の種類及び数，1株の対価，対価の総額，株主の申込み期間を定めなければならない（157条1項）。会社は，具体的に自己株式を株主一般から取得することを決定したときは，取得しようとする種類の株主に決定した事項を通知しなければならない（158条1項）。公開会社では，通知に代えて公告することができる（158条2項）。

通知を受けた株主は，譲渡する株式数を明らかにして譲渡の申込みをすることになる（159条1項）。会社が取得する株式数を超えて譲渡の申込みがあったときは，各株主の申込数に応じて按分比例した数の株式を取得しなければならない（159条2項ただし書）。

(3) 特定の株主からの取得
(A) 原　則
　会社が「特定の株主」から自己株式を取得するときは，株主総会の特別決議により，取得する株式数，対価として交付する金銭等の内容及びその総額，取得できる期間を決定しなければならない（160条1項，309条2項2号）。この場合，その特定の株主は議決権を行使することができない（160条4項）。

　「特定の株主」から株式を取得するための株主総会決議をする場合には，会社は，次の事項を各株主に通知しなければならない（160条2項）。その事項とは，総会の日の5日前までに（施行規則29条）株主は自己をも売主に加えたものを議案とすることを請求することができることである（160条3項）。会社が特定の株主から自己株式を取得しようとするときは，他の株主に，売主への追加請求権を認めたものである。

　もっとも，「特定の株主」から会社が自己株式を取得する場合に，他の株主に認められた売主への追加請求権を会社は定款で排除することができる（164条1項）。ただし，株式の発行後に，売主への追加請求権を排除する旨の定款変更をするときは，当該株式を有する株主全員の同意を得なければならない（164条2項）。

(B) 市場価格での取得
　公開会社であってその株式が上場されているときは，株主はいつでも市場で株式を譲渡することができる。そこで会社法は，会社が「特定の株主」から自己株式を取得する場合でも，その株式に市場価格があり，会社がその市場価格で「特定の株主」から自己株式を取得するときは，他の株主は売主への追加請求権はないものとしている（161条）。

(C) 相続人等からの取得
　会社が相続人その他の一般承継人から相続等により取得した株式を取得する場合も，「特定の株主」からの取得の一例であり，株主総会の特別決議によるべきことになるが，この場合には，他の株主は売主への追加請求権は認められない（162条本文）。ただし，この場合でも，公開会社が相続人等から取得するとき及び相続人等が株主総会において議決権を行使したのちに会社が自己株式を取得するときは，他の株主に売主への追加請求権が認められる（162条ただし書）。公開会社においては，相続人から取得しなければならない事情はない（誰が株主であるかを問題としない）のであり，それなのに相続人から自己株式を取得するので

あれば，他の株主にも売主への追加請求権が認められるべきである。また，非公開会社において，相続人等が株主総会で議決権を行使したときは，一般の株主と同様に扱われるべきことになる。

[3] 子会社からの取得

子会社が親会社の株式を取得することは，原則として，禁止されているが（135条1項），合併その他の事由により例外的に親会社株式の取得を許容される場合がある（135条2項）。この場合にも，子会社は相当の時期にその親会社株式を処分しなければならない（135条3項）。

親会社株式が上場されていないときには，子会社がその親会社株式を処分するのは容易ではなく，また上場されている場合でも，子会社が大量の親会社株式を市場で処分すると，株価に大きく影響するおそれがある。そこで，子会社がその保有する親会社株式を容易に処分することができ，かつ株価に影響を与えないようにするため，子会社から親会社が自己株式を取締役会（取締役会のない会社では株主総会普通決議）で取得できるものとしている（163条）。

[4] 市場等での自己株式の取得

(1) 授権決議による取得

会社は，株主総会の特別決議により，取得する株式の種類及び種類ごとの数，取得する金銭等の総額，取得期間（1年を超えない）を定めたうえで（156条1項），市場において又は公開買付の方法で自己株式を取得することができる（165条1項）。株主総会の授権の範囲内で，具体的な取得は取締役会の決議により実行することになる。この場合の公開買付は，株主に対し公告により会社へ株式を売り付けるよう勧誘するものである。

(2) 定款の定めによる自己株式取得

取締役会設置会社は，取締役会決議によって市場取引等により自己株式を取得することができる旨を定款で定めることができる（165条2項）。株主総会決議による授権に代えて，定款で取締役会へ自己株式取得の権限を授与するものである。

[5] 定款の定めによる相続人等からの取得

会社は，譲渡制限株式に限り，相続人その他の一般承継人から当該株式を売り渡すことを請求することができる旨を定款で定めることができる（174条）。実際

に会社が相続人等に売渡請求をするには，相続等により株式を取得している者の氏名・名称，売渡請求をする株式の種類及び数について株主総会の特別決議を経なければならない（175条1項，309条2項3号）。売渡請求は，一般承継があったことを会社が知ったときから1年以内に限りできる（176条1項ただし書）。

価格については当事者間の協議で定めるが（177条1項），協議が調わないときは，当事者は裁判所に価格の決定を申し立てることができる（177条2項）。

[6] 自己株式の取得財源

会社は，原則として，剰余金の分配可能額の範囲内で自己株式を取得することができる（461条1項）。譲渡制限株式を会社が買い取る場合（461条1項1号），会社が子会社から自己株式を買い取る場合又は市場ないし公開買付の方法で自己株式を取得する場合（461条1項2号），株主総会の特別決議により株主から自己株式を取得する場合（461条1項3号），取得請求権付株式を取得するとき（166条1項），取得条項付株式を取得するとき（170条5項），全部取得条項付種類株式を取得するとき（461条1項4号），定款規定により相続人等一般承継人から自己株式を取得するとき（461条1項5号），5年以上所在不明株主の株式を会社が買い取るとき（461条1項6号），端数を合計した株式を会社が買い取るとき（461条1項7号）は，分配可能剰余金の範囲内で取得しなければならない。

単元未満株式の買取り（192条1項），合併，会社分割，事業の譲受け等において反対株主から株式を買い取る場合については，財源規制はない。

[7] 自己株式についての権利

会社が保有する自己株式については，議決権はなく（308条2項），剰余金の配当を受けることもできない（453条）。会社が株主に新株（又は自己株式）を無償で（186条項）又は有償で割り当てる場合（202条2項）及び新株予約権の株主割当又は新株予約権の株主への無償交付をする場合にも（241条2項，278条2項），自己株式は除かれる。会社が保有する自己株式には，共益権も自益権も認められていない。

[8] 反対株主の株式買取請求権

会社が行う次の各行為に反対した株主は，その反対にもかかわらず多数決でその行為が行われた場合には，自己の有する株式を会社が買い取るよう請求するこ

とができる（116 条 1 項）。

(1) 全部の株式について譲渡制限をする旨の定款変更を行う場合（1 号）

それまで自由に譲渡することができた株式について，定款を変更して譲渡制限株式にすることは，株主にとって重大な不利益であり，この旨の定款変更に反対の株主に株式買取請求権が認められる。

(2) ある種類の株式について譲渡制限株式とする場合又は全部取得条項付種類株式とする旨の定款変更をするとき（2 号）

この場合の定款変更には，当該種類株主総会の決議が必要であるが（111 条 2 項），反対株主に買取請求権が認められる。

(3) 会社の特定の行為がある種類株主に損害を及ぼすおそれがある場合（3 号）

株式の分割又は併合，株式無償交付，単元株式数の変更の行為を場合において，ある種類の株主に損害を及ぼすおそれがある場合には，当該種類株主総会の決議を得なければならないが（322 条 1 項），会社はこれらの場合に当該種類株主総会の決議を要しない旨を定款で定めることができる（322 条 2 項）。

会社が定款で種類株主総会の決議を不要としているときには，その種類株主は議決権を行使できないまま会社がそれらの行為をすることになる。そこで，定款で種類株主総会の決議を不要としている場合に限って，会社のそれらの行為により不利益を受ける種類株主に，株式を買い取るよう会社へ請求することができるものとしている。

以上のほか，合併，会社分割，株式交換，株式移転等を行う場合にも，株主に株式買取請求権が認められる（785 条，797 条）。

[9] 全部取得条項付種類株式の取得

会社が全部取得条項付種類株式を発行している場合には，株主総会の特別決議によりそれを取得することができる（171 条 1 項）。

(1) 差止請求権

会社による全部取得条項付種類株式の取得が法令・定款に違反し，不利益を受けるおそれがある株主は当該全部取得条項付種類株式の取得をやめることを請求することができる（171 条の 3）。違法な場合に限られ，買取条件等が不等であることは差止事由にならない。

(2) 価格決定の申立て

会社が株主総会の特別決議で全部取得条項付種類株式の取得を決定した場合に，決議に反対した株主及び議決権を行使できなかった株主は，取得日の20日前から取得日の前日までの間に裁判所に対して取得価格の決定を申し立てることができる（172条第1項）。改正前は，取得決議の日から20日以内とされていたが，取得日を基準にすることにした。議決権を行使できなかった株主等，会社が取得決議をしたことを知らない株主もあることから，会社は取得日の20日前までに当該全部取得条項付種類株式の全部を取得する旨を通知又は公告をしなければならない（172条第2項，3項）。

9 特別支配株主の少数派株主に対する株式売渡請求権

[1] 趣 旨

甲会社が乙会社の支配株主である場合，もし甲会社が乙会社の発行済株式のすべてを保有（完全子会社化）すれば，乙会社について長期的な視野に立った柔軟な経営の実現，株主総会に係る手続の省略による意思決定の迅速化，株主管理コスト及び株主総会に係るコストの削減，支配株主と少数派株主間の利害対立の解消等を実現することが可能になる。乙会社が上場会社の場合には，株式の非公開化であり，株式上場維持に伴うコストを削減することができる。

甲会社が子会社である乙会社の少数株主を退出させ，完全子会社とする方法としては，金銭を対価とする組織再編（株式交換等）を利用することが可能である。この場合，甲会社が乙会社の特別支配株主である場合には，株主総会を開催する必要はなく，略式組織再編（金銭を対価とする株式交換等）の手法も可能である。

平成26年改正法は，これらの手法によらないで，特別支配株主が少数派株主に対して直接に金銭を対価としてその株式を売り渡すことを請求できる制度（キャッシュ・アウト）を導入した。

[2] 特別支配株主の要件

株式会社の特別支配株主は，対象会社の株主の全員に対してその有する株式の全部を当該特別支配株主に売り渡すことを請求することができる（179条1項）。この場合の特別支配株主とは，単独で又は完全子会社が所有する分を合わせて対

象会社の総株主の議決権の10分の9以上を有する者である。

　対象会社の総議決権の90％以上を有するにいたった方法は問わない。イギリス法におけるように公開買付によって対象会社の90％以上の株式を取得した者であることは必要でない。したがって，対象会社の総議決権の90％以上を保有するにいたった理由が，対象会社による第三者割当増資の引受人となったことによる場合や，市場での取得による場合でもかまわない。実際には，株式公開買付の手段が多くの場合に選択されるものと考えられる。

　特別支配株主は，いつでも売渡請求権を行使することができることになっている。略式組織再編その他の手法による完全子会社化（キャッシュ・アウト）の場合に，特に期間制限が設けられていないこととの均衡を考慮すれば，売渡請求権についてだけ行使期間を設けることには合理性がないと考えられた。

[3]　売渡請求の対象となる株式等

　特別支配株主は，対象会社の全員（特別支配株主完全子法人を除くことができる）に対し，その有する株式の全部を売り渡すよう請求することができる（179条1項）。対象会社が種類株式発行会社である場合には，すべての種類の種類株式が売渡しの対象となる。

　特別支配株主は，対象会社が新株予約権を発行しているときは，その新株予約権者（対象会社及び当該特別支配株主を除く）の全員に対して，その有する新株予約権の全部を売り渡すことを請求することができる（179条2項）。新株予約権付社債に付された新株予約権について売渡請求権を行使するときは，併せて社債の全部を売り渡すことを請求しなければならない（179条3項）。ただし，当該新株予約権付社債について別段の定めがある場合は，その定めに従うことができる。

　キャッシュ・アウトは対象会社の発行済株式の全部の取得を目的とするものであるから，新株予約権に関しても売渡請求権が認められているのは当然というべきである。発行済株式の全部を取得しても，新株予約権をそのままに残して置くと，新株予約権がその後行使されることになり，完全子会社化が実現できなくなるからである。

[4]　株式売渡請求の方法

(1)　対象会社への通知

　特別支配株主は株式売渡請求をしようとするときは，一定の事項を定めて，少

数派株主（売渡株主）に対してその有する株式の全部につき売渡請求をする旨及びその売渡請求内容に関する一定の事項を対象会社へ通知し，その承認を得なければならない（179条の3第1項）。

キャッシュ・アウトは，特別支配株主による少数派株主に対する株式売渡請求であり，その性質は株主間の株式の売買であるが，法律関係の画一的処理及び迅速かつ確実な取引の実現のために対象会社を関与させることにしている。すなわち，株式買取の意思表示は，個々の少数派株主に対してではなく，特別支配株主は対象会社へ少数派株主の株式を買い取る旨の意思表示を行い，対象会社（の取締役会）がその請求の是非を判断し，承認したときは，対象会社から売渡株主へ，特別支配株主の株式売渡請求を承認した旨及び売渡請求内容の通知を行うべきものとしている（179条の4）。対象会社から売渡株主への承認した旨の通知は，特別支配株主から売渡株主への株式売渡請求とみなされる（179条の4第3項）。

特別支配株主が株式売渡請求をするに際して定める事項の中で重要なのは，対価として交付する金銭の額又はその算定方法，売渡株主に対する金銭の割当てに関する事項，新株予約権に売渡請求をするときはその旨及び対価として交付する金銭の額，売渡株式を取得する日（取得日），対象会社が種類株式発行会社であるときは，種類株式の内容に応じて対価として交付する金銭の割当てについて異なる扱いを行う旨及びその内容等である（179条の2第1項，2項）。売渡株主を平等に扱うべきは当然であり，対価の交付等につき売渡株式の数に応じて金銭を交付することを内容としなければならない（179条の2第3項）。

(2) 対象会社の承認

キャッシュ・アウトは，株主間における株式の売買であるが，改正法はその売買につき対象会社の承認が必要としている。取締役会設置会社では，この承認をするか否かの決定をするには，取締役会決議によらなければならない（179条の3第3項）。対象会社は，特別支配株主が株式売渡請求に併せて新株予約権売渡請求をしようとするときは，新株予約権売渡請求のみを承認することはできないものとされている（179条の2第2項）。この規定の反対解釈として，特別支配株主が株式売渡請求と新株予約権売渡請求をしている場合において，対象会社は株式売渡請求のみについて承認し，新株予約権売渡請求については承認しないという決定ができるという解釈も可能なようにも思われる。しかし，もしこのような反対解釈が可能だとすれば，特別支配株主がキャッシュ・アウトの手法により対象会社を完全子会社化しようとする目的は阻害されることになるであろう。

現実には，以上のような反対解釈が問題となる事態は生じない。甲社が乙社を完全子会社化しようとする場合，第一段階において株式公開買付を行い，特別支配株主となるのに必要な数の株式を取得し，ついで第二段階においてキャッシュ・アウトの手法を利用することを考えるときは，第一段階の取引開始前に対象会社との間で第二段階となるキャッシュ・アウトについても協議・承諾を得て行うのが実務のやり方だからである。換言すれば，キャッシュ・アウトの承認が得られることを確認したうえで，第一段階取引（公開買付）が実行されるのが普通である。

対象会社が特別支配株主の株式売渡請求につきそれを承認するか否かの決定をしたときは，当該決定内容を特別支配株主に通知しなければならない（179条の3第4項）。

(3) 売渡株主への通知等

対象会社は，特別支配株主の株式売渡請求を承認したときは，取得日の20日前までに，売渡株主等（新株予約権者を含む）に対して，特別支配株主の株式売渡請求を承認した旨，特別支配株主の氏名・名称及び住所並びに株式売渡請求の内容等を通知しなければならない（179条の4第1項1号）。

特別支配株主の株式等売渡請求は対象会社に対して行われるため，対象となる株式等を有する少数派株主にとっては，対象会社からの当該通知が，自己の株式等が強制的に取得されること及びその対価等の条件を知る唯一の機会となる。

対象会社が特別支配株主の株式売渡請求を承認した旨の通知（売渡株主に対してするものを除く）は，公告をもってこれに代えることができる（会179条の4第2項）。対象会社の株式が振替株式である場合には，対象会社には通知の時点での株主は不明である。したがって，個別の通知を要求することはできず，公告の方法をとらざるをえないものと思われる。

なお，対象会社が特別支配株主の株式売渡請求を承認した旨等の通知又は公告の費用は，特別支配株主の負担とされる（179条の4第4項）。

[5] 株式売渡請求の撤回

特別支配株主は，対象会社の承認を受けた後は，取得日の前日までに対象会社の承諾を得た場合に限り，売渡株式等の全部について株式売渡請求を撤回することができる（179条の6第1項）。確実と考えていた資金調達に狂いが生じたというような場合には，撤回をせざるをえない。

資金調達ができなかった場合に撤回できないとすると，売渡株主は債務名義をとって強制執行をするなどの手段をとらざるをえないことになって手間がかかることになり，また，想定以上に多くの価格決定請求がされた場合には，キャッシュ・アウトを止めるのも経営判断として有りえてよいなどの理由から，撤回を認めることにした。

撤回については，対象会社（取締役会設置会社では取締役会）の承認を受けなければならないことになっている（179条の6第2項）。特別支配株主がいったん行った株式売渡請求の意思表示を撤回するのは，よほどの事情がある場合と考えられる。撤回につき対象会社の承諾を要件としたことにより，その判断の適否について取締役の責任が問われることになる。

対象会社は，特別支配株主による撤回の意思表示について諾否の決定をしたときは，特別支配株主に当該決定内容を通知しなければならない（179条の6第3項）。撤回を承諾したときは，遅滞なく売渡株主等に通知又は公告をしなければならない（179条の6第4項，5項）。

[6] 売渡株主等の救済方法

(1) 株式売渡請求等の差止請求

株式売渡請求が行われる場合において，不利益を受けるおそれがある売渡株主に差止請求権が認められている。全部取得条項付種類株式の取得等の他の手法によるキャッシュ・アウトと異なり，対象会社の株主総会決議の取消しの訴えによる救済方法がないことから，差止請求を認めたものである。

差止請求ができるのは，株式売渡請求が法令に違反する場合，対象会社が通知もしくは公告の義務又は事前開示手続の規定に違反した場合，対象会社の財産の状況その他の事情に照らして対価が著しく不当である場合である（179条の7第1項）。略式組織再編の場合の差止請求（784条2項）に準じたものであるが，略式組織再編は会社の行為であり，したがって法令違反とともに定款違反を差止事由としているのに対して，株式売渡請求においては対象会社は当事者ではなく，それゆえ定款違反を差止事由から除外した。

なお，新株予約権売渡請求についても，同様の場合に差止請求が認められる（179条の7第2項）。

(2) 買価格決定の申立

特別支配株主が株式売渡請求に際して売渡株主に提示した対価に不満の売渡株

主は，取得日の20日前から取得日の前日までの間，裁判所に対して売渡株式の売買価格の決定を申し立てることができる（179条の8第1項）。特別支配株主は，裁判所の決定した売買価格に対する取得日後の年6分の利率により算定した利息をも支払わなければならない（179条の8第2項）。年6分の利率による利息の支払いは特別支配株主にとって耐えがたい負担である。そこで，この利息の負担を軽減するために，特別支配株主は，売渡株式の売買価格の決定があるまでは，売渡株主に対して当該特別支配株主が公正な売買価格と認める額を支払うことができる（179条の8第3項）。

ところで，特別支配株主は，売渡株主の氏名・名称，住所，売買代金の振込先の銀行口座等の情報を持っていないのが通常であろう。対象会社から売渡株主に関する（口座など）情報の提供を受けて，特別支配株主が公正な売買代金と認める額を売渡株主に支払うことになるのであろう。

(3) 売渡株式取得無効の訴え

株式売渡請求の全部の取得の無効は，取得日から6ヶ月（対象会社が公開会社でない場合は1年）以内に訴えをもってのみ主張することができる（846条の2第1項）。提訴権者は，取得日において売渡株主又は売渡新株予約権者であった者，取得日において対象会社の取締役，監査役，指名委員会等設置会社の取締役，執行役員であった者又は対象会社の取締役もしくは清算人である（846条の2第2項）。

被告は，対象会社ではなく，株式売渡請求を行った特別支配株主である（846条の3）。この無効訴訟の認容判決には対世効，将来効が認められる（846条の7，846条の8）。原告株主の悪意を疎明して，担保提供の申立てをすることができ（846条の5），また，敗訴原告に悪意又は重大な過失があったときは，被告は損害賠償を請求することができる（846条の9）。何が無効事由になるかについての規定はなく，解釈に委ねることになっている。

第5章
資金調達

Contents
1 募集株式
2 新株予約権

1 募集株式

[1] 募集株式の意義

株式会社は、事業の拡張、設備の更新その他事業上の目的のために多額の資金を必要とすることがある。会社が必要とする資金を調達する手段の一つとして、新株の発行がある。

新株の発行とは、新しく株式を発行して、その引受人から株式の代金の払込みを受けるものである。新株を発行すれば、会社に新たな資金が入ってくる。

会社は、豊富に剰余金があるときに自己株式を取得して、金庫株として保有して置き、資金の必要が生じたときに、その自己株式を売却することにより、資金調達をすることができる。

新株を発行するときは、会社の発行済株式総数は増加し、資本金及び資本準備金に変更が生じるが、自己株式の処分のときは、発行済株式総数及び資本金等になんら変更は生じない。会社法は、「新株の発行」と「自己株式の処分」を総称して、募集株式と呼び、両者を同じ手続で行うべきものとしているが、以下においては、新株発行について述べることにする。

[2] 募集事項の発行

(1) 募集株式の決定機関

(A) 株式譲渡制限の有無に関する3タイプの会社

募集株式発行の決定手続は、株式譲渡制限の定めの有無及び全部の株式に譲渡制限があるか、又は一部の株式について譲渡制限があるかにより異なる。この観点から、3つのタイプの会社に区別される。

その発行する全部の株式について譲渡制限の定めを設けている会社（譲渡制限会社）がある（第一のタイプ）。そして、公開会社とは、その発行する株式の全部又は一部について、譲渡制限の定めを設けていない会社である（2条5号）。それゆえ、公開会社には、全部の株式について自由に譲渡できるものとしている会社（第二のタイプ）と、一部の株式については自由に譲渡できるが、一部（ある種類の）株式については譲渡制限を設けている会社（種類株式発行会社）（第三のタイプ）があることになる。どのタイプの会社であるかにより株式募集事項の決定機関が違ってくる。

(B) 譲渡制限会社の場合

譲渡制限会社が新株発行（又は処分する自己株式）の引受人の募集（譲渡制限株式の募集）をするときは，株主総会の特別決議によって（309条2項5号），㋑募集株式の種類及び数，㋺1株についての払込金額又はその算定方法，㋩金銭以外の財産を出資の目的とするときは当該財産の内容及び価額，㋥払込期日又は期間，㋭資本金及び資本準備金（新株発行のとき）に関する事項を定めなければならない（199条1項，2項）。

株主総会の特別決議によって，募集株式数の上限と払込金額の下限を定めたうえで，その他の募集事項の決定を取締役（取締役会設置会社では取締役会）に委任することができる（200条1項）。この委任は，委任決議の日から1年以内の日を払込期日とする募集についてのみその効力がある（200条3項）。

(C) 種類株式発行会社の場合

種類株式発行会社（上記第3のタイプ）において，譲渡制限株式を募集するときは，譲渡制限株式の種類株主総会の決議がなければならない（199条4項）。このタイプの会社は公開会社であり，公開会社は取締役会を設置しなければならないので，取締役会において上記（B）㋑から㋥の募集事項を決定し（201条1項），それに加えて，譲渡制限株式の種類株主総会の特別決議（その決議を要しない旨の定款の定めがある場合を除く）がなければその効力が生じないことになる（199条4項本文，324条2項2号）。この場合，譲渡制限株式の種類株主総会は，その決議を要しない旨の定款の定めがある場合を除き，募集株式数の上限及び払込価額の下限を定めて，取締役会に募集事項の決定を委任することができる（200条4項本文）。

(D) 公開会社における募集事項の決定

① **募集事項の決定**　公開会社において，株式（譲渡制限株式でないもの）を募集するときは，取締役会において上記（B）㋑から㋥の募集事項を決定する（201条1項）。ただし，第三者に対して「特に有利な払込価額」で新株ないし自己株式を引き受けさせるときは，株主総会の特別決議によらなければならない（201条1項，199条3項）。

② **株主への通知**　公開会社では，募集株式発行の決定は取締役会決議で行われ，株主の関知しないところで決定される。そして，会社の募集株式の発行が法令・定款に違反し又は不公正な方法で行われることにより不利益を受ける株主に，募集株式発行の差止請求権を認めている（210条）。そこで，会社が取締役会

決議により募集株式の発行を決定したときは，その払込期日の2週間前までに株主に対してその募集事項を通知又は公告しなければならない（201条3項，4項）。

（E）支配権の異動を伴う新株発行

支配株主の異動は，公開会社の経営のあり方に重大な影響を及ぼすことがあるがゆえに，平成26年改正法は，新たな支配株主が現れることとなるような新株発行については，既存株主に対する情報開示を充実させるとともに，その意思を問うための手続を設けることにした。公開会社が募集株式を特定人に対して発行する結果としてその特定引受人（子会社を含む）が総株主の議決権の過半数を有することとなる場合には，①会社は株主に対して当該募集株式の払込期日又は払込期間の初日の2週間前までに特定引受人の氏名・名称及び住所，当該引受人が募集株式の株主となった場合に有することとなる議決権数等について通知しなければならない（206条の2第1項）。公告をもってこの通知に代えることができる（206条の2第2項）。②総株主の議決権の10分の1以上の議決権を有する株主が通知又は公告の日から2週間以内に当該引受人による募集株式の引受に反対する旨の通知をしたときは，会社は当該引受人に対する募集株式の発行につき株主総会の決議（普通決議）による承認を受けなければならない（206条の2第4項）。

会社が特定の第三者に対して大量の新株を発行し，それにより支配権の異動が生じるような場合には株主の意思を問わなければならないこととする趣旨であるから，（イ）特定引受人がすでに親会社である場合及び（ロ）株主割当てによる場合については適用されない（206条の2第1項ただし書き）。また，（ハ）当該会社の財産の状況が著しく悪化している場合において，会社の事業の継続のため緊急の必要があるときは，株主総会の承認等を得ることなく取締役会決議限りで特定引受人が議決権の過半数を有することとなるような新株発行も可能である（206条の2第4項但ただし書き）。（イ）及び（ロ）の場合は，206条の2第1項の例外であり，新株発行事項についての通常の通知（201条3項）は必要であるが，（ハ）は同条4項の例外であり，したがって会社は株主に特定引受人の氏名・名称，特定引受人が引き受けた株式の株主となった場合に有することとなる議決権の数のほか法務省令で定める事項を通知する必要があり，この通知をみた総株主の10分の1以上が反対しても，著しく財産状態が悪化していて会社事業の継続のため緊急の必要があるときは，会社は株主総会決議を経ることなく取締役会決議限りで募集株式を発行できるということである。

条文上は，「議決権の過半数を有することとなること」だけが要件とされ，そ

れに加えて「支配権の異動を伴うこと」は要件とされていない。したがって，現に支配権を有するが当該会社の親会社でない株主が特定引受人となって議決権の過半数を有することとなるような新株発行の割当を受ける場合（支配権の強化）には，本条の適用を受けることになるものと解される。なお，募集株式の公募に際して買取引受けを行う引受証券会社が介在する場合でも，支配権の異動に利用されないという危険を排除できないとの理由で，本条（206条の2）の適用除外とはされないと解される。

なお，募集新株予約権の割当ての場合についても，募集株式の割当てに関する特則と同様の規定が設けられている。

(F) 特定の第三者への有利発行

会社が特定の者（複数のときも）に「特に有利な払込価額」で株式を引き受けさせるときは，公開会社であるか非公開会社であるかを問わず，株主総会の特別決議により募集事項を決定しなければならない（199条3項，201条1項）。本来，同種の株主は同等の資本的寄与（出資）をすべきであって，特定の株主が特に有利な条件で株式を取得できるのは不公平である。しかし，これを認めることが既存の株主にとっても有益な場合がある。会社の将来の収益向上のために特定の会社と業務ないし技術の提携をするような場合である。

(G) 株主割当て

① **有償での株主割当て**　会社は既存の株主（当該会社を除く）にその持株数に応じて募集株式の割当てを受ける権利を与えることができる（202条1項，2項）。その場合の募集事項については，

　イ　取締役が決定できる旨を定款で定めている会社では，取締役の決定により，
　ロ　公開会社以外の会社であって，定款で取締役会が決定できるものとしている会社では，取締役会決議により，
　ハ　公開会社では，取締役会決議により，
　ニ　それ以外の会社では，株主総会の特別決議により，

それぞれ決定する（202条3項）。

株主割当ての方法で募集株式を発行するときは，払込期日の2週間前までに，募集事項，その株主が割当てを受ける株式数，払込期日を株主に通知しなければならない（202条4項）。

株主が申込期日までに引受けの申込みをしないときは，その株主は割当てを受ける権利を失う（204条4項）。

② **株式無償割当て**　会社は，株主総会の普通決議（取締役会設置会社では取締役会決議）で（186条3項），株主に対して新たな払込みをさせない（無償）で株式の割当てをすることができる（185条）。会社が資本金をそのままにして無償で株主に同種の新株を割り当てる場合は，株式分割と同じことになる。

種類株式発行会社においては，同一又は異種の株式を無償で割り当てることもできる。

株主総会（又は取締役会）では，株主に割り当てる株式の数又はその算定方法，株式無償割当が効力を生ずる日，種類株式発行会社では，割当てを受ける株主の有する株式の種類について決議しなければならない（186条1項）。

剰余金を減少して，減少した額を資本に組み入れ，増加した資本の額について株主に株式を無償割当てするときは，取締役会設置会社でも株主総会で剰余金の減少と資本への組み入れについて決議したのち（450条），取締役会決議で株式無償割当ての決議をすべきことになる。

(2) 募集株式の申込みと割当て

(A) 募集株式の申込み

会社が募集株式の引受人を公募するときは，引受けの申込みをしようとする者に対して募集事項，払込場所のほかその会社の発行可能株式総数など株式に関する定款の定めなどを知らせなければならない（203条1項，施行規則41条）。引き受けようとする者は，引き受ける株式数を記載した書面を会社に交付しなければならない（203条2項）。

(B) 募集株式の割当て

募集株式の引受人を公募したときは，会社は引き受ける者及びその者に割り当てる株式数を定める（204条1項前段）。

募集株式が譲渡制限株式であるときは，定款で別段の定めがない限り，割当てを受ける者及びその者に割り当てる株式数の決定は，株主総会の特別決議（取締役会設置会社では取締役会決議）によらなければならない（204条2項，309条2項5号）。

[3] 出資の履行

(1) 金銭出資

募集株式の引受人は，払込期日又は払込期間内に会社が定めた払込取扱銀行において払込金額の全額を払い込まなければならない（208条1項）。引受人は，払

い込むべき債務と会社に対する債権とを相殺することはできない（208条3項）。払込期日までに出資の履行をしない引受人は，募集株式の株主となる権利を失う（208条5項）。出資を履行することにより株主となる権利（権利株）の譲渡は，会社に対抗することはできない（208条4項）。

(2) 現物出資
(A) 現物出資の許容

会社法は，設立の場合と同じように成立後に発行する株式の募集においても，現物出資を認めた。会社は，募集株式の引受人による出資を金銭以外の財産（現物出資）とすることができ，その場合には，その財産の内容及び価額を，譲渡制限会社では株主総会の特別決議で（199条1項3号），公開会社では取締役会決議で（201条1項）定めなければならない。現物出資については，設立のときとまったく同じ規制であり，原則として裁判所の選任する検査役が調査することになっているが，設立のときとほとんど同じく検査役による調査の免除が認められている（207条9項）。

(B) 会社に対する金銭債権による出資

現物出資の一種として「会社に対する金銭債権」を出資の目的とすることができる（207条9項5号）。会社に対する債権者がその金銭債権を現物出資し，株式の割当てを受けるものであって，これを「債務の株式化」（debt equity swap）と呼んでいる。現物出資の対象とされた債権額だけ会社の債務は減少し，その会社の貸借対照表のうえでは，債務が資本に変わることになる。

会社が健全経営をしていて，その会社に対する債権の回収（会社の支払い）が確実な場合には，債権者は「債務の株式化」を要請されることはないが，会社が経営難に陥り再建策が必要な場合に債権額の一定割合について，この種の要請をされることがある。会社が倒産したままの状態で，債権者の回収をはかれないときは，会社の再建に協力して将来の回収に期待しようとする場合に，債権者が「債務の株式化」に応じることもある。

(C) 募集株式引受人による出資の仮装

募集株式の引受人が払込みを仮装した場合には，仮装した払込金額の全額を会社に対して支払う義務を負う（213条の2第1項1号）。現物出資の給付を仮装した場合は，現物出資財産の給付をする義務があるが，会社が請求した場合は，現物出資財産の価額に相当する金銭の支払いをする義務を負う（213条の2第1項2号）。

引受人が出資を仮装することに関与した取締役（執行役）は，その職務を行うについて注意を怠らなかったことを証明するのでない限り，引受人と連帯して会社に対して支払う義務がある（213条の3第1項）。

仮装した引受人又は仮装に関与した取締役が義務を履行して会社へ金銭の支払いを完了するまでの間は，仮装した引受人は株主としての権利を行使することはできない（209条2項）。仮装した引受人から株式を譲り受けた者は，悪意又は重過失がない限り株主の権利を行使することができる（209条3項）。

[4] 募集株式発行の差止請求
(1) 募集株式発行についての株主の差止請求権
会社による株式の発行（又は自己株式の処分）が，法令・定款に違反し，又は著しく不公正な方法により行われようとしていて，そのために不利益を受けるおそれのある株主は，会社に対してその発行をやめるよう請求することができる（210条）。これが株主の募集株式発行についての差止請求権である。

これまで，株主による差止請求は，「著しく不公正な方法による株式の発行」（以下，単に不公正発行という）であるとの理由によるものが圧倒的に多数を占めている。

(2) 不公正発行に関する判例
不公正発行であるとの理由で差止請求が行われた事件の1つを取り上げてみる。

X社は，Y社の発行済株式の39.2％を保有する筆頭株主であった。X社は，Y社に対して平成16年初めからY社の経営戦略を見直すように迫り，同年6月にはY社の取締役の過半数をX社の関係者とするよう提案を行ったが，Y社の経営陣はこれに応じなかったので，同年8月開催の株主総会で取締役の過半数をX社側が推薦する者とする株主提案を行うことを伝えていた。

Y社の取締役会は，X社からの提案を受けた直後に，発行済株式総数（約490万株）を上回る520万株の新株をN社に対して発行することを決定した。この新株発行により調達する資金（1,030億円）は，Y社とS社間の業務提携に伴うS社子会社の買収と，S社の新規事業に必要な設備投資の貸付に使用されることになっていた。この新株発行が行われると，X社のY社における持株比率は39.2％から19％に低下するとともに，N社が51.5％となる。なお，8月開催の定時株主総会の基準日を本件新株発行の払込期日の翌日と定めていた。X社は，Y社にはこれほど多額の資金需要はなく，X社の支配権を排除することを唯一の目的とし

て新株発行を行おうとしており，これは不公正発行に当たるとして新株発行差止仮処分の申立てをした。

東京地裁（原審）は，会社の支配権につき争いがあり，従来の株主持株比率に重大な影響を及ぼすような数の新株が発行され，それが第三者に割り当てられた場合に，その新株発行が特定の株主の持株比率を低下させ，現経営者の支配権の維持をはかることを主要な目的としてされたものであるときは，不当な目的を達成する手段として新株発行が利用される場合に該当するとの一般論を述べた後，本件では，Y社の経営陣の一部がX社の持株比率を低下させて，自らの支配権を維持する意図を有していたことは否定できないが，調達される資金は，S社との業務提携に係る事業に現実に投資される予定であり，事業計画には一応の合理性が認められるとして，差止仮処分の申立てを却下した（東京地決平16・7・30金商1201号9頁）。Xは，東京高裁へ即時抗告した。

抗告審（東京高決平16・8・4金商1201号4頁）は，「本件新株発行において，Y社代表者をはじめとする現経営陣の一部が，X社の持株比率を低下させて，自らの支配権を維持する意図を有していたとの疑いは容易に否定することはできない」としながらも，「Y社が提出した各資料を総合すれば，Y社には本件事業計画のために本件新株発行による資金調達を実行する必要があり，本件事業計画自体にも合理性があると判断することができ」「本件事業計画のために本件新株発行による資金調達の必要性があり，本件事業計画にも合理性が認められる本件においては，かりに，本件新株発行に際しY社代表者をはじめとする現経営陣の一部において，X社の持株比率を低下させて，もって自らの支配権を維持する意図を有していたとしても，支配権の維持が唯一の動機であったとは認めがたい上，その意図するところが会社の発展や業績の向上という正当な意図に優越するものであったとまでは認めることは難しく，結局，本件新株発行が旧商法280条ノ10（現210条）所定の『著しく不公正な方法』による新株発行に当たるものということはできない」として，X社の主張を排斥した。

(3) 主要目的論

上に紹介した判例のケースは，典型的なものであり，現経営者が特定の株主の持株比率を低下させるために新株発行を行う事例が多く，持株比率を低下させられる株主が，その新株発行は不公正発行であるとして新株発行の差止めを求めるという形で争われる。会社による新株発行（又は保有株式の処分）に関して，資金調達の目的と特定の株主の持株比率を低下させる目的（現経営陣の支配権維持

の目的）のいずれが主要目的であるかを判断し，資金調達の目的は単なる口実であって，特定の株主の持株比率を低下させその影響力を排除しようとする目的が主要目的であると判断されるときは，その新株発行は不公正発行であるというのが主要目的論である。上記の判例もこの基準に立っているが，その資金調達計画には合理性があると説いている。

2 新株予約権

[1] 新株予約権の意義と内容

(1) 新株予約権の意義

その権利者が会社に対して権利を行使することにより株式の発行を受けることができる権利を新株予約権という（2条21号）。新株発行においては，その引受人が払込みをすることにより株式が発行され，会社の発行済株式総数が増加するのに対して，新株予約権は，その予約権者に株式発行の請求権を与えるだけで，予約権者が権利行使をするまでは株式の発行はなく，新株予約権を発行した時点ではまだ会社の発行済株式総数は増加しない。予約権者が予約権を行使するか否かは自由である。

近時，新株予約権は敵対的企業買収に対する防衛策として利用されている。会社法は，多種多様な内容の新株予約権の発行を認めている。

(2) 新株予約権の内容

会社は新株予約権を発行するときは，次の事項を定めておかなければならない（236条1項）。

(A) 新株予約権の目的である株式の数（種類及び種類ごとの数）又はその数の算定方法（1号）

たとえば，新株予約権1個につき100株の普通株式を発行すべきことを請求できる内容とすることができる。新株予約権につき付与される株式数についてなんら制限はなく，1個につき1株でも1個につき10株でも自由に定めることができる。

(B) 新株予約権の行使価額又はその算定方法（2号）

新株予約権それ自体の対価ではなく，権利行使時に払い込むべき金額である。

(C) 予約権の行使に際して金銭以外の財産を出資の目的とするときは，その

旨並びに当該財産の内容及び価額（3号）
(D)　予約権の行使期間（4号）
(E)　予約権の行使により株式を発行する場合における増加する資本金及び資本準備金に関する事項（5号）
(F)　譲渡制限付新株予約権とするときはその旨（6号）

その他，236条1項7号から11号に規定する事項についても定めることができる。

[2] 新株予約権の発行

(1) 募集事項の決定

新株予約権を募集するときは，そのつど，次の募集事項を決定しなければならない。㋑募集新株予約権の内容及び数，㋺新株予約権を無償で発行するときは，その旨，㋩新株予約権を有償で発行するときは，1個についての払込金額又はその算定方法，㋥新株予約権の割当日，㋭金銭の払込期日を定めるときは，その期日，㋬新株予約権が新株予約権付社債に付されたものであるときは，社債に関する事項（676条）等である（238条1項）。

(2) 募集事項の決定機関

募集事項の決定機関は，新株発行の場合と同様である。譲渡制限会社においては，株主総会の特別決議により（238条2項，309条2項6号），公開会社においては，取締役会決議による（240条1項）。

種類株式発行会社において，新株予約権の目的である株式の種類の全部又は一部が譲渡制限株式であるときは，当該種類の株式を目的とする新株予約権の引受人の募集につき，当該種類株主総会の決議を要しない旨の定款の定めがある場合を除き，当該種類株主総会の決議がなければ，当該新株予約権に関する募集事項の決定はその効力を生じない（238条4項）。

公開会社が新株予約権を発行する場合は，第三者に対して特に有利な条件又は特に有利な権利行使価額で発行するときを別として，募集事項は取締役会で決定する（240条1項）。取締役会で募集事項を定めたときは，割当日の2週間前までに株主に通知又は公告によって知らせなければならない（240条2項，3項）。株主に新株予約権の発行を差し止める機会を与えるためである。

(3) 新株予約権の有利発行

新株予約権を無償で発行ことがその引受けの申込者に特に有利な条件であると

き又は有償であるが権利行使時の払込金額が特に有利な金額であるときは，譲渡制限会社であるか公開会社であるかを問わず，株主総会の特別決議によらなければならない（238条3項，240条1項）。この場合には，取締役は特に有利な条件又は金額で新株予約権を引き受ける者の募集をすることが必要な理由を説明しなければならない（238条3項）。

[3] 新株予約権の株主割当て
(1) 有償での株主割当て
会社は株主にその持株数に応じて新株予約権を割り当てることができる（241条1項，2項）。その場合には，その旨及び新株予約権の引受申込みの期日を定めなければならない（241条1項）。この場合の募集事項等の決定は，定款で取締役が決定する旨を定めているときは取締役が，定款で取締役会が決定する旨を定めているときは取締役会が，公開会社では取締役会が，その他の場合には株主総会の特別決議で決定する（241条3項，309条2項6号）。

会社が株主に新株予約権の割当てを行うことを定めたときは，その引受申込期日の2週間前までに，募集事項，各株主が割当てを受ける新株予約権の内容及び数と引受申込期日を通知しなければならない（241条4項）。株主割当ての場合には，特に有利な条件又は金額でも公開会社では株主総会の特別決議は不要である（241条5項）。

(2) 新株予約権無償割当て
会社は株主に無償で新株予約権を割り当てることができる（277条）。この場合には，株主総会（取締役会設置会社では取締役会）の決議で（278条3項），株主に割り当てる新株予約権の内容及び数又はその算定方法，新株予約権が新株予約権付社債に付されるときは，社債の種類及び各社債の金額の合計額又はその算定方法，その新株予約権無償割当てが効力を生ずる日，種類株式発行会社では無償割当てを受ける株主の有する株式の種類を定めなければならない（278条1項）。

新株予約権の無償割当ては株主の有する株式数に応じて割り当てなければならない（278条2項）。割り当てられた株主は，新株予約権無償割当てが効力を生ずる日に新株予約権者となる（279条1項）。会社は，新株予約権の行使期間の初日の2週間前までに割当てを受けた株主に割当てを受けた新株予約権の内容及び数，新株予約権付社債のときは社債の種類，各社債の金額の合計額を通知しなければならない（279条2項）。

[4]　新株予約権の申込みと割当て

(1)　新株予約権の申込み

　会社は新株予約権の引受けの申込みをしようとする者に，募集事項，予約権行使の際に金銭の払込みをさせるときはその払込場所等を通知しなければならない（242条1項）。

　申込みをする者は，その氏名・名称及び住所，引き受けようとする新株予約権の数を記載した書面を会社に交付しなければならない（242条2項）。会社の承諾を得て，書面に代えて電磁的方法で申し込むこともできる（242条3項）。

　会社が募集事項ないし払込場所等を変更したときは，直ちに申込者に通知しなければならない（242条5項）。新株予約権付社債を募集するときは，新株予約権だけの引受けはできず，申込者はつねに新株予約権付社債の引受けをしたものとみなされる（242条6項）。

(2)　新株予約権の割当て

　会社は申込者の中から新株予約権の割当てを受ける者を定め，かつその者に割り当てる新株予約権の数を定めなければならない（243条1項）。定款に別段の定めがない限り，新株予約権の目的である株式の全部又は一部が譲渡制限株式であるとき又は新株予約権それ自体が譲渡制限付であるときは，割当ての決定は株主総会（取締役会設置会社では取締役会）の決議で行う必要がある（243条2項）。

　割当ての決定とは別に，新株予約権の割当日を株主総会（取締役会設置会社では取締役会）が定めるべきことになっているが（238条1項4号，239条），会社は割当日の前日までに割り当てることにした申込者に割当数を通知しなければならない（243条3項）。

　なお，株主に新株予約権の割当てを受ける権利を与えた場合において，その申込期日までに申込みをしない株主は割当てを受ける権利を失う（243条4項）。

　新株予約権の申込者は，割当てを受けた新株予約権につき，割当日に新株予約権権者となる（245条1項）。新株予約権付社債を引き受けた者は，割当日に新株予約権権者となると同時に社債権者となる（245条2項）。

(3)　新株予約権についての払込み

　新株予約権は無償で発行される場合もあるが，新株予約権の発行の対価として金銭の払込みをさせる場合もある。新株予約権者は，会社が金銭の払込期日を定めたときは，その期日までに，また会社がその期日を定めていないときは，新株予約権行使期間の初日の前日までに，会社の定めた取扱銀行において払込金額全

額を払い込まなければならない（246条1項）。

会社の承諾があるときは，新株予約権者は金銭による払込みに代えて，払込金額に相当する財産を給付し，又は当該会社に対する債権をもって相殺することができる（246条2項）。

新株予約権者が，払込期日までに，新株予約権の払込金額全額の払込み（払込みに代えて金銭以外の財産の給付又は会社に対する債権での相殺を含む）をしないときは，新株予約権を行使することができない（246条3項）。

[5] 新株予約権原簿

(1) 新株予約権原簿の記載事項

会社は新株予約権を発行した日以後，遅滞なく新株予約権原簿を作成し，各場合に応じて所定の事項を記載又は記録しなければならない（249条）。

(A) 無記名式の新株予約権証券（無記名新株予約権）が発行されているときは，証券の番号，新株予約権の内容及び数。

(B) 無記名式の新株予約権付社債券（新株予約権付社債の社債につき社債券が発行されるもの）が発行されているときは，社債券の番号並びに新株予約権の内容及び数。

(C) 上記以外の場合，
① 新株予約権者の氏名・名称及び住所，その有する新株予約権の内容及び数，新株予約権の取得日。
② 新株予約権に係る新株予約権証券（記名式）が発行されている（証券発行新株予約権）ときは，当該新株予約権に係る新株予約権証券の番号。
③ 証券発行新株予約権付社債のときは，その発行された新株予約権付社債券の番号。

(2) 新株予約権原簿の名義書換

新株予約権が譲渡されたときは，新株予約権原簿の名義を譲渡人から譲受人へ書き換えるべきことになる。名義書換は，利害関係人の利益を害するおそれがないものとして法務省令で定める場合を除き，取得者と現在の名義人又はその相続人その他の一般承継人とが共同して請求しなければならない（260条2項）。会社がその保有する自己新株予約権を処分し，これを取得した者については，請求しなくても会社はその取得者のために新株予約権原簿に記載又は記録すべきである（260条1項）。

新株予約権に係る証券が発行されたときは，有価証券法理により，取得者が単独で証券を提示して名義書換を請求することができる（258条参照）。

譲渡制限新株予約権については，取得者が会社からその譲渡の承認を受けているとき，取得者が相続その他の一般承継により取得したときは，取得者の請求により名義書換を行うことになる（261条）。

[6] 新株予約権の譲渡
(1) 新株予約権の譲渡

新株予約権の譲渡を自由にするか譲渡制限付のものとするかは，会社の自由である。新株予約権に係る証券（新株予約権証券）が発行されているときは，証券の交付が譲渡の効力要件である（255条1項本文）。証券発行新株予約権付社債に付された新株予約権の譲渡は新株予約権付社債券を交付しなければその効力は生じない（255条2項本文）。新株予約権付社債については，新株予約権のみの譲渡又は社債のみの譲渡は許されず，一体として譲渡しなければならない（254条2項本文，3項本文）。ただし，社債又は新株予約権だけが先に消滅したときは，残存している新株予約権又は社債のみを譲渡することはできる（254条2項ただし書，3項ただし書）。

会社が保有する自己新株予約権（証券発行新株予約権）を処分する場合には，処分の日以後，遅滞なく会社は取得者に新株予約権証券を交付しなければならない（256条1項）が，会社は取得者から請求があるときまで，新株予約権証券を交付しないものとすることもできる（256条2項）。自己新株予約権付社債を処分したときは，処分の日以後，遅滞なく取得者に新株予約権付社債券を交付しなければならない（256条3項）。

証券が発行されていない新株予約権の譲渡は，その取得者の氏名・名称及び住所を新株予約権原簿に記載又は記録しなければ会社その他の第三者に対抗することができない（257条1項）。記名式の新株予約権証券が発行されている新株予約権及び記名式の証券発行新株予約権付社債に付された新株予約権については，新株予約権原簿の名義書換が会社に対する対抗要件である（257条2項）。無記名式新株予約権及び無記名式の新株予約権付社債に付された新株予約権については，証券の所持人は権利者と推定される（258条1項）。

(2) 新株予約権証券

(A) 新株予約権証券

　新株予約権につき証券を発行するときは，会社は，原則として新株予約権を発行した日以後遅滞無く新株予約権証券を発行しなければならない（288条1項）。この証券は新株予約権を譲渡する際には必要であるが，譲渡を予定しない者には紛失・盗難などの危険があって証券を所持しない方が安全である。そこで，会社は新株予約権者から請求がある時まで証券を発行しなくてもよいことになっている（288条2項）。

　新株予約権証券には，会社の商号，証券発行新株予約権の内容及び数，証券の番号を記載し，代表取締役（又は代表執行役）が署名しなければならない（289条）。

　新株予約権証券は，記名式であれ無記名式であれ，有価証券であって，その占有者は新株予約権を適法に有するものと推定される（258条1項）。新株予約権付社債券についても同様である（258条3項）。これらの証券は有価証券であるから，善意取得も認められる（258条2項，4項）。

　新株予約権証券を喪失した場合の救済は公示催告手続による除権決定の制度を利用すべきことになっており，喪失者は除権決定を得たうえで，会社に再発行を請求できる（291条1項）。

(B) 新株予約権付社債券

　新株予約権付社債券は，社債と新株予約権との双方を表章した有価証券であり，この証券には，社債に関する事項と新株予約権に関する事項とが記載される。社債の金額，種類など（697条1項）に加え，新株予約権の内容及び数を記載しなければならない（292条1項）。

　証券発行新株予約権付社債についての社債を償還する際に，それに付された新株予約権がまだ消滅していないときは，会社は当該証券の交付と引換えに社債の償還をする旨を主張することはできず，当該証券の提示を求め，社債を償還した旨の記載をすることができることになっている（292条2項）。

(3) 新株予約権証券等の提出

　新株予約権について証券（新株予約権証券）が発行されている場合において，会社が組織変更，合併，株式交換その他の再編行為をするため，又は取得条項付新株予約権を取得するため，予約権者に証券を提出させる必要があるときは，会社はその行為の効力が生じる日までに証券を提出しなければならない旨を当該日の1ヶ月前までに公告し，かつ新株予約権者及びその登録新株予約権質権者に各

別に通知しなければならない（293条1項）。

所定の提出日までに新株予約権証券を提出しない者があるときは，その提出があるまでの間，当該行為によって新株予約権者が交付を受けることができる金銭等の交付を会社は拒むことができる（293条2項）。

所定の日までに会社へ提出しなければならない新株予約権証券は，その行為の効力が生ずる日に無効となる（293条3項）。

新株予約権証券を喪失（紛失，盗難，焼失，滅失）により提出することができない者は，会社に異議催告をするよう請求することができる（293条4項，220条）。異議催告とは，会社の決定により一斉に証券を提出しなければならない場合に，証券を喪失した者の請求により会社が，日刊新聞への掲載その他会社が定めた公告方法によって，喪失証券の番号その他証券を特定するのに必要な事項を表示して，もしその証券を正当に取得して権利者となっていることを主張する者があるときは，所定の期間内（3ヶ月を下ることはできない）に会社へ届け出ることを催告するものである。所定の期間内に届け出る者がいないときは，会社は証券の喪失者の権利行使を認める。

(4) 譲渡制限新株予約権の譲渡

譲渡制限新株予約権を他人に譲渡しようとする者は，譲り渡そうとする新株予約権の内容・数，譲受人の氏名・名称を明らかにして，当該譲受人による取得について会社が承認するか否かの決定をすることを請求することができる（262条，264条1号）。取得者からの承認請求もできるが（263条1項），この場合には，利害関係人の利益を害するおそれがないものとして法務省令で定める場合を除き，新株予約権原簿の名義人もしくはその相続人その他の一般承継人と共同して請求しなければならない（263条2項）。

会社は，承認するか否かを株主総会（取締役会設置会社では取締役会）の決議により決定し，その決定内容を承認請求者に通知しなければならない（265条1項，2項）。承認請求の日から2週間以内に，会社が決定内容の通知をしないときは，取得を承認したものとみなされる（266条本文）。ただし，会社と譲渡承認請求者との合意により別段の定めをしたときは，その定めに従う（266条ただし書）。

(5) 取得条項付新株予約権の会社による取得

会社は一定の事由が生じた日に会社が新株予約権者から取得できるものとした新株予約権（取得条項付新株予約権）を発行することができるが，一定の事由に代えて「会社が別に定める日」とすることもできる（236条1項7号ロ）。「会社

の定める日」の到来をもって会社が取得するものとしている取得条項付新株予約権を現実に取得するためには，会社は株主総会（取締役会設置会社では取締役会）の決議でその日を定めなければならない（273条1項）。会社がその日を定めたときは，取得条項付新株予約権者に，当該日の2週間前までに通知又は公告しなければならない（273条2項，3項）。

　一定の事由が生じた日に会社が新株予約権の一部を取得する旨を定めていて，その一部を取得しようとするときは，株主総会（取締役会設置会社では取締役会）の決議により取得対象となる新株予約権を決定しなければならない（274条1項，2項）。この決定をしたときは，取得対象となる新株予約権者等に取得する旨を直ちに通知しなければならない（274条3項）。公告をもって通知に代えることができる（274条4項）。

　なお，新株予約権証券が発行されている場合については，前述（新株予約権証券の提出の項（156頁）参照）。

(6) 自己新株予約権の消却

　会社はその有する自己新株予約権を消却することができ，その場合には，消却する新株予約権の内容及び数を決めなければならない（276条1項）。消却する新株予約権の内容及び数は，取締役会設置会社においては取締役会の決議で決定しなければならない（276条2項）。取締役会を設置しない会社では，株主総会の決議によることを求められておらず，取締役が決定すれば足りる。

[7] 新株予約権の行使

(1) 新株予約権の行使

　新株予約権を行使する者は，その新株予約権の内容及び数，予約権を行使する日を明らかにして行使しなければならない（280条1項）。証券が発行されている新株予約権を行使するときは，新株予約権者は証券を会社に提出しなければならない（280条2項）。証券発行新株予約権付社債に付された新株予約権を行使するときは，証券を提示し，会社をして新株予約権が消滅した旨の記載をさせなければならない（280条3項）。ただし，社債の金額を新株予約権の行使の際の払込みに充てる場合のように，新株予約権の行使により社債が消滅するときは，証券を会社に提出しなければならない（280条4項）。証券発行新株予約権付社債について，社債の償還後に新株予約権を行使するときには，証券を会社に提出しなければならない（280条5項）。

なお，会社はその保有する自己新株予約権を行使することはできない（280条6項）。

(2) 行使価額の払込み

新株予約権の行使に際して金銭を出資の目的とするときは，新株予約権を行使する日に，会社が定めた払込取扱銀行において払い込むべき価額の全額を払い込まなければならない（281条1項）。

新株予約権の行使に際しては，新株予約権者は金銭による払込み又は出資する金銭以外の財産を給付する債務と会社に対する債権とを相殺することはできない（281条3項）。

新株予約権者は，新株予約権を行使した日に，当該新株予約権の目的である株式の株主となる（282条）。

(3) 金銭以外の財産の出資

金銭以外の財産を出資の目的とするときは，新株予約権を行使する日に，その財産を給付しなければならず，当該財産の価額が新株予約権の行使に際して出資される財産の価額（236条1項2号）に足りないときは，払込取扱銀行においてその差額に相当する金銭を払い込まなければならない（281条2項）。

[8] 新株予約権発行の差止請求

(1) 差止請求原因

募集株式の発行の場合（210条）と同じように，会社による新株予約権の発行が法令又は定款に違反し，あるいは著しく不公正な方法であって，それにより株主が不利益を受けるおそれがあるときは，株主は会社に対して当該新株予約権の発行をやめることを請求することができる（247条）。法令・定款違反という事由は比較的容易に判断することができるが，いかなる場合に「著しく不公正な方法による発行」（不公正発行）に当たるかの判断は難しい事柄である。

敵対的買収者が現れた後に，その買収者の持株比率を低下させ，現経営陣を支える特定の株主に大量の新株予約権を発行することは，不公正発行に該当するとして差し止められた例があるが（ニッポン放送事件，東京高決平17・3・23金商1214号6頁），その後，企業買収に対する事前の防衛手段（poison pill）として新株予約権の発行が利用されるケースが増加してきている。その代表例としてニレコ事件を紹介する。

(2) ニレコ新株予約権発行差止請求事件
(A) 企業買収予防策としての新株予約権発行プラン

　Y会社は，平成17年3月14日の取締役会決議で新株予約権発行プランを立てた。そのプランは，平成17年3月31日最終の株主名簿上の株主対し，その所有する株式1株につき2個の新株予約権を割り当てる。新株予約権1個の行使により普通株式1株を交付する。新株予約権は無償とし，権利行使の際の払込価額は1円とする。権利行使期間は平成17年6月16日から平成20年6月16日までとする。

　新株予約権の行使の条件は，ある者がY会社の発行済議決権株式数の20％以上に相当する株式を取得してY会社に対する公開買付をしようとしていることを，Y会社の取締役会が認識しこれを公表することである。

　新株予約権の割当てを受けた者が，その割当てを受けた新株予約権のみを行使できる（株式を譲渡して株主でなくなっても新株予約権を行使できる）。新株予約権の譲渡には取締役会の承認が必要である。取締役会が企業価値の最大化のために必要と認めたときは（企業価値を高める買収者が現れたとき），取締役会決議により新株予約権の全部を無償で消却することができる，という内容であった。

　株主X（外国の投資ファンド）は，このプランに基づく新株予約権発行の差止仮処分を申し立てた。その理由として，著しく不公正な方法によるものであることなどを主張した。

(B) 裁判所の判断

　裁判所（東京地決平17・6・1金商1218号8頁）は，大要以下のような判断を示した。

　会社の経営支配権に現に争いが生じている場面において，株式の敵対的買収の持株比率を低下させ，現経営陣の経営支配権を維持・確保することを主要な目的として新株予約権を発行することは，取締役会がその権限を濫用したものとして，原則として，不公正発行に該当し差止請求が認められるべきである。敵対的買収者が真摯に合理的な経営をめざすものでなく，会社に回復し難い損害をもたらす事情があって，緊急避難的行為として新株予約権を発行したことを疎明するときは，例外的にその発行を差し止めることはできない。

　将来の敵対的買収を想定し，その予防策として新株予約権を発行することは，その支配権取得が会社に回復し難い損害をもたらす事情はまだ存在しないのであるから，取締役会が緊急避難的行為として対抗手段をとるべき必要性は認められ

ない。したがって，事前の対抗策としての新株予約権の発行は，原則として株主総会の意思に基づいて行うべきであるが，株主総会は機動的に開催し難く，次期株主総会までの間に，会社に回復し難い損害をもたらす敵対的買収者が出現する可能性があるから，事前の対抗策として相当な方法による限り，取締役会決議で新株予約権を発行することも許容される。

取締役会決議により事前の対抗策として新株予約権の発行を行うためには，①新株予約権が株主総会の判断により消却が可能となっていること，②新株予約権の行使条件が独立性の高い社外者によって判断されるなど，取締役会の恣意的判断が防止される仕組みとなっていること，③新株予約権の発行が買収と無関係の株主に不測の損害を与えるものでないこと，が必要である。

本件プランは，上記①及び②の要件を満たしていないとしたうえで，③について以下のように分析している。

本件プランは，基準日現在の株主に対して，その保有株式1株につき2個の新株予約権を割り当て，新株予約権1個につき1円の払込みをすることによって新株1株を発行するものである。新株予約権の譲渡は制限されている。この基準日以後に株式を取得した株主の持株比率は，新株予約権が全部行使されたときは3分の1まで希釈され，その保有する株式の価値は著しく低下することになる。将来において，新株予約権の行使が可能となった場合に生じる希釈のリスクを嫌い，当該株式の投資価値は大きく損なわれ，会社の企業価値も損なわれる。

新株予約権を割り当てられる既存株主は，新株予約権の発行による希釈の影響を直接には受けないが，Y会社株式は新株予約権行使による希釈化リスクを伴うため投資家が減少し，既存株主にとっては市場において高い評価での売却の機会を失うことになる。したがって，新株予約権の割当てを受ける既存株主にとっては，本件新株予約権の発行によるY会社株式の投資対象としての魅力の減少による価値の低下に伴う不測の損害を受けることになる。結論として，本件新株予約権の発行差止めを命じた。

この決定に対してY会社は抗告をしたが，東京高裁（東京高決平17・6・15金商1219号8頁）も抗告を棄却した。

第6章
株式会社の計算

Contents
1 計算書類の作成・開示
2 資本金・準備金

1 計算書類の作成・開示

[1] 計算書類の作成

(1) 計算書類とは

会社は，その財産及び損益の状況を明確にするために，各事業年度に関する計算書類，事業報告，それらの附属明細書を作成しなければならない。計算書類とは，貸借対照表，損益計算書，その他法務省令で定める株主資本等変動計算書をいう（435条2項，計算規則127条）。

(2) 会計帳簿の作成・保存

計算書類は，日常の取引その他の事象を記載する会計帳簿に基づいて作成される。会社は，適時に正確な会計帳簿を作成する義務がある（432条1項）。会計帳簿に記載すべき事象が発生したときには，「適時に」これを記載すべきものとされている。1年に1回，税務申告の際にまとめて記帳することでは足りない。会社は会計帳簿の閉鎖の時から10年間，会計帳簿及びその事業に関する重要な資料を保存しなければならない（432条2項）。

(3) 株主の会計帳簿閲覧請求権

(A) 会計帳簿の閲覧請求権

株主は，取締役等の責任追及のための代表訴訟提起権（847条），取締役の解任請求権（854条1項）などの権利が与えられている。これらの権利を適切に行使するためには，会社の経理の状況を正確に知る必要があり，そのために株主は会社の会計帳簿の閲覧謄写請求権を付与されている（433条）。

この権利は，総株主（全部の事項につき議決権を行使できない株主を除く）の議決権の3％以上を有する株主又は発行済株式（自己株式を除く）の3％以上の株式を有する株主に与えられている（433条1項）。

帳簿の閲覧請求をする際には，具体的な閲覧目的を示さなければならないと解される。また，何年度のいかなる帳簿及び書類であるか閲覧対象を具体的に特定する必要があると解される。

(B) 会社の拒絶理由

会社が，株主の帳簿閲覧請求を拒絶することができる場合が列挙されている（433条2項）。㋑請求者がその権利の確保又は行使に関する調査以外の目的で請求を行ったとき，㋺請求者が会社の業務の遂行を妨げ，株主共同の利益を害する目的で請求をしたとき，㋩請求者が会社の業務と実質的に競争関係にある事業を

営み，又はこれに従事するものであるとき，㈣請求者が会計帳簿又はこれに関する資料の閲覧・謄写によって知り得た事実を利益を得て第三者に通報するため請求したとき，㈤請求者が過去2年以内に㈣の行為をしたことがある者であるときは，会社は閲覧請求を拒絶することができる。

(C) 親会社社員の子会社帳簿閲覧権

親会社社員は，その権利を行使するため必要があるときは，裁判所の許可を得て，会計帳簿又はこれに関する資料について閲覧・謄写を請求することができる（433条3項）。親会社社員がその親会社において保有する持分の割合は要件となっていないが，裁判所の許可が必要である。請求者について（B）に述べた会社の拒絶事由があるときは，裁判所は許可を与えてはならない（433条4項）。

[2]　各種の計算書類

(1)　貸借対照表

貸借対照表は一定の時点における会社の財産状態を表す一覧表である。それは，会社が現に有する財産額と会社が有すべき財産とを対照表として記載するもので，資産の部，負債の部，純資産の部に分けられる（計算規則104条以下）。長年にわたり，資産，負債，資本の部として表示されてきたが，平成17年の改正で，「資本の部」は，「純資産の部」と表示されることになった。

(2)　損益計算書

損益計算書は，特定の事業年度におけるすべての収益と事業のために要したすべての費用とを対比して，当該年度における純損益を明らかにする書面である。損益計算書は，売上高，売上原価，販売費及び一般管理費，営業外収益，営業外費用，特別利益，特別損失の項目に区分する（計算規則118条以下）。

(3)　連結計算書

大会社は，多数の子会社ないし従属会社をもち，企業集団として事業を行っている。親会社及び連結子会社を含めてグループ全体を1つの企業体とみなして作成されるのが連結計算書（連結貸借対照表，連結損益計算書）である。大会社でかつ金融商品取引法（証券取引法）により有価証券報告書を提出しなければならない会社は，連結計算書を作成しなければならない（444条3項）。

親会社と子会社の間の取引は，連結計算では相殺され，帳簿上には表れない。たとえば，親会社が子会社へ多額の商品を売り掛けても，その売掛金は子会社の買掛金と相殺され，連結計算では親会社の売上高として表示されないことになる。

貸借対照表のモデル

貸借対照表

平成 28 年 3 月 31 日現在　　　（単位：百万円）

資　産　の　部		負　債　の　部	
流動資産	8,200	流動負債	4,700
現金及び預金	4,050	支払手形	1,970
受取手形	1,350	買掛金	1,150
売掛金	1,050	短期借入金	920
有価証券	550	社債（1年以内の償還予定額）	500
製品	750	未払金	50
半製品	200	預り金	100
原材料	100	その他	10
その他	150	固定負債	1,500
固定資産	3,500	社債	1,050
有形固定資産	2,050	長期借入金	270
建物	650	退職給付引当金	170
機械・装置	450	その他	10
土地	900	負　債　合　計	6,200
その他	50	純　資　産　の　部	
無形固定資産	350	株主資本	
工業所有権	350	資本金	1,050
投資その他の資産	1,100	資本剰余金	870
投資有価証券	495	資本準備金	790
子会社株式・出資金	350	その他資本剰余金	80
長期貸付金	260	利益剰余金	3,180
貸倒引当金	△5	利益準備金	2,200
繰延資産	300	その他利益剰余金	980
研究費	100	自己株式	△100
開発費	200	株主資本合計	5,000
		評価・換算差額等	
		その他有価証券評価差額金	400
		土地再評価差額金	200
		評価・換算差額等	600
		新株予約権	200
		純資産合計	5,800
資　産　合　計	12,000	負債・純資産合計	12,000

親会社・子会社間の金銭貸借も同様である。

(4) 事業報告

　平成 17 年改正前の旧法の下では，「営業報告書」は計算書類に含まれたが，新法は「事業報告」と名称を変えるとともに，計算書類から除外され，会計監査人の監査の対象とされないことになった（436 条 2 項 2 号）。

事業報告に記載すべき内容については，会社法施行規則において定められている。すべての会社に共通する事項として，①会社の状況に関する重要な事項（計算書類等を除く），②取締役の職務の執行が法令及び定款に適合することを確保するための体制（内部統制システム）など（以上，施行規則118条）の記載が要求され，公開会社では，それに加えて，③会社の現況に関する事項，④会社役員に関する事項，⑤株式に関する事項，⑥新株予約権等に関する事項，についても記載しなければならない（以上，施行規則119条）。

　会社の現況に関する事項（③）では，㋑事業年度末における主要な事業内容，主要な営業所・工場・使用人の状況，㋺主要な借入先があるときは，その借入先及び借入額，㋩事業年度における事業の経過及びその成果，㋥事業年度の資金調達・設備投資・事業の譲渡・事業の分割・吸収合併又は吸収分割による権利義務の承継，㋬重要な親会社及び子会社の状況，㋭対処すべき課題などを記載しなければならない（施行規則120条1項）。

　会社役員に関する事項（④）では，㋑役員の氏名，地位，担当，㋺取締役，会計参与，監査役又は執行役ごとの報酬の総額その他を記載し（施行規則121条），社外役員を設けた場合には，社外取締役の取締役会への出席状況，発言の状況のほか，監査役会設置会社（大会社）であって金商法により有価証券報告書を提出しなければならないものが社外取締役を置いていない場合には，社外取締役を置くことが相当でない理由を記載する必要がある（施行規則124条）。また，株式に関する事項（⑤）では，当該事業年度末における発行済株式の総数に対する保有割合が高い上位10名の株主の氏名・名称及びその保有数，その他株式に関する重要な事項を記載しなければならない（施行規則122条）。

[3]　計算書類の監査・承認
(1)　計算書類等の監査
　監査役設置会社（会計監査人がいない会社）においては，計算書類，事業報告並びにこれらの附属明細書は監査役の監査を受けなければならない（436条1項）。会計監査人設置会社では，計算書類及びその附属明細書については会計監査人と監査役（監査委員会）の監査を，事業報告及びその附属明細書については監査役（監査委員会）の監査を受けなければならない（436条2項）。

(2)　計算書類の承認
　取締役会，監査役，会計監査人のいずれも置いていない会社では，取締役は計

算書類，事業報告を定時株主総会に提出し（438条1項4号），定時株主総会の承認を受けなければならない（348条2項）。監査役設置会社（取締役会設置会社を除く）は，監査役の監査を受けたのち（438条1項1号），会計監査人設置会社（取締役会設置会社を除く）は，436条2項の監査を受けたのち（438条1項2号），取締役会設置会社は取締役会の承認を受けたのち（438条1項3号），計算書類及び事業報告を定時株主総会に提出し（438条1項柱書き），かつ，計算書類については定時株主総会の承認を受けなければならず（438条2項），事業報告についてその内容を定時株主総会に報告しなければならない（438条3項）。

会計監査人設置会社では，計算書類に関して会計監査報告及び監査役（会）の監査報告に適正意見が付されているときは，取締役会の承認で足り，株主総会の承認は不要である（439条）。

[4] 臨時計算書類

会社は，事業年度の途中で，何度でも剰余金の配当をすることができる。事業年度の途中で，剰余金を配当するときは，一定の日（臨時決算日）における会社の財産状況を把握するために**臨時計算書類**（貸借対照表と損益計算書）を作成する（441条1項）。

臨時計算書は，監査役設置会社又は会計監査人設置会社では，監査役又は会計監査人（監査等委員会・監査委員会＋会計監査人）の監査を受けなければならない（441条2項）。

臨時計算書は，原則として株主総会の承認を受けなければならないが（441条4項），取締役会設置会社であって，会計監査報告，監査役（監査役会，監査等委員会又は監査委員会）の監査報告がいずれも適正意見であるときは（計算規則135条），取締役会の承認で足り，株主総会の承認は不要である（441条4項ただし書）。

2 資本金・準備金

[1] 資本金
(1) 資本金とは

会社財産は，事業業績の推移によって増減するが，法は会社に一定の資本金の額を定めさせてこれを公示（登記，貸借対照表）させ，**少なくとも資本金の額に**

相当する現実の財産を会社は保持すべきものとしている。「資本金」という名目で他の財産と区別された金銭その他の財産が保持されているわけではなく，計算上の数値として，貸借対照表に表示させ，剰余金等の配当可能額から控除させることにしている。

会社の資本金の額は，原則として，設立又は株式の発行に際して株式引受人が払込み又は給付した財産の額である（445条1項）。この払込み又は給付された額の2分の1を超えない額を資本金として計上せず，資本準備金として計上することができる（445条2項，3項）。

(2) 準備金とは

準備金には利益準備金と資本準備金とがある。毎事業年度に利益の一定割合を準備金として会社が留保する額を利益準備金という。また，株主が払い込み又は給付した財産は，本来すべて資本金の額とされる性質のものであるが，資本に組み入れられなかった額は，資本準備金とされる。積立の財源が利益のときは，利益準備金として，また積立の財源が資本取引の結果生じた剰余金であるときは，資本準備金として積み立てられる。

準備金には，法律の規定によって積み立てる必要がある法定準備金と，会社が任意に積み立てる任意準備金とがある。株式の発行に際して株主が払込み又は給付した財産の中で，資本金として計上しないこととした額は，資本準備金として計上することが要求される（445条3項）。

また剰余金の配当をする場合には，準備金の額が資本金の額の4分の1を下回っている場合には，①資本金の4分の1から準備金の額を減じた額，②剰余金の配当額の10分の1，のいずれか小さい額を資本準備金又は利益準備金として計上することが要求されている（445条4項，計算規則45条）。剰余金の配当の前の準備金の額が，資本金の額の4分の1以上であるときは，剰余金配当時にその一部を準備金として積み立てる必要はない。配当する剰余金の額の10分の1に相当する額を，資本準備金又は利益準備金として計上すべきことになっているが，剰余金配当の財源が営業利益であるときは利益準備金として，剰余金配当の財源が資本金の額又は資本準備金の額の減少によるときなど資本的性質をもつものであるときは資本準備金として計上すべきことになる。

任意準備金（任意積立金）は，会社が定款の定め又は株主総会決議により任意に積み立てる積立金である。事業の拡張に備えて積み立てる事業拡張積立金，剰余金の配当を平均化するために積み立てる配当平均積立金，使用人等の退職金の

支払に備えて積み立てる退職手当準備金，株式の消却に備えて積み立てる株式消却準備金，社債償還の財源とする社債償還準備金，社屋新築積立金など目的を定めて積み立てるもののほか，目的を定めず別途積立金とすることもできる。

[2]　資本金・準備金の減少
(1)　資本金の額の減少
(A)　資本金の額の減少（減資）の意義
　貸借対照表に表示される「資本金の額」を減少することである。資本金の額から減少した額を，資本の欠損（純資産額が資本と法定準備金の合計額より少ないこと）のてん補に当てることができるほか，準備金として計上することも，剰余金として株主への配当財源にすることもできる。減少できる額には制限がなく，減少後の資本金の額を 0 円にすることもできる。

(B)　資本金の額の減少手続
　会社が資本金の額を減少する場合には，株主総会で，減少する資本金の額，減少した額の全部又は一部を準備金とするときはその旨及び準備金とする額，減資の効力が生ずる日を決議しなければならない（447条1項）。この場合には，原則として，株主総会の特別決議が必要であるが（309条2項9号），株主総会の普通決議あるいは取締役（取締役会）の決定で足りる場合もある。
　定時株主総会において，欠損てん補のために資本金額を減少する場合には，普通決議で足りる（309条2項9号イ，ロ）。たとえば，ある事業年度の純資産額が1億円，定時総会の日の「資本金の額」が3億円の会社において，その定時株主総会において資本金の額を2億円減少（して資本金を1億円と）するには，普通決議で足りる。
　さらに，会社が新株発行と同時に資本金の額を減少する場合において，当該資本金額の減少の効力を生ずる日後の資本金額が，減少前の資本金額を下回らないときは，取締役（取締役会設置会社では取締役会）決定（決議）で足りる（447条3項）。

(C)　減資無効の訴え
　資本金額の減少の無効は，その効力が生じた日から6ヶ月以内に，訴えによって主張することができる（828条1項5号）。提訴権者は，株主，取締役，監査役，清算人，執行役，破産管財人又は減資を承認しなかった債権者である（828条2項5号）。無効原因については規定がなく，解釈によるべきことになるが，減資

に関し必要な株主総会の決議に瑕疵がある場合（不存在，無効，取消し），必要な債権者保護手続を欠く場合などが無効原因になると考えられる。

減資無効の判決には対世効があり（838条），遡及効がなく，判決は将来に向かってその効力が生ずる（839条）。

(2) 準備金の減少

会社は，株主総会の決議（普通決議）によって，準備金（利益準備金と資本準備金の区別なく）を減少することができ，その場合には，減少する準備金の額，減少する準備金の額の全部又は一部を資本金とするときはその旨及び資本とする額，準備金減少の効力が生ずる日を決議しなければならない（448条1項）。

株式の発行と同時に準備金の額を減少する場合において，減少後の準備金の額が減少前の準備金の額を下回らないときは，取締役（取締役会設置会社では取締役会）の決定（決議）で足りる（448条3項）。たとえば，会社が新株発行をして，株式引受人から2億円の払込金を受け，そのうち1億円を資本準備金として計上し，既存の準備金5億円の中の1億円を減少するときは，取締役会設置会社では取締役会決議で足りる。減少後の準備金は新株発行に伴う1億円の準備金が加わるので，減少の前後によって準備金の額は変動しない。

(3) 債権者保護手続

会社が資本金・準備金の額を減少することは，会社財産を唯一の担保とする債権者に重大な影響を及ぼすことになる。それゆえ，会社債権者は，異議を述べることができる（449条1項）。資本金額又は準備金額を減少するときは，会社は資本金等の減少の内容，計算書類として法務省令で定めるもの，1ヶ月を下らない一定の期間内に異議を述べることができる旨を官報に公告し，かつ知れている債権者には各別にこれを催告しなければならない（449条2項）。会社が上の公告を，官報のほか，定款で定めている公告方法（日刊紙，電子公告）で行うときは，各別の催告を要しない（449条3項）。

会社の定めた一定の期間内に異議を述べなかった債権者は，当該資本等の減少について承認したものとみなされる（449条4項）。債権者が期間内に異議を述べたときは，会社は当該債権者に対して弁済し，もしくは相当の担保を提供し，又は当該債権者に弁済を受けさせることを目的として信託会社等に相当の財産を信託しなければならない（449条5項本文）。ただし，資本金等の額の減少をしても，その債権者を害するおそれがないときはなんらの措置をとらなくてもかまわない（449条5項ただし書）。

なお，会社が資本の欠損に当てるため，定時株主総会において準備金を減少し，減少した準備金の全部又は一部を資本金とする場合には，債権者は異議を述べることができない（449項1項ただし書）。この場合には，債権者を害することはないからである。

(4) 資本金・準備金の額の増加

会社は，剰余金の額を減少して資本金の額を増加することができ，この場合には，減少する剰余金の額，資本金の額の増加がその効力を生ずる日について，株主総会の決議（普通決議）を得なければならない（450条1項，2項）。

会社は，剰余金の額を減少して準備金の額を増加することができ，この場合には，減少する剰余金の額，準備金の額の増加が効力を生ずる日について，株主総会で決議（普通決議）しなければならない（451条1項，2項）。

以上のほか，会社は，株主総会の決議で，損失の処理，任意積立金の積立てその他の剰余金の処分をすることができ，この場合には，当該剰余金の処分の額等を定めなければならない（452条）。

[3] 剰余金の配当

(1) 剰余金とは

剰余金には，営業上の利益のほか，資本金の額の減少額，準備金の額の減少額，自己株式の帳簿価額等も含まれる。剰余金の額は，次に示す1号から4号に掲げる額の合計額（A群と呼ぶ）から，5号から7号に掲げる額の合計額（B群と呼ぶ）を減じた額である（446条）。

A群（加算される額）

1号：資産の額に自己株式の帳簿価額を加えた額から，負債並びに資本金・準備金の合計額及び法務省令で定める各勘定科目に計上した額の合計額を減じた額である。これは，決算日現在において会社に存在する純資産額である。自己株式に資産性を認めている。

2号：最終事業年度の末日後における自己株式の処分差益の額である。たとえば，3月末日を決算日とする会社が，決算後の6月に，帳簿価額5億円の自己株式を6億円で処分して得た1億円の差益は，加算される。

3号：最終事業年度の末日後に資本金の額を減少したときは，その減少額。

4号：最終事業年度の末日後に準備金の額を減少したたきは，その減少額。

を加算するものとしている。ただし，減少した資本金の額の全部または一部を準

備金とするとき又は減少した準備金の額の全部又は一部を資本金としたときは，資本金又は準備金とした額は加算しない。
　B群（控除される額）。
　　5号：最終事業年度の末日後に自己株式を消却した場合における当該自己株式の帳簿価額を控除する。
　　6号：最終事業年度の末日後に株主に剰余金の配当をした場合における配当財産の合計額を控除する。
　　7号：法務省令で定める各勘定科目に計上した額の合計額を控除すべきものとする。
　以上のA群に属する項目の合計額からB群に属する項目の合計額を控除したものが剰余金である。

(2) 剰余金の配当
(A) 株主総会の決議
　会社はその株主（自己株式を除く）に剰余金の配当をすることができる（453条）。ただし，純資産額が300万円を下回る会社は，剰余金の配当をすることはできない（458条）。

　剰余金を配当するときは，株主総会において，配当財産の種類（当該会社の株式等を除く）及び帳簿価額の総額，株主に対する配当財産の割当てに関する事項，剰余金の配当が効力を生ずる日を決議しなければならない（454条1項）。現物財産（金銭以外の財産）の配当であって，株主に現物財産に代えて金銭分配請求権を与えない場合は特別決議によらなければならないが（309条2項10号），それ以外の場合には普通決議による。

　剰余金の配当について内容の異なる2以上の種類の株式（たとえば，配当優先株式と普通株式）を発行しているときは，当該種類の株式の内容に応じ，配当財産の割当てに関して異なる定めをすることができる。そのときは，会社は株主総会の決議で，ある種類株式の株主に対して配当財産の割当てをしない旨，及び配当財産の割当てをしない株式の種類を定めることができるほか，配当財産の割当てにつき株式の種類ごとに異なる取扱いをする旨及び当該異なる取扱いの内容を定めることができる（454条2項）。

(B) 現物配当
　剰余金の配当として，金銭以外の現物財産を割り当てることができる。会社は，金銭以外の財産を配当するときは，株主総会の決議で，当該配当財産に代えて金

銭を交付することを会社に請求することができる権利（金銭分配請求権）を与えるときはその旨及びその権利の行使期間，一定数（基準株式数）未満の数の株式を有する株主に対しては配当財産の割当てをしないときはその旨及びその数（基準株式数）を定めなければならない（454条4項）。たとえば，ビール会社が，5万株以上を保有する普通株主にビール券をその持株数に応じて割り当てる決議，あるいはホテルを経営する会社が，一定数以上の株式を保有する株主に宿泊券を割り当てる決議などをすることができる。現実には，ビール券や宿泊券の現物配当をすることはなく，法は会社分割（後述）が行われた場合において，分割会社が承継会社から承継した財産の対価として承継会社から交付を受けた承継会社の株式を分割会社の株主に現物配当するような場合を予定している。

　株主に現物財産に代えて金銭分配請求権を与えるときは，権利行使期間の末日の20日前までに，株主に対して，現物配当をする旨，現物財産に代えて金銭を請求することができる旨を通知しなければならない（455条1項）。

　(C)　中間配当

　取締役会設置会社は，1事業年度に1回限り取締役会の決議によって剰余金の配当（金銭配当に限る）をすることができる旨を定款で定めることができる（454条5項前段）。

　(D)　取締役会の決定による剰余金配当の決定

　会計監査人設置会社で，取締役（監査等委員である取締役以外の取締役）の任期を1年とし，かつ監査役会設置会社である会社は，剰余金の配当に関する事項を取締役会が定めることができる旨を定款で定めることができる（459条1項，同項4号）。最終の事業年度に係る計算書類が法令・定款に従い会社の財産及び損益の状況を正しく表示しているものとして法務省令で定める要件に該当する場合でなければならない（459条2項）。

　取締役会では，配当財産の種類及び帳簿価額の総額，株主に対する配当財産の割当てに関する事項，当該剰余金の配当がその効力を生ずる日を決議すべきことになる。定款の規定により取締役会で剰余金配当の決定ができるのは，金銭配当である場合または現物配当であるが，株主に金銭分配請求権を与える場合に限られる（459条1項4号）。

　(3)　剰余金の分配可能額

　分配可能額は，次のA群に属する額の合計額からB群に属する額の合計額を減じた額である（461条2項）。

A群：①剰余金の額，②臨時計算書について承認を受けた次の額，a）臨時決算の期間の利益として法務省令で定める各勘定科目に計上した額の合計額，b）臨時決算の期間内に処分した自己株式の対価の額。

B群：③自己株式の帳簿価額，④最終事業年度の末日後に処分した自己株式の対価の額，⑤臨時計算の期間の損失の額として法務省令で定める各勘定科目に計上した額の合計額，⑥その他，法務省令で定める各勘定科目に計上した額の合計額（計算規則184条以下）。

剰余金と分配可能額とは異なる。自己株式の帳簿価額は，剰余金には含まれるが，分配可能額には含まれない。資本金減少額，準備金減少額，自己株式の譲渡益も分配可能額に含まれる。

(4) 剰余金の配当等に関する責任

(A) 違法な剰余金の配当に関する責任

分配可能額（461条2項）を超えて剰余金を配当することは禁じられており（461条1項8号），これに違反して会社が剰余金を配当した場合には，その行為により金銭等の交付を受けた者（株主）並びにその行為に関する職務を行った業務執行者（業務執行取締役，委員会設置会社の執行役）その他業務執行取締役の行う業務の執行に関与した者として法務省令で定める者は，会社に対し，連帯して，金銭等の交付を受けた者が交付を受けた金銭等の帳簿価額に相当する金銭を支払う義務を負う（462条1項）。

株主総会の決議によって定められた配当財産の帳簿価額が，当該決議の日における分配可能額を超える場合には，当該議案提案取締役は違法配当につき責任を負い，また分配可能額を超える剰余金の配当を取締役会決議で決定した場合には，取締役会議案提案取締役は違法配当につき責任を負う（462条1項6号）。これら業務執行者は，その職務を行うについて注意を怠らなかったことを証明したときは，その義務を負わない（462条2項）。過失責任とされている。

この義務は，株主全員の同意があっても免除することができないが，総株主の同意がある場合には，行為のときにおける分配可能額を限度として当該義務を免除することはできる（462条3項）。たとえば，分配可能額が1,000万円であった会社において，株主総会で3,000万円の剰余金の配当を決議した場合には，議案提案取締役は株主たちが交付を受けた3,000万円について会社に支払う義務を負うが，分配可能額1,000万円については総株主の同意があれば免除できる。

(B) 株主に対する求償権の制限

　違法な剰余金の交付を受けた株主は，業務執行者等と連帯して「交付を受けた金銭等の帳簿価額に相当する金銭」を会社に支払う義務を負う（462条1項）。しかし，善意の株主は，会社に支払をした業務執行者等からの求償請求に応じる義務はない（463条1項）。

　会社の債権者は，違法に剰余金の交付を受けた株主に対し，その交付を受けた金銭等の帳簿価額（当該額が当該債権者の会社に対する債権額を超えるときは，当該債権額）に相当する金銭を支払わせることができる（463条2項）。

第7章
持分会社

Contents
1 持分会社とはなにか
2 持分会社の設立
3 社　員
4 管　理
5 社員の加入及び退社
6 計算等
7 解　散

1 持分会社とはなにか

[1] 持分会社とは

合名会社，合資会社及び合同会社を総称して持分会社と呼ぶ（575条1項）。合同会社は，アメリカで1970年代に生まれたLLC（Limited Liability Company）にならって新法（平成17年制定・会社法）で初めて採用された種類の会社である。有限責任事業組合（LLP, Limited Liability Partnership）に似ているが，LLPは組合であって法人格がないが，LLCは会社の一種であり，法人格がある。

[2] 合名会社・合資会社

合名会社は，社員（株式会社の株主に相当）の全員が会社の債務について，会社財産をもって支払えない額を直接に債権者に対して支払う義務を負う無限責任社員だけから成る会社である（576条2項）。合資会社は，合名会社の社員と同じく無限責任を負う社員と一定の限度額（定款に記載した出資額）の範囲内で会社の債権者に対して弁済する責任を負う有限責任社員とから成る会社である（576条3項）。海上貿易を行う無限責任社員である船長（船のオーナーで社長として船に乗り込んで営業を指揮）の事業に責任限度額を設けて金銭又は商品などの財産出資をする者（有限責任社員）が参加した共同事業に由来し，この構造を陸上の企業にも応用したものが，合資会社である。

[3] 合同会社

合同会社においては，社員の全員が有限責任であり（580条2項），かつ社員は，株主と同じく，金銭その他の財産をもって出資しなければならない（576条4項）。内部関係は他の持分会社と同じく柔軟に定款で定めることができ，第三者との関係では，株式会社と同じく，配当規制や債権者保護の規制がある（628条以下）。株主は株主総会において会社の意思決定に関与するだけで，その地位においては業務執行を行わず，取締役を選任して業務執行の意思決定その他の業務執行に当たらせるのに対して，合同会社の社員はその地位において会社の業務執行に当たることができる。株式の譲渡は，原則として自由であり，譲渡制限の定めがある会社においても取締役会等の承認が必要であるにすぎないが，合同会社の業務を執行しない社員が持分を譲渡するには，業務執行社員全員の同意が必要である（585条2項）。

合同会社の特徴は，社員が有限責任の利益を享受できて，しかも内部関係を自由に定めることができることである。

2 持分会社の設立

[1] 定款の作成

　社員となる者は定款を作成し，全員が署名（又は記名押印）しなければならない（575条1項）。定款は，電磁的記録をもって作成することができる（575条2項）。社員は自然人である必要はなく，法人も社員となることができる（598条1項参照）。

　定款には，会社の目的，商号，本店の所在地，社員の氏名・名称及び住所，無限責任社員又は有限責任社員の別，社員の出資の目的及びその価額又は評価の標準を記載又は記録しなければならない（576条1項）。有限責任社員の出資は金銭等の財産に限るが，無限責任社員は，財産の出資に限らず，信用や労務をもって出資の目的とすることができるが，信用や労務をどのように評価するか評価額を定め又は評価の標準を定めるべきことになる。

　設立する会社が，①合名会社であるときは，その社員の全部を無限責任社員とする旨を，②合資会社であるときは，その一部を無限責任社員とし，その他の社員を有限責任社員とする旨を，③合同会社であるときは，その全部を有限責任社員とする旨をそれぞれ定めなければならない（576条2項〜4項）。

[2] 出資の履行

　合名会社，合資会社では，会社成立時までに出資を履行する必要はなく，会社成立後に履行することができる。しかし，合同会社においては，社員になろうとする者は，定款の作成後，設立登記をする時までに，その出資に係る金銭の全額を払い込み，金銭以外の財産は全部を給付しなければならない（578条本文）。この違いは次の理由による。

　合名会社・合資会社の社員は会社の債務について直接責任を負い，会社債権者は，会社財産をもって完済されないときは，支払のない額につき無限責任社員には全額を，有限責任社員にはその責任額の範囲内で直接に支払うべきことを請求できるので，会社成立前に出資を履行させる必要はない。しかし，合同会社の社

員は，株主と同じく，有限かつ間接責任しか負わない。合同会社においては，会社財産だけが債権者の責任財産であって，債権者は会社財産をもって支払われない残額について社員に請求することは認められない。それゆえ，出資額全額を会社成立前に履行させるのである。

持分会社も，株式会社と同じく，本店所在地での設立登記によって成立する（579条）。

3　社　員

[1]　社員の責任

(1)　会社債権者に対する責任

合名会社の社員及び合資会社の無限責任社員は，①会社財産をもってその債務を完済することができない場合，②会社財産に対する強制執行が効を奏しなかった場合には，債権者に対して弁済の責任があり，有限責任社員は，その出資の価額を限度として弁済する責任がある（580条1項，2項）。社員の責任は二次的であって，債権者はまず会社財産から債権の回収をはかる試みを行う必要があり，会社財産をもっては完済を受けることができない額について社員に弁済を求めることができる。

580条はすべての持分会社に共通する規定として設けられ，特に合同会社の社員の責任を他の持分会社の社員の責任と区別していない。このことからすれば，合同会社の社員も債権者に対して直接責任を負うと解すべき余地がないでもない。しかし，合同会社の社員となろうとする者は，設立登記をするときまでに，その出資に係る金銭の全額につき払込みをしなければならず（578条本文），出資義務を履行しない限り社員となることはできない（604条3項）こと，また法は，出資の払戻し，資本金額の減少，利益配当の制限など他の種類の持分会社とは異なる債権者保護の規定を設けていることを考慮すると，その責任の性質が間接責任であることを想定したものと解さざるをえない。合同会社の社員は，株式会社の株主と同じく，事実上，間接有限責任であり，会社債権者に対して直接の責任を負うことはない。

(2)　会社の有する抗弁の援用

社員は，会社が債権者に対して主張できる抗弁をもって債権者に対抗すること

ができる（581条1項）。会社がその債権者に対して相殺権，取消権又は解除権をもっているときは，社員は当該債権者に対して債務の履行を拒むことができる（581条2項）。

(3) 社員の出資に関する責任

金銭の出資を目的とした社員がその出資を怠ったときは，その社員は，利息を支払うほか，損害賠償をしなければならない（582条1項）。債権を出資の目的とした社員は，債務者が弁済期に弁済をしなかったときは，弁済責任があるほか，利息及び損害賠償をする責任がある（582条2項）。

[2] 合資会社社員の責任の変更

合資会社の有限責任社員が無限責任社員となった場合には，その者が無限責任社員となる前に生じた会社の債務についても，無限責任社員としての弁済責任がある（583条1項）。合資会社の有限責任社員が出資額を減少した場合には，その旨の登記をする前に生じた会社の債務については，従前の責任の範囲内で弁済する責任を負う（583条2項）。無限責任社員が有限責任社員となった場合においては，その社員は，その旨の登記をする前に会社に生じた債務については無限責任社員としてその債務を弁済する責任を負う（583条3項）。出資額を減少し又は有限責任社員となった社員の責任は，その旨の登記後2年以内に請求又は請求の予告をしない会社の債権者に対しては，登記後2年を経過した時に消滅する（583条4項）。

なお，無限責任社員となることを許された未成年者は，社員の資格に基づく行為については，行為能力者とみなされる（584条）。

[3] 誤認行為の責任

合資会社の有限責任社員が自己を無限責任社員であると誤認させる行為をしたときは，その者はその誤認に基づいて会社と取引をした者に対して，無限責任社員と同一の責任を負う（588条1項）。合資会社又は合同会社の有限責任社員がその責任の限度を誤認させる行為をしたときは，その誤認に基づいて会社と取引をした者に対して，誤認させた責任の限度内で会社の債務を弁済する責任を負う（588条2項）。

[4] 持分の譲渡

　社員は，他の社員全員の承諾がなければ，その持分の全部又は一部を他人に譲渡することができない（585条1項）。業務を執行しない有限責任社員は，業務執行社員の全員の承諾があるときは，その持分の全部又は一部を譲渡することができる（585条2項）。業務を執行しない有限責任社員の持分の譲渡に伴い定款の変更を生ずるときは，その持分の譲渡による定款の変更は，業務執行社員の全員の同意によってすることができる（585条3項）。

　持分の譲渡に関する以上の規定は，定款で別段の定めをすることができる（585条4項）。

　持分の全部を他人に譲渡した社員は，その旨の登記をする前に会社に生じた債務について，従前の責任の範囲内で弁済する責任を負う（586条1項）。この者の責任は，登記後2年以内に請求又は請求の予告をしない債権者に対しては，登記後2年の経過により消滅する（586条2項）。

　なお，持分会社は，当該会社の持分を譲り受けることはできない（587条1項）。株式会社と違って，自己持分の取得はできない。譲渡以外の事由で持分会社が自己持分を取得した場合には，これを取得したときに，消滅する（587条2項）。

4　管　理

[1]　業務執行

(1)　業務執行社員を定めない場合

　社員は，定款に別段の定めがある場合を除き，会社の業務執行に当たる（590条1項）。定款で別段の定めをしない限り，合資会社では，無限責任社員だけではなく，有限責任社員も業務執行に当たることになった。社員が2人以上いるときは，定款で別段の定めがない限り，過半数で決定する（590条2項）。業務執行のうち，受取手形の割引，多額ではない借財などの「常務」については，各社員が単独で行うことができる（590条3項本文）。しかし，単独で行う常務について，その完了前に他の社員が異議を述べたときは，過半数の賛成で決定しなければならない（590条3項ただし書）。

(2)　業務執行社員を定める場合

　定款で業務執行社員を1人定めたときは，その者が単独で業務執行を行うが，

2人以上を定めたときは，業務執行社員の過半数で業務執行を決定する（591条1項前段）。この場合も，常務については，各業務執行社員が単独で行うことができるが，その完了前に他の業務執行社員が異議を述べるときは，過半数で決定しなければならない（591条1項後段）。法人も業務執行社員となることができるが，その場合には，法人は業務執行社員の職務を行う者を選任し，その者の氏名・住所を他の社員に通知する必要がある（598条1項）。

業務執行社員を定款で定める持分会社は，支配人を置くことができるが，定款で別段の定めがない限り，支配人の選任及び解任は，社員の過半数をもって決定する（591条2項）。

定款で定められた業務執行社員は，正当な事由がなければ辞任することはできない（591条4項）。逆に，正当な事由があるときは，定款で定めた業務執行社員を，他の社員全員の一致により解任することができる（591条5項）。

[2] 社員の業務監視権

業務執行社員を定款で定めた場合には，各社員は，業務執行権の有無にかかわらず，その業務及び財産の状況を調査することができる（592条1項）。社員の業務執行監視権について，定款で別段の定めをすることは妨げられないが，社員が事業年度の終了時又は重要な事由があるときは，社員の調査を制限することはできない（592条2項）。

[3] 業務執行社員の義務・責任

(1) 善管注意義務・忠実義務

業務執行社員は，善良な管理者の注意をもってその職務を行う義務（善管注意義務）及び法令・定款を遵守し，会社のために忠実にその職務を行う義務（忠実義務）を負う（593条1項，2項）。これは，株式会社の取締役等と同じ義務である。

(2) 報告義務

業務執行社員は，会社又は他の社員の請求があるときは，いつでも職務の執行の状況を報告し，その職務が終了した後は遅滞なくその経過及び結果を報告しなければならない（593条3項）。

(3) 競業禁止

業務執行社員は，定款に別段の定めがあるときを除き，他の社員全員の承認を受けなければ，自己又は第三者のために会社の事業の部類に属する取引をし，会

社の事業と同種の事業を目的とする会社の取締役，執行役又は業務執行社員となることはできない（594条1項）。業務執行社員が，この規定に違反して競業取引をしたときは，会社に対して損害賠償責任を負うことになるが，その場合の会社の損害額は，業務執行社員又は第三者が得た利益の額と推定される（594条2項）。

(4) 利益相反取引

業務執行社員が，自己又は第三者のために会社と取引（直接取引）をし，又は会社が業務執行社員の債務を保証することその他社員でない者との間において会社と当該社員との利益が相反する取引（間接取引）をするには，定款で別段の定めがない限り，他の社員の過半数の承認を受けなければならない（595条1項）。

[4] 業務執行社員の損害賠償責任

業務執行社員は，その任務を懈怠したときは，会社に対して連帯して，これによって生じた損害を賠償する責任を負う（596条）。

業務執行社員が有限責任社員である場合にも，その職務を行うにつき悪意又は重過失があったときは，連帯して，これによって第三者に生じた損害を賠償する責任を負う（597条）。同条は，有限責任社員でかつ業務執行社員である場合の責任につき，会社に対する出資の限度額にかかわらず，第三者の損害を賠償する責任を定めるにすぎず，無限責任社員でかつ業務執行社員の第三者に対する責任については言及していないが，有限責任社員であると無限責任社員であるとを問わず，業務執行社員がその職務を行うにつき悪意又は重過失があったときは，第三者の被った損害を賠償する責任があることを定めたものと解すべきである。

[5] 会社代表

持分会社を代表する社員を定めたときは，その者が会社を代表するが，その定めがないときは，業務を執行する社員が，会社を代表する（599条1項本文）。業務執行社員が2人以上いるときは，各自が会社を代表する（599条2項）。

会社は，定款で代表社員を定め又は定款の定めに基づく社員の互選によって業務執行社員の中から会社を代表する社員を定めることができる（599条3項）。

代表社員は，会社の事業に関する一切の裁判上又は裁判外の行為をする権限を有し，その権限に加えた制限をもって善意の第三者に対抗することができない（599条4項，5項）。

持分会社は，その代表者がその職務を行うについて第三者に加えた損害を賠償

する責任を負う（600条）。代表者による行為についての第三者に対する責任については，代表者の悪意・重過失が要件となっていない。

[6] 持分会社における訴訟

会社が社員に対し，又は社員が会社に対して訴えを提起する場合において，会社を代表する者（当該社員を除く）がいないときは，当該社員以外の社員の過半数をもって当該訴えの会社代表を定める（601条）。

社員が，会社に対して社員の責任を追及する訴えを提起するよう請求した場合において，会社が請求の日から60日以内に訴えを提起しないときは，請求をした社員は会社を代表して訴えを提起することができる（602条本文）。ただし，当該訴えが当該社員もしくは第三者の不正な利益をはかり，又は会社に損害を加えることを目的とする場合は，そのような請求者は訴えを提起できない（602条ただし書）。不正な利益をはかる目的又は会社に損害を加える目的で，社員の責任追及の訴えを提起することは，それ自体，不当訴訟であり，請求が棄却されるのは必定であるのみならず，応訴させられた被告（社員）及びそのために損害を受けた会社は，不当訴訟を提起した社員に損害賠償を請求することができる（民法709条）ことは当然である。

5 社員の加入及び退社

[1] 社員の加入

持分会社は，新たに社員を加入させることができる（604条1項）。加入は，当該社員に係る定款の変更をした時にその効力が生じる（604条2項）。合同会社の場合には，加入者が全額出資し，かつ定款を変更した時にその効力が生じる（604条3項）。新たに加入した社員は，加入前に生じた会社の債務についても弁済責任がある（605条）。しかし，合同会社の新規加入者は，出資すべき全部を払い込み又は給付した時に社員となるのであって，会社の債務については弁済責任を負わない。

[2] 退 社
(1) 任意退社
　持分会社の社員が持分を譲渡するには，他の社員全員の承認が必要であり，譲渡による会社からの離脱及び投下資本の回収はきわめて困難である。そこで，持分会社では退社制度を認めている。退社には任意退社と法定退社とがある。

　任意退社の原因は，2つある。第一に，会社の存続期間を定款で定めていないとき又はある社員の終身の間会社が存続する旨を定款で定めている会社においては，社員は，事業年度の終了の時において退社することができる（606条1項前段）。この場合には，社員は6ヶ月前に会社に対して退社の予告をしなければならない（606条1項後段）。予告については，不要とし又は期間を短縮することができる（606条2項）。第二に，やむを得ない事由があるときは，社員はいつでも退社することができる（606条3項）。

　どのような場合が「やむを得ない事由」に該当するであろうか。社員間に不和確執を生じたとき（大阪控判昭5・10・24新聞3194号7頁），会社の事業，計算関係について紛争が生じ，互いに告訴するなどの事情が生じたとき（大判昭6・6・1新聞3301号14頁），大阪に事業の中心を置く会社の社員が大阪から東京へ転居したため，社員として会社の業務に関与できなくなったとき（大阪地判昭7・12・20新聞3509号9頁）は，いずれもやむを得ない事由とされた。会社の営業が不振で，前途に事業成功の見込みがないという事情は，やむを得ない事由には該当しない（東京地判大14・6・30法律評論14巻諸法431頁）。

　合資会社の1人しかいない有限責任社員に「やむを得ない事由」がある場合に，この者が退社すると解散せざるをえないことになるが，それでも退社することができるであろうか。新法は，この点につき，有限責任社員が退社等でいなくなった合資会社は，合名会社となる旨の定款変更をしたものとみなすことにし（639条1項），解散する必要はないものとした。

(2) 法定退社
　法定退社の原因には，定款で定めた事由の発生，総社員の同意，社員の死亡，法人社員が合併により消滅したとき，破産手続開始の決定，解散，後見開始の審判を受けたこと，除名などがある（607条1項）。

　社員の死亡又は法人社員の合併による消滅の場合に，持分会社は，相続人その他の一般承継人が当該社員（死亡，合併により消滅した社員）の持分を承継する旨を定款で定めることができる（608条1項）。この場合には，一般承継人は，持

分を承継したときに社員となり（608条2項），一般承継人に係る定款の変更をしたものとみなす（608条3項）。死亡又は合併により消滅した社員が，出資に係る払込み又は給付の全部又は一部を履行していないときは，一般承継人はその全部又は一部の払込み又は給付をする義務を負う（608条4項）。一般承継人が2人以上いるときは，権利行使者を定めなければならない（608条5項）。

(3) 持分の差押え

社員の持分を差し押さえた債権者は，会社及び当該社員に6ヶ月前に予告をして，事業年度の終了時に当該社員を退社させることができる（609条1項）。予告された社員が債権者に弁済し又は相当の担保を提供したときは，予告はその効力を失う（609条2項）。

(4) 定款のみなし変更

社員が任意退社，法定退社，持分の差押えにより退社したときは，当該社員が退社した時に，当該社員に係る定款の定めを廃止したものとみなされる（610条）。

(5) 退社員の責任

退社員はその登記をする前に生じた会社の債務について，従前の責任の範囲内でこれを弁済する責任を負う（612条1項）。その責任は，退社の登記後2年以内に請求又は請求の予告をしない債権者に対しては，登記後2年を経過した時に消滅する（612条2項）。

(6) 商号変更の請求

持分会社が，その商号中に退社員の氏名・名称を使用しているときは，退社員はその氏名等の使用をやめることを請求することができる（613条）。

[3] 持分の払戻し

退社した社員は，その出資の種類を問わず，その持分の払戻しを受けることができる（611条1項本文）。ただし，死亡等による退社員に代わって相続人等一般承継人が社員となったときは別である（611条1項ただし書）。金銭その他の財産を出資したのではなく，信用出資，労務出資をした者も持分の払戻しを請求することができる。払戻しの額は，退社の時における会社の財産状況に従って計算されるが，退社の時にまだ完了していない事項については，その完了後に計算することができる（611条2項，4項）。退社員の持分は，その出資の種類を問わず，金銭で払い戻すことができる（611条3項）。

6 計算等

[1] 会計帳簿・計算書類

(1) 会計帳簿

持分会社は，適時に正確な会計帳簿を作成し，その閉鎖の時から10年間，重要な資料とともに保存しなければならない（615条）。裁判所は，申立てにより又は職権で，訴訟の当事者に対して会計帳簿の全部又は一部の提出を命ずることができる（616条）。

(2) 計算書類

持分会社は，その成立の日における貸借対照表を作成しなければならない（617条1項）。会社は，各事業年度に係る計算書類（貸借対照表その他会社の財産の状況を示すために必要かつ適切なものとして法務省令で定めるもの）を作成し，10年間，これを保存しなければならない（617条2項，4項）。

社員は，会社の営業時間内いつでも，計算書類の閲覧・謄写を請求することができる（618条1項）。会社は定款で別段の定めをすることができるが，社員が事業年度の終了時に計算書類の閲覧・謄写を請求することを制限する旨を定めることはできない（618条2項）。

裁判所は，申立て又は職権で，訴訟の当事者に対し計算種類の全部又は一部の提出を命ずることができる（619条）。

[2] 資本金の額の減少

持分会社（合同会社は別個に規定）は，損失のてん補のためにその資本の額を減少することができる（620条1項）。合資・合名会社では，資本金額は登記事項でない。減少する資本金の額は，損失の額として法務省令で定める方法により算定される額を超えることはできない（620条2項）。合名会社や合資会社には，債権者に対して無限責任を負う社員が存在するため，資本金の額がいくらであるかは，実際上，問題ではなく，資本金の額を減少しても問題は生じない。

[3] 利益の配当

社員は，持分会社に対して利益配当を請求することができる（621条1項）。利益配当の方法その他利益の配当に関する事項を定款で定めることができる（621条2項）。出資の額にかかわらず配当を平等にする旨の定めをするなど，自由に

定めることができる。社員の債権者による持分の差押えは，利益配当を請求する権利に対しても及ぶ（621条3項）。

損益分配について定款に定めがないときは，その割合は各社員の出資の価額に応じて定める（622条1項）。利益又は損失の一方についてのみ分配割合を定款で定めているときは，その割合は，利益及び損失の分配に共通であるものと推定される（622条2項）。

合資会社において，会社が有限責任社員に配当した額が，配当日における会社の利益額を超えていたときは，配当を受けた有限責任社員は，配当額を会社に支払う義務を負う（623条1項）。無限責任社員は，会社財産で支払うことができない会社の債務について限度額の制限なく会社債権者に支払わなければならず，会社の利益額以上の配当を受けても会社の債務につき会社財産で支払えないときは，債権者に対して支払う義務があるが，有限責任社員の場合には，自己の出資額以上については，債権者に対して支払う義務がないので，利益額以上の配当金は返還すべきものとされている。

[4]　出資の払戻し

合名会社及び合資会社においては，出資の払戻しの請求をすることができる（624条1項前段）。金銭以外の財産出資をしたときも，金銭の払戻しを請求することができる（624条1項後段）。合名会社や合資会社の場合は，会社財産が減少しても，社員は債権者に対して直接に弁済責任があるため出資の払戻しについてなんら制限がない。社員が間接・有限責任しか負わない合同会社については，出資の払戻しについて一定の制限がある。

[5]　合同会社についての特則

(1)　計算書類の閲覧

合同会社の債権者にとっては，会社財産だけが唯一の担保であることから，会社の財産の状況を示す計算書類は大きな関心事である。そこで，社員だけでなく債権者も会社の計算書類の閲覧・謄写を請求することができる（625条）。

(2)　出資の払戻しと資本金額の減少

合同会社は，損失のてん補のために資本金の額を減少することができる（620条）ほか，出資の払戻しのために資本金額を減少することもできる（626条1項）。合同会社においては，定款を変更して（637条1項）その出資額を減少する場合

を除き，社員は出資の払戻しの請求をすることはできず（632条1項），定款を変更して出資の払戻しをする場合でも，出資払戻額が払戻請求日における剰余金額（資産額から負債額と資本金額等を控除した額）又は出資の減少額のいずれか少ない額を超える場合には，社員は出資の払戻しを請求することはできない（632条2項）。

この制限に違反して出資の払戻しが行われたときは，出資払戻しに関する業務を執行した社員は，払戻しを受けた社員と連帯して払戻額に相当する金銭を会社に対して支払う義務がある（633条1項本文）。業務を執行した社員がその職務を行うについて注意を怠らなかったことを証明したときは，支払義務はない（633条1項ただし書）。

出資払戻しのために資本金額を減少する場合には，減少する資本金の額は出資払戻額から払戻しをする日における剰余金額を控除した額を超えてはならないという制限がある（626条2項）。

資本金額を減少するときは，債権者に異議を述べる機会を与えなければならない（627条1項）。

(3) 利益配当

合同会社は，配当日における利益額を超えて利益配当をすることはできない（628条）。これに違反して利益配当をした場合には，利益配当に関する業務を執行した社員は，配当を受けた社員と連帯して配当額に相当する額の金銭を会社に支払う義務を負う（629条1項）。利益の配当を受けた社員が善意であったときは，利益配当に関する業務を執行した社員からの求償請求に応じる義務を負わない（630条1項）。しかし，債権者は，違法に配当を受けた社員に対して配当額（当該債権者の債権額の範囲内）に相当する金銭を支払わせることができる（630条2項）。

[6] 持分会社の定款の変更

持分会社は，定款に別段の定めがある場合を除き，総社員の同意によって定款を変更することができる（637条）。定款に別段の定め（たとえば，定款変更を社員の3分の2以上の賛成で足りるとするなどの定め）がない限り，社員の1人でも反対すれば定款変更はできない。

組織変更も定款変更の問題とされている。合名会社は，有限責任社員を加入させる定款の変更又はその社員の一部を有限責任社員とする定款の変更をすること

により合資会社に，その社員の全員を有限責任社員とする定款の変更により合同会社にすることができる（638条1項）。合資会社は，その社員の全部を無限責任社員とすることに定款を変更することにより合名会社とし，その社員の全部を有限責任社員とする定款の変更により合同会社とすることができる（638条2項）。合同会社は，その社員の全部を無限責任社員とする定款の変更により合名会社に，無限責任社員を加入させる定款の変更により合資会社に，その社員の一部を無限責任社員とする定款の変更により合資会社にすることができる（638条3項）。

　合名会社及び合資会社が定款変更により合同会社にする場合には，社員の会社に対する出資の払込み又は給付が履行されている必要があり，出資未履行の場合には，履行が完了した時に組織変更の効力が生ずる（640条1項）。

7　解　散

　持分会社は，定款で定めた存続期間の満了，定款で定めた解散事由の発生，総社員の同意，社員が欠けたこと，合併により消滅したこと，破産手続開始の決定，解散を命じる裁判により解散する（641条）。合名会社及び合同会社では，社員が1人になっても解散事由とはならないが，合資会社において1人だけの有限責任社員が退社した場合は，「社員が欠けた」ことになる。この場合には，全部の社員を無限責任社員とする定款の変更をし，合名会社とするまで，有限責任社員の退社を待ってもらう方法をとれば解散を免れることができる。

　存続期間の満了，定款で定めた解散事由の発生，総社員の合意による解散の場合には，清算が結了するまでの間に，社員の全員又は一部の同意によって会社を継続することができる（642条1項）。

第8章
社　債

Contents
1. 社債の概念
2. 社債の発行
3. 社債管理者
4. 社債権者集会
5. 担保付社債

1 社債の概念

[1] 社債の意義

　新法（平成17年制定・会社法）のもとでは，すべての種類の会社に社債の発行が許容される。社債は，会社の債務（借入れ）であり，金融機関等からの借入れと同じく，利息を付しかつ期限がくれば元本を返済しなければならない（2条23号）。しかし，個別の借入れとは次の点で異なる。

　金融機関からの借入れの場合は，資金の実質的な出し手（預金者）とその資金の借り手である会社とは直接の法律関係をもたない（間接金融）のに対して，社債の場合には，会社が一般投資家から金銭を借り入れるのであって，社債権者と会社との間には直接の法律関係が成立し，直接金融である。社債は，一般に，会社による多額でかつ長期の資金調達のために利用され，不特定多数の投資家に対して同一の条件で最低額の整数倍の形で発行される。たとえば，最低額が50万円であるとすれば，50万円，100万円，500万円など，50万円の整数倍で発行される。不特定多数の投資家に社債を販売する形式をとり，集団的な法律関係を創造することになる。

[2] 株式と社債の違い

　普通株式と普通社債とを比較すると次のような差異がある。株式は自己資本を構成するのに対して，社債は他人資本であり，返済しなければならない債務である。株主は，社団法上，会社の内部の構成員であって，株主総会等を通じて会社経営に関与するが，社債権者は，会社の外部にいる債権者にすぎず，会社経営にはまったく関与できない。

　社債は，期限がくれば元本が償還され消滅するが，株式は，会社が存続する限り，その消却など特別な場合を除き，永続的に存在し，原則として，資本の払戻しはできない。株式には剰余金の分配があり，社債には利息が付き，類似した面もある。しかし，剰余金の配当は分配可能剰余金がある場合にだけ許されるのに対して，社債の利息は会社に収益があったか否かにかかわらず，約定の利息を支払わなければならない。社債は株式に優先し，会社は社債の元利金を支払った後でなければ，株式に対する配当ないし残余財産の分配はできない。

[3]　普通社債と新株予約権付社債

　社債権者が定期的に約定の利息の支払を受け，期限がくれば元本の償還を受けるのが普通社債である。社債として，以上のような，利息の支払いと元本の償還を受けるほか，社債権者が望めば会社に対して一定数の新株の発行を請求することができる権利が付与された新株予約権付社債もある。

[4]　記名社債と無記名社債

　社債原簿に社債権者の氏名・住所が記載されるのが記名社債であり，その記載がないものが無記名社債である。会社はその双方を発行することも，一方だけを発行することもできる。会社は社債について社債券を発行することができる。記名社債については，社債券を発行しないものとすることもできるが，無記名社債には，必ず社債券を発行しなければならない。社債券は，記名式も無記名式もともに有価証券であり，その喪失者は，公示催告・除権決定を得て再発行の請求をすることができる（699条）。

2　社債の発行

[1]　社債発行の決定機関

　株式会社における社債発行の決定機関については，取締役会設置会社では取締役会が決定しなければならない旨を定める（362条4項，5項）だけで，その他の会社についてはなんら直接の規定を設けていない。取締役が2人以上いるときは，定款に別段の定めがない限り，取締役の過半数で決定し，1人だけしか取締役がいないときは，取締役が決定することになる（348条参照）。取締役会がない会社について，株主総会決議によるべき旨の規定はない。持分会社においては，業務執行社員を設けないときは，社員の過半数で決定し，業務執行社員を2人以上定めたときは，その過半数で決定すべきことになる。

[2]　社債の募集

(1)　募集社債事項の決定

　社債を発行しその引受人を募集しようとする会社は，募集社債の総額，各社債の金額，社債の利率，社債の償還の方法及び期限，利息の支払方法及び期限，社

債券を発行するときはその旨，記名式社債と無記名式社債との間の転換請求を認めないときはその旨，各社債の払込金額もしくはその最低金額又はその算定方法，各社債と引換えに金銭を払い込むべき期日その他の事項を決定しなければならない（676条）。

(2) 社債の募集

社債の募集方法には，不特定多数の者に対して行う公募と特定の者が総額を引き受ける総額引受とがある。公募の場合には，証券会社等に委託して行うのが一般である（委託募集）。委託募集においては，受託者が募集に関する事務処理を行い，受託者の窓口等で申込みを受け付ける。受託者が申込者から社債金額の払込みを受けて，発行会社に引き渡し，発行会社に代わって社債を申込者に交付する。

総額引受の場合には，発行会社と引受人との間で社債引受契約が締結され，引受人が社債の総額を払い込み，期限までこれを保有することも，一般公衆に分売することもできる。

(3) 募集社債引受の申込みと割当て

募集社債について引受けの申込みをする者は，氏名・名称及び住所，引き受けようとする募集社債の金額及び金額ごとの数，払込金額として最低金額を定めたときは希望する払込金額を記載した書面を会社に交付して申し込まなければならない（677条2項）。

会社は，申込者の中から，割当自由の原則に基づき，割り当てる募集社債の金額及び金額ごとの数を定めて割当てを行い，これを申込者に通知する（678条）。

[3] 社債原簿

会社は，社債を発行した日以後遅滞なく社債原簿を作成しなければならない。社債原簿には，社債権者（無記名社債の社債権者を除く）の氏名・名称及び住所，社債の種類（社債の利率，償還の方法及び期限など），種類ごとの社債の総額及び各社債の金額その他の事項を記載しなければならない（681条1項）。

社債券を発行した場合には，社債券の所持により適法な社債権者であると推定されるが（689条1項），社債券が発行されない場合には，社債権を譲渡ないし担保に提供しようとする際に，社債権者であることの証明手段が必要になる。そこで，会社は社債権者が請求するときは，社債原簿記載事項を証明する書面を交付しなければならない（682条1項）。その証明書には，会社の代表者が署名（記名

押印を含む）しなければならない（682条2項）。

　株主名簿と同じように，会社は，社債原簿管理人を置き，これに社債原簿に関する事務を行わせることができる（683条）。会社は社債原簿を本店（社債原簿管理人を置いたときはその営業所）に備え置き，社債権者の請求があるときは，営業時間内いつでも，閲覧・謄写をさせなければならない（684条1項，2項）。

　会社が社債権者に対してする通知・催告は，社債原簿に記載した社債権者の住所（社債権者が別に通知した場所又は連絡先）に宛て発すれば足りる（685条1項）。社債が2人以上の者の共有に属するときは，会社から通知・催告を受ける者を1人定め，その者の氏名・住所を会社に通知しなければならない（685条3項）。社債が共有されている場合には，社債についての権利行使者を1人定めて会社に通知しなければ，当該社債についての権利を行使できない（686条1項）。

[4] 社債の譲渡
(1) 社債券が発行されている場合

　社債券には，会社の商号，当該社債券に係る社債の金額，社債の種類（利率，償還方法及び期限その他社債の内容として特定する方法）を記載し，代表者が署名又は記名押印しなければならない（697条1項）。社債券が発行された社債の譲渡は，社債券の交付によって行わなければその効力が生じない（687条）。

　社債権の譲渡を会社その他の第三者に対抗するためには，社債原簿の氏名・住所を記載する必要がある（688条1項）。社債券があるときは，社債原簿の記載が会社に対する対抗要件となる（688条2項）。無記名社債券の場合には，その交付により譲渡の効力が生じ，社債原簿には，その氏名・住所は記載されず，証券を提示して権利行使すべきことになる。

　記名式社債券は有価証券であり，その所持人は適法の権利者を推定される（689条1項）のであるから，会社もその所持人を適法の権利者と信頼してよく，したがって所持人（取得者）単独の請求により，社債原簿にその者の氏名・住所を記載（名義書換）して差し支えない。

　社債券を悪意・重過失なく取得した者は，善意取得することができる（689条2項）。

(2) 社債券がない場合

　社債券のない社債は，一般の指名債権の譲渡の方法と同じく，譲渡契約によって譲渡すべきことになる。会社に対して社債権者であることを主張するためには，

社債原簿に取得者の氏名・住所が記載されなければならない（691条1項）。発行会社以外の者から社債を取得した者が，会社に対して社債原簿にその者の氏名・住所の記載を請求するときは，原則として，社債原簿に記載された譲渡人又は相続その他の一般承継人と共同して請求しなければならない（691条2項）。

[5] 社債の償還

　会社は，社債発行時に定めた方法でその期限に社債を償還すべき義務がある。期限を待たず，期限前にも償還することができ，その場合には，未到来の期間についての利息額を償還額から控除することができる。社債券を発行し，その証券に利札を付けるのが一般であるが，利札が欠けている場合には，当該利札に表示される社債の利息の額を償還額から控除することになる（700条1項）。社債券から利札が欠けているのは，利札と社債券を分離して利札だけが，又は社債券だけが譲渡された場合である。したがって，社債権者と利札の権利者が別人となっている。社債の償還額から利息相当額を控除して償還すれば足りるが，利札の所持人は，いつでも，これと引換えに償還額から控除された額（利息の額）の支払いを受けることができる（700条2項）。

　会社は自己社債を買い入れることも自由である。期限前に自己社債を買い入れることは，実質的には償還と同じであるが，買入れのときは，時価で買い入れることができる。

　なお，社債の償還請求権は10年の時効に服するが，利息請求権の時効期間は5年である（701条）。

3　社債管理者

[1]　設置強制と例外

　一般公衆向けに発行される社債の場合には，個々の社債権者は社債管理の能力に欠けることが多く，発行会社が債務不履行の場合に個々の社債権者が自ら支払いを強制する手段を講ずることは事実上考えられない。そのため，社債発行会社は，社債権者のために，弁済の受領，債権の保全その他の社債の管理を行うことを社債管理者に委託しなければならない（702条本文）。社債発行会社は，社債管理者の設置を，原則として，強制されるのである。

社債管理者の設置を強制されない場合がある（702条ただし書）。第一に，各社債の金額が1億円以上である場合である。各社債の金額が1億円以上であるときは，一般公衆ないし個人投資家が購入することは考えられず，このような多額の社債を購入する投資家は，自ら社債管理の能力と経験を有する機関投資家であるのが普通であるため，特に社債管理者を置く必要はないと考えられる。第二に，「社債権者の保護に欠けるおそれがないものとして法務省令で定める場合」であるが，これは，社債権者の数が50人未満などのように少数のときである（施行規則169条）。この場合にも，個人投資家が含まれることはほとんど考えられず，かりに含まれるとしても，少人数であるから社債権者集会を容易に開くことができ，自ら社債を管理することができるため，社債管理者の設置は強制されないのである。

社債管理者の資格は，銀行，信託会社及びこれらに準ずるものとして法務省令で定める者（農林中央金庫など）である（703条，施行規則170条）。

[2] 社債管理者の権限

(1) 法定権限

社債管理者は，社債権者のために社債の弁済を受け，又は社債権の実現を保全するために必要な一切の裁判上又は裁判外の行為をすることができる（705条1項）。社債管理者が社債の弁済を受けたときは，社債権者はその者に対して社債の償還額及び利息の支払いを請求することができるが，社債券が発行されているときは，社債券及び利札と引換えに償還額及び利息の支払いを請求しなければならない（705条2項）。社債管理者に対する償還額の請求権は10年の時効に服する（705条3項）。社債管理者は，社債の弁済又は社債権の実現を保全するため必要があるときは，裁判所の許可を得て，発行会社の業務及び財産状況を調査することができる（705条4項）。

(2) 約定権限

以上の法定権限に加えて，社債管理者と発行会社との間で社債の管理についての委任契約が締結される際に，法定権限以外に約定によって社債管理者に種々の権限（約定権限）が付与されることがある。たとえば，無担保社債を発行するが，発行会社の特定財産を留保し，発行会社が社債管理者の承諾なくその財産を他に担保として提供することを禁じ，社債管理者の請求があればその財産を社債の担保として提供する義務を負うとの定め（財務制限条項）をすることがあり，発行

会社がこの条項に違反した場合には，社債管理者に期限の利益喪失宣言をする権限を付与するなどである。

(3) 社債権者集会決議に基づく行為

社債管理者が，①社債の全部についてする支払いの猶予，その債務不履行によって生じた責任の免除又は和解，②社債の全部についてする訴訟行為，破産手続，再生手続，更生手続もしくは特別清算に関する行為をするときは，社債権者集会の決議によらなければならない（706条1項）。ただし，社債発行の際に，発行会社は，②の行為について社債券者集会の決議によらないで社債管理者ができる旨を定めことができる（706条1項ただし書）。社債管理者が，社債券者集会の決議によらないで上記②の行為をしたときは，遅滞なく，発行会社の定める公告方法により公告し，かつ知れている社債権者には格別に通知しなければならない（706条2項，3項）。

社債管理者は，上記①及び②の行為をするために必要があるときは，裁判所の許可を得て，発行会社の業務及び財産の状況を調査することができる（706条4項）。

発行会社が資本の減少等をする場合には，債権者に異議を述べる機会を与えなければならないが，社債管理者は，社債管理委託契約に別段の定めがない限り，社債権者のために異議を述べることができる（740条2項）。

4 社債権者集会

[1] 招集権者

同じ種類の社債権者によって構成される会議体が社債権者集会である。社債権者集会は，必要があるときは，いつでも招集することができる（717条1項）。社債権者集会は，原則として，発行会社又は社債管理者が招集する（717条2項）。ある種類の社債の総額の10分の1以上に当たる社債を有する者は，目的及び理由を示して，発行会社又は社債管理者に対して社債権者集会の招集を請求することができる（718条1項）。この場合，償還済みの額，発行会社が有する自己社債の額は，社債の総額に算入しない（718条2項）。社債権者の上記の請求の後遅滞なく招集の手続が行われないとき，又はその請求の日から8週間以内の日を会日とする社債権者集会の招集通知が発せられないときは，その請求をした社債権者

は，裁判所の許可を得て社債権者集会を招集することができる（718条3項）。

なお，無記名社債の社債権者が議決権を行使するには，証券を発行会社又は社債管理者に提示しなければならない（718条4項）。

社債権者集会を招集するには，会日の2週間前までに，日時・場所，会議の目的事項等を記載して知れている社債権者，社債管理者及び発行会社に対して書面又は電磁的方法をもって通知しなければならない（720条1項，2項）。無記名式社債券を発行している会社においては，発行会社における公告方法により，会日の3週間前までに公告しなければならない（720条4項）。

招集者は，知れている社債権者に対して議決権行使の参考となるべき事項を記載した書面（参考書類）及び議決権を行使するための書面（議決権行使書面）を交付しなければならない（721条1項）。出席しない社債権者に，議決権行使書面の送付により議決権を行使させるためである。

[2] 決議事項・決議方法

(1) 決議事項

社債権者集会は，会社法に規定する事項及び社債権者の利害に関する事項について決議することができる（716条）。決議事項についての制限はなく，社債権者の利害に関する事項であれば，どのような事項についても決議できる。

(2) 決議方法

社債権者は，その有する社債の金額の合計額に応じて議決権を有する（723条1項）。発行会社が有する自己社債については，議決権はない（723条2項）。

社債権者集会の普通決議は，出席した議決権者の議決権の総額の過半数の同意で行う（724条1項）。定足数の定めはなく，容易に決議が成立するようになっている。ただし，①当該社債の全部についての支払猶予，不履行による責任の免除又は和解，②当該社債の全部について訴訟行為等をすること，③代表社債権者の選任，④社債権者集会の決議の執行者の選任，代表社債権者の解任を行う決議を可決するには，議決権者の議決権の総額の5分の1以上で，かつ出席した議決権者の議決権の総額の3分の2以上の議決権を有する者の同意（特別決議）がなければならない（724条2項）。

社債権者は，代理人によってその議決権を行使することができ（725条1項），社債権者集会に出席しない社債権者は，書面によって議決権を行使することができる（726条1項）。

発行会社又は社債権者は，その代表者もしくは代理人を社債権者集会に出席させ，又は書面で，意見を述べることができる（729条1項）。社債権者集会は，必要があると認めるときは，その決議によって，発行会社に対してその代表者又は代理人を社債権者集会に出席するよう求めることができる（729条2項）。

(3) 社債権者集会と裁判所の認可

社債権者集会の決議は，裁判所の認可を受けなければその効力を生じない（734条1項）。社債権者集会の招集手続又は決議内容に瑕疵があるとの理由で争わせることを回避するため，事前にその決議につき裁判所の監督に委ねることとしたものである。

社債権者集会の決議があったときは，招集者は，決議のあった日から1週間以内に，裁判所に対し当該決議の認可の申立てをしなければならない（732条）。裁判所は，社債権者集会の招集手続又はその決議の方法が法令等に違反するとき，決議が不正の方法によって成立したとき，決議が著しく不公正であるとき，決議が社債権者一般の利益に反するときは，その決議を認可することができない（733条）。

発行会社は，社債権者集会の決議の認可又は不認可の決定があったときは，遅滞なく，その旨を公告しなければならない（735条）。

(4) 代表社債権者

社債権者集会の決議により，当該社債の総額の千分の1以上に当たる社債を有する社債権者の中から，1人又は2人以上の代表社債権者を選任し，これに「社債権者集会において決議をする事項」についての決定を委任することができる（736条1項）。代表社債権者は，どのような事項について社債権者集会で決議するかを決定することができる。また，代表社債権者は，別段の定めがない限り，社債管理者がいないときは，社債権者集会の決議を執行する（737条1項）。

[3] 社債の利息等の不払いと期限の利益喪失

発行会社が，社債の利息の支払いを怠ったとき，又は定期に社債の一部を償還しなければならない場合においてその償還を怠ったときは，社債権者集会の決議に基づき，当該決議を執行する者は，2ヶ月を下らない一定の期間内にその弁済をしなければならない旨及び当該期間内に弁済をしなければ当該社債の総額について期限の利益を喪失する旨を発行会社に通知しなければならない（739条1項）。その通知は，書面又は発行会社の承諾を得て電磁的方法ですることができる。発

行会社が，その一定の期間内に弁済しなかったときは，当該社債の総額について期限の利益を喪失する（739条3項）。

5 担保付社債

[1] 意　義
担保付社債とは，社債の元利金の支払いを確実にするために社債に物的担保を付けたものである。社債のために担保権を設定するときは，発行会社は受託会社との間で信託契約を結ばなければならない（担保付社債信託法2条，以下，担信法という）。受託会社となるためには，主務官庁（内閣総理大臣）の免許が必要である（担信法3条）。銀行及び信託銀行等が受託会社となっている（担信法4条）。受託会社は，社債の管理については，社債管理者と同一の権限を有し，同一の義務を負う（担信法35条）。

[2] 信託契約の締結
発行会社は受託会社に対して物上担保権を設定する。その物上担保権は総社債につき受託会社へ信託的に帰属し，受託会社は総社債権者のために担保権を保存しかつ実行する義務を負う（担信法36条）。総社債権者は信託された担保権の受益者としてその債権額に応じて平等に担保の利益を享受する（担信法37条）。

一般に債権に担保が提供される場合には，債権者が同時に担保権者でもあるが，社債の場合には，債権者が多数であり，かつ個々の社債権者が各別に担保権を保存・実行することは事実上困難であるから，社債権者とは別の受託会社に一括して担保権を信託することにしたのである。

[3] 発行契約
社債に担保を設定する際には，社債の発行予定額を定めておき，その総額につき担保を設定し，分割発行を行う例が多い。一定の期間内に，その総額に達するまで数回に分けて同一順位の担保権を持つ社債を発行する方法が採用される。各回の社債の発行条件（利率，発行価額など）を当初の信託契約で定めておくことは困難なので，各回の発行のつど発行条件を定めることになる。担信法は，信託契約において各回の発行条件に関し定めがないときは，各回の発行のつど発行会

社と受託会社との間で発行条件を定めるべきものとしている（担信法21条2項）。これを定める契約を発行契約と呼んでおり，基本契約（信託契約）を補充するもので，基本契約と同一の効力がある。

第 9 章
組織再編

Contents

1 序　論
2 組織変更
3 合　併
4 会社分割
5 株式交換・株式移転
6 株式会社の事業譲渡

1 序論

　企業活動の国内的及び国際的な競争が激化している。内外における競争において有利な立場を形成しかつそれを維持するためには，企業の経営体質の強化が要請される。そのために，企業の資本・人材・技術その他の経営資源を最適の状態に配分し，経営効率を高める必要があり，それに伴い企業組織の再編が重要になっている。

　会社法は，企業の組織再編の態様として多様な選択肢を用意している。ある種類の会社を他の種類の会社に変更する組織変更，組織再編の伝統的な手法である合併，会社間に完全親子関係を作り出すための株式交換又は株式移転，いくつかの事業部門を持つ会社が特定の事業部門を分離・独立させるための会社分割などの制度が設けられている。以下において，それぞれの制度についてより詳しく説くことにする。

2 組織変更

[1] 組織変更とは

　ある種類の会社（たとえば合同会社）を他の種類の会社（たとえば株式会社）に変更することを組織変更という。株式会社を持分会社に変更し，持分会社を株式会社に変更することができる（743条前段）。持分会社の内部で組織変更する場合には，定款変更の手続で足り，組織変更に関する規定は適用されない。

[2] 組織変更の手続

(1) 株式会社の持分会社への組織変更

(A) 組織変更計画

　株式会社が持分会社に組織変更する場合には，組織変更計画として次の事項について定める必要がある。組織変更後の会社の種類（合名・合資・合同のいずれにするか），変更後の持分会社の目的，商号，本店の所在地，社員の氏名・住所，無限責任社員か有限責任社員か，社員の出資の額，変更後の持分会社の定款で定めるべき事項，組織変更する株式会社の株主に対して変更後の会社の社債を交付するときは，社債の種類，各社債の金額の合計額，社債以外の財産であるときは，

その財産の内容及び数もしくは額，組織変更する会社が新株予約権を発行していたときは，新株予約権者に対して交付する金銭の額，組織変更が効力を生じる日を定めなければならない（744条1項）。

変更後の会社が合名会社であるときは，社員の全員を無限責任社員に，変更後の会社が合資会社であるときは，社員の一部を無限責任社員に，一部を有限責任社員に，変更後の会社が合同会社であるときは，社員の全員を有限責任社員に，それぞれしなければならない（744条2～4項）。

組織変更する株式会社は，組織変更の登記のときではなく，定められた効力発生日に持分会社となり（745条1項），前述の事項についての定めに従い，当該事項に関する定款の変更をしたものとみなされる（745条2項）。変更前の株主は，効力発生日に変更後の持分会社の社員となる（745条3項）。

(B) 組織変更手続

株式会社が持分会社に組織変更をするには，総株主の同意を得なければならない（776条1項）。

組織変更する株式会社が新株予約権を発行しているときは，新株予約権者は，会社に対し自己の有する新株予約権を公正な価格で買い取ることを請求することができる（777条1項）。会社は，組織変更をする旨を新株予約権者に通知又は公告しなければならない（777条3項，4項）。新株予約権者は，組織変更が効力を生じる日の20日前から効力発生日の前日までの間に，買取請求をする新株予約権の内容及び数を明らかにしなければならない（777条5項）。

(C) 組織変更計画書の備置き

組織変更をする株式会社は，組織変更開始日（総株主の同意を得た日，新株予約権者に対して通知した日など）から組織変更が効力を生ずる日までの間，組織変更計画の内容等を本店に備え置かなければならない（775条1項）。株主及び債権者は営業時間内いつでも組織変更計画書等の閲覧・謄写の請求をすることができる（775条3項本文）。

(2) 持分会社の株式会社への組織変更

持分会社が株式会社に組織変更する場合には，組織変更計画において，まず，商号，目的，本店の所在地，発行可能株式総数，取締役の氏名ほか，株式会社の定款で定めるべき事項を定めなければならない（746条1～3号）。監査役その他の役員を置くときは，その氏名等，会計監査人設置会社にするときは，会計監査人の氏名又は名称を定め（746条4号），社員に対する変更後の会社の株式の割当

てに関する事項を定めなければならない（746条5項，6項）。変更に際して，持分会社の社員に，変更後の会社の社債又は新株予約権付社債を交付するときは，社債及び新株予約権の内容等及び組織変更が効力を生ずる日を定めなければならない（746条7〜9号）。

組織変更する持分会社は，効力発生日の前日までに，組織変更計画についてその会社の総社員の同意を得なければならない（781条1項本文）。ただし，定款で，別段の定めをしている場合には，総社員の同意を必要としない（781条1項ただし書）。

組織変更する持分会社は，登記の時ではなく，定められた効力発生日に株式会社となり，会社はその日に定款変更したものとみなされる（747条1項，2項）。

[3] 債権者保護手続

組織変更する会社は，組織変更をする旨，会社の計算書類（組織変更をする会社が株式会社であるときに限る），1ヶ月を下らない一定の期間内に異議を述べることができる旨を官報に公告し，かつ，知れている債権者には各別に催告しなければならない（779条2項，781条2項）。その公告を官報のほか会社が定めている公告方法によりするときは，各別の催告はする必要がない（779条3項，781条2項）。

所定の期間内に異議を述べなかった債権者は，組織変更を承認したものとみなされる（779条4項，781条2項）。債権者が所定の期間内に異議を述べたときは，会社は，当該債権者に対して弁済し，もしくは相当の担保を提供し，又は当該債権者に弁済を受けさせることを目的として，信託会社等に相当の財産を信託しなければならない（779条5項本文，781条2項）。ただし，組織変更をしても，当該債権者を害するおそれがないときは，特別の行為をする必要はない（779条5項ただし書，781条2項）。

3 合　併

[1] 合併の概念

(1) 合併とは

合併とは，複数の会社を当事者とする会社間の契約であって，当事者である会

社の全部又は一部が解散し，解散会社の財産が包括的に存続会社又は新設会社に移転すると同時に，一般的には，解散会社の社員（株主）が存続会社又は新設会社の社員となる効果をもつものである。合併には，当事者の一方が存続会社となり，他方の会社が解散してその権利義務の全部を存続会社が吸収する吸収合併（2条27号）と，当事会社がすべて解散して新たな会社を新設し，新設会社が解散会社の権利義務の全部を吸収する新設合併（2条28号）とがある。

特殊な合併として三角合併がある。A会社がB会社を吸収合併する場合には，A会社の株式をB会社の株主に交付し，A，B両会社が1つの会社になるのが普通である。この場合，存続会社であるA会社が，合併対価として，B会社の株主にA会社の親会社であるC会社の株式を交付することも可能であり，この場合には，合併に3つの会社が関係するので，特に三角合併と呼ばれる。子会社が親会社株式の取得することは原則として禁止されるが，合併対価として親会社株式を交付する場合には，例外的に，交付に必要な数だけ親会社株式の取得が許される（800条）。

合併は，当事会社の契約（合意）として行われ，かつ消滅会社の株主が存続会社の株主として引き継がれるが，当事会社のいずれもが存続し，かつ株主の引継ぎもない経営権の承継（経営統合）もみられる。A会社がB会社の株主から株式を買い取り，B会社の支配権を取得する方法もある。これは，企業買収であり，近時，わが国でも盛んに行われている。

(2) 合併の自由

会社法のもとでは，すべての種類の会社が，同種又は異種の会社と自由に合併することができる（748条）。同種の会社間で合併できるのは当然である。株式会社が持分会社を吸収合併して存続会社となることも，持分会社が株式会社を吸収合併して存続会社となることも可能である。

[2] 吸収合併
(1) 株式会社が存続する吸収合併
(A) 吸収合併契約の内容

株式会社を存続会社とする吸収合併契約では，次の事項を契約で定めなければならない（749条1項）。合併により消滅する会社は株式会社か持分会社かのいずれかである。

① 消滅会社の株主又は持分会社の社員に対してその株式又は持分に代わる合

併対価を交付するときには，その合併対価について定めなければならない。合併対価として，存続会社の株式，社債，新株予約権，新株予約権付社債，株式等以外の財産（金銭を含む）を交付することができ，交付する対価について具体的に定めなければならない。
② 消滅する株式会社が新株予約権を発行していて，その新株予約権に代わり存続する株式会社の新株予約権を交付するときは，新株予約権に関する事項を，新株予約権に代えて金銭を交付するときはその額を定める必要がある。
③ 吸収合併が効力を生ずる日についても定めなければならない（以上，749条1項）。

新法（平成17年制定・会社法）では，合併対価の多様化がはかられた。旧法（商法旧第2編）は，合併対価として，存続会社の株式を交付することだけを規定していたが，新法は，存続会社の株式等のほか，「存続会社の株式等以外の財産」を交付することができるものとしている（749条1項2号ホ）。合併対価として現金を交付すること（金銭合併）も，これに準ずる社債を交付することもでき，存続会社の親会社の株式を交付すること（三角合併）もできる。

(B) 株式会社が存続する吸収合併の効力の発生

存続会社は，合併登記の時ではなく，合併契約で定めた効力発生日に，消滅会社の権利義務を承継する（750条1項）。ただし，消滅会社の合併による解散は，合併登記の後でなければ，これをもって第三者に対抗することができない（750条2項）。合併登記は，効力発生要件ではなく，対抗要件となった。

以上の効力は，合併に際しての債権者保護手続が終了していることを前提とする（750条6項）。

(2) 持分会社が存続する吸収合併
(A) 吸収合併契約の内容

持分会社が存続会社となる吸収合併契約においては，次の事項を定めなければならない（751条1項）。
① 合併当事会社の商号及び住所（合併当事会社名を表示すること）。
② イ 存続会社が合名会社であるときは，合名会社の社員となる消滅会社の株主又は社員の氏名・住所及び出資の価額。
　ロ 存続会社が合資会社であるときは，合資会社の社員となる消滅会社の株主又は社員の氏名・住所，当該社員の責任の有限・無限の別並びに当該社員の出資の価額。

ハ　合同会社が存続会社となるときは，合同会社の社員となる消滅会社の株主又は社員の氏名・住所及び出資の価額。
③　合併に際して，消滅会社の株主又は社員に金銭等を交付する場合であって，交付する金銭等が存続会社の社債であるときは，社債の種類及び種類ごとの各社債の金額の合計額，交付する金銭等が社債以外の財産であるときは，当該財産の内容及び数もしくは額。
④　消滅会社の株主又は社員に金銭等を交付するときは，その金銭等の割当てに関する事項。
⑤　消滅会社が新株予約権を発行しているときは，新株予約権者に対して交付する新株予約権に代わる金銭の額及びその金銭の割当てに関する事項。
　　合併後存続する会社が持分会社であるときは，新株予約権を発行することはできないため，消滅会社の新株予約権者から新株予約権を消滅させる代償として金銭を交付すべきことになる。
⑥　合併の効力発生日

(B)　効力の発生等

持分会社である存続会社は，効力発生日に，消滅会社の権利義務を承継する（752条1項）。吸収合併による消滅会社の解散は，合併の登記の後でなければこれをもって第三者に対抗することができない（752条2項）。

[3]　新設合併

(1)　株式会社を設立する新設合併

(A)　新設合併契約の内容

株式会社を設立する新設合併契約においては，次の事項を定めなければならない（753条1項）。新設合併は合併により会社を新設することであるから，株式会社を設立する際と同様に定款で定める事項，取締役の氏名を定めなければならない。会計参与，監査役その他の役員を置くときは，その氏名・名称も定めなければならない（753条1項5号）。

消滅会社の株主又は社員に合併対価を交付するときは，その内容を定める必要がある。合併対価として，社債，新株予約権，新株予約権付社債を交付するときは，その内容・数を定めなければならない（753条1項8号，9号）。

消滅会社が新株予約権を発行していた場合において，①それに代えて新設会社の新株予約権を交付するときは，新株予約権に内容及び数，②消滅会社が新株予

約権付社債を発行していたときは，社債に係る債務を承継する旨並びにその承継する社債の種類及び種類ごとの各社債の金額の合計額，③新株予約権者に対して金銭を交付するときは，金銭の額について定めなければならない（753条1項10号）。消滅会社の新株予約権については，それに代わるものとして新設会社の新株予約権を付与することも，あるいはその新株予約権者に金銭を支払って消滅させることもできるということである。

複数の持分会社だけが合併して，株式会社を新設することも予定されている（922条1項2号参照）。

(B)　新設合併の効力発生

新設合併のときは，新会社の成立（設立登記）の日に合併の効力が生じる。新設会社は設立登記の時に法人格を取得し，この時以後，権利義務の主体となる。

(2)　持分会社を設立する新設合併

(A)　新設合併契約の内容

合併により新設される会社が持分会社であるときは，合名会社，合資会社，合同会社のいずれであるかの別，社員の氏名・住所，社員の無限責任又は有限責任の別，社員の出資の価額その他，持分会社の定款で定めるべき事項を定めなければならない（755条1項1～5号）。新設会社が，合併に際して，消滅会社の株主又は社員に対して，その株式又は持分に代わるものとして，新設会社の社債を交付するときは，社債の種類及び各社債の金額の合計額並びに消滅会社の株主又は社員に対する社債の割当てに関する事項を定める必要がある（755条1項6号，7号）。

消滅会社が新株予約権を発行しているときは，当該新株予約権者に対して交付する金銭の額及び新株予約権者に対する金銭の割当てに関する事項を定めなければならない（755条1項8号，9号）。持分会社は新株予約権を発行できないので，合併により消滅する株式会社が新株予約権を発行している場合には，対価として金銭を支払いその新株予約権を消滅させる必要がある。

新設会社が，①合名会社であるときは，社員の全部を無限責任社員とする旨，②合資会社であるときは，その一部を無限責任社員に，その他の社員を有限責任社員にする旨，③合同会社であるときは，社員の全部を有限責任社員とする旨を定める必要がある（755条2項～4項）。

(B)　新設合併の効力発生

会社はその種類を問わずすべて設立登記の日が成立の日である。合併により持

分会社が新設されるときも，新設会社はその成立の日に消滅会社の権利義務を承継し，消滅会社の株主又は社員は，新設会社の成立の日に新設会社の社員となる（756条1項，2項）。

[4] 合併の手続
(1) 事前開示
　合併当事会社が株式会社である場合には，合併契約書等をその準備開始日から合併の効力発生日の6ヶ月後まで本店に備え置かなければならない（782条1項，794条1項，803条1項）。準備開始日とは，合併契約の承認を受けるための株主総会の2週間前の日，合併反対株主に株式買取請求権を行使する機会を与えるためにする会社からの合併に関する通知の日のいずれか早い日である。

　消滅会社及び存続会社の株主又は債権者は，営業時間内いつでも合併契約書等の閲覧，謄本又は抄本の交付を請求することができる（782条3項，794条3項）。

　持分会社については，事前開示についての定めはない。

(2) 合併契約の承認
(A) 通常の合併
　合併当事会社が株式会社であるときは，合併契約について，株主総会の特別決議で承認を受けなければならない（783条1項，795条1項，804条1項，309条2項12号）。

　消滅する株式会社の株主に合併対価として交付されるものの全部又は一部が持分であるときは（存続会社が持分会社），総株主の同意を得なければならない（783条2項，804条2項）。消滅会社の株主が交付を受ける合併対価の全部又は一部が譲渡制限株式であるときは，当該譲渡制限株式の割当てを受ける種類の株主を構成員とする種類株主総会の特殊決議による承認を受けなければ，吸収合併の効力は生じない（783条3項，804条3項，324条3項2号）。消滅会社が種類株式発行会社であって，ある種類株主が割当てを受ける合併対価の全部又は一部が持分であるときは，当該持分の割当てを受ける種類株主全員の同意を得なければ，吸収合併の効力は生じない（783条4項）。

　存続会社が種類株式発行会社であって，消滅会社の株主に合併対価として存続会社のある種類株式を割り当てるときは，存続会社において当該種類株主総会の特別決議が必要である（795条4項1号，324条2項6号）。

　なお，持分会社が合併により消滅会社となる場合（793条1項1号）及び存続

会社となる場合（802条1項1号）には，定款で別段の定めがあるときを除き，総社員の同意を得なければならない。

(B) 略式合併

①吸収合併存続会社が，消滅会社の特別支配会社（90％以上の株式を保有する会社，468条1項参照）であるときにおける消滅会社（784条1項本文），及び②消滅会社が存続会社の特別支配会社であるときにおける存続会社（796条1項）では，株主総会による合併契約の承認は必要でない。これを略式合併という。ただし，①において，消滅会社が公開会社であり，かつ種類株式発行会社でないときであって，消滅会社の株主に合併対価として譲渡制限株式が割り当てられるとき（784条1項ただし書），又は②において，存続会社が非公開会社であって，消滅会社の株主に対する合併対価が存続会社等の譲渡制限株式であるとき（796条1項ただし書）は，株主総会の承認を必要とする。

略式合併において，当該合併が法令・定款に違反するとき又は合併対価等が著しく不当であるときは，消滅会社及び存続会社の株主に合併差止めの請求権が与えられる（784条2項，796条2項）。

(C) 簡易合併

① 総会決議不要　　大会社が零細な会社を吸収合併するときには，存続会社の株主に与える影響はきわめて小さい。そこで，取締役会設置会社では，取締役会の決議で足り，取締役会のない会社では，取締役の過半数で決定することができる簡易合併の制度が設けられている。

存続会社が，消滅会社の株主ないし社員（持分会社）に交付する合併対価の額が存続会社の純資産額の5分の1を超えない場合には，存続会社において株主総会の特別決議による承認を得る必要はない。すなわち，消滅会社の株主等に交付する，イ　存続会社の株式数に1株当たりの純資産額を乗じた額，ロ　交付する存続会社の社債・新株予約権・新株予約権付社債の帳簿価額の合計額，ハ　株式等以外の財産の帳簿価額の合計額（以上，イからハまでの合計額）が，存続会社の純資産額の5分の1を超えない場合には，存続会社の側では，株主総会の特別決議による承認は不要である（796条3項）。この簡易合併に対して，議決権を有する株主の6分の1又は定款で定めた一定数が反対するときは，簡易合併はできず，通常の合併手続に移行しなければならない（796条4項，施行規則197条）。

② 簡易合併が認められない場合　　存続会社が消滅会社の株主に交付する合併対価の額が存続会社の純資産額の5分の1を超えない場合でも，簡易合併の手続

によることができないときがある。第一は，消滅会社の株主に交付される金銭等が存続会社の譲渡制限株式であり，かつ存続会社が公開会社でないときである（796条1項ただし書，同条3項ただし書）。第二は，存続会社が債務超過の会社を吸収合併する場合である（796条3項ただし書）。存続会社が消滅会社の損失を引き受けることになるので，存続会社の株主総会決議が必要とされた。

(3) 組織再編の差止請求権

差止請求権は，従来，略式組織再編についてだけ認められていたが，平成26年改正法は一般の組織再編の場合にも差止請求権を認める規定を設けた。以下，合併を含む組織再編全般について述べる。

吸収合併，吸収分割又は株式交換（以下，吸収合併等という）における消滅会社等（合併における消滅会社，吸収分割会社，株式交換完全子会社）の株主もしくは存続会社等（合併存続会社，吸収分割承継会社，株式交換完全親会社）の株主，又は新設合併，新設分割もしくは株式移転（以下，新設合併等という）における消滅会社等（新設合併消滅会社，新設分割会社，株式移転完全子会社）の株主は，当該吸収合併等又は当該新設合併等が法令・定款に違反する場合であって，当該株主が不利益を受けるおそれがあるときは，当該合併等を止めることを請求することができる（784条の2第1号，796条の2第1号，805条の2）。

略式組織再編の場合には，合併対価の不当など条件の不当も差止請求の対象となっている（784条の2第2号）。

(4) 反対株主の株式買取請求

(A) 株式の買取請求

合併に反対の株主は，会社に対して自己の有する株式を公正な価格で買い取ることを請求することができる（785条1項，797条1項，806条1項）。ただし，消滅会社の株主に合併対価として持分会社の持分が交付されるため，株主全員の同意が必要な場合であって，全員の同意のもとに合併を行うとき又は簡易合併のときは，株式買取請求権は認められない（785条1項1号，2号）。

買取請求ができる反対株主は，合併承認のための株主総会に先立って合併に反対である旨を会社へ通知し，かつ株主総会で反対した株主及び株主総会において議決権を行使することができない株主である（785条2項1号，797条2項1号，806条2項）。株主総会の承認を得ないで合併することが可能な場合（簡易合併，略式合併）には，すべての株主に株式買取請求権が認められる（785条2項2号，797条2項2号）。

合併による消滅会社及び存続会社は，効力発生日の 20 日前までに，その株主に対し，吸収合併又は新設合併をする旨及び合併の相手方である会社の商号・住所を通知しなければならない（785 条 3 項，797 条 3 項）。合併契約について株主総会の承認を得ている会社又は公開会社では，公告をもって通知に代えることができる（785 条 4 項，797 条 4 項，806 条 3 項）。株式の買取請求は，合併の効力発生日の 20 日前から効力発生日の前日までの間に株式数を示してしなければならない（785 条 5 項，797 条 5 項）。

　買取価格については，当事者間で協議すべきであるが，協議が調わないときは裁判所へ価格決定の申立てをすることができる（786 条，798 条，807 条）。

(B) 新株予約権の買取請求

　吸収合併又は新設合併により消滅する会社が，新株予約権を発行している場合には，新株予約権者は消滅会社に対して，自己の有する新株予約権を公正な価格で買い取ることを請求することができる（787 条 1 項 1 号，808 条 1 項 1 号）。しかし，消滅会社の新株予約権者に，当然に，買取請求権が付与されるのではない。合併契約において，消滅会社の新株予約権者に対して存続会社又は新設会社の新株予約権を交付する旨を定めることができ，この定めがある合併においては，新株予約権の買取請求は認められない。

(5) 債権者保護手続

　吸収合併又は新設合併をする会社は，その債権者に異議を述べる機会を与え，異議のある債権者には，適切な処置をとらなければならない。吸収合併の当事会社は，吸収合併をする旨，消滅会社では存続会社の（存続会社では消滅会社の）商号及び住所，合併両当事会社の計算書類等，1 ヶ月を下らない会社が定めた一定の期間内に異議を述べることができる旨を，官報に公告し，かつ知れている債権者には個別に催告しなければならない（789 条 2 項，799 条 2 項，810 条 2 項）。官報のほか，会社が定款で定めた公告方法により公告するときは，各別の催告は不要である（789 条 3 項，799 条 3 項，810 条 3 項）。

　所定の期間内に異議を述べなかった債権者は，合併を承認したものとみなされる（789 条 4 項，799 条 4 項，810 条 4 項）。異議を述べた債権者に対しては，会社は，弁済をし，もしくは相当の担保を提供し，又は当該債権者に弁済を受けさせることを目的として相当の財産を信託会社等に信託しなければならないが，合併をしても当該債権者を害するおそれがないときは，なんら特別の処置をとる必要はない（789 条 5 項，799 条 5 項，810 条 5 項）。

(6) 合併の登記

会社が吸収合併したときは，その効力が発生した日（合併契約で定めた効力発生日）から2週間以内に，その本店の所在地において，消滅会社については解散の登記をし，存続会社については変更の登記をしなければならない（921条）。

新設合併においては，新設会社について設立登記をした日に合併の効力が生じる（754条1項）。新設合併により消滅する会社については，解散の登記をしなければならない（922条）。

[5] 合併の無効

(1) 無効の訴え

合併無効については，その効力発生日から6ヶ月以内に，訴えをもってのみ主張することができる（828条1項7号，8号）。提訴権者は，合併の効力が生じた日における株主，持分会社の社員，破産管財人，合併を承認しなかった債権者である（828条2項7号，8号）。

合併無効の訴えの被告は，吸収合併においては存続会社，新設合併においては新設会社である（834条7号，8号）。

無効事由については規定がなく，解釈に委ねられている。合併契約書が作成されず（法は合併契約といい，契約書とはいっていないが，株主等の閲覧に供するため備え置く必要があるから，合併契約書というべきである），又はその記載事項に重大な瑕疵・欠缺があるとき，通常の合併手続において株主総会の承認決議が不存在又は無効・取消原因があるとき，持分会社において総社員の同意がないとき，債権者保護手続が行われなかったことなどは，無効原因と解される。

(2) 無効判決の効力

合併無効判決は，当事者間だけでなく，第三者に対してもその効力（対世効）を有する（838条）。合併無効の画一的効力を認める必要があるためである。

合併無効判決は，将来に向かって合併を無効とする効力があり，その効力は合併の時に遡って合併を無効とするものではない（839条）。無効判決の確定により，存続会社又は新設会社は合併以前の状態に分割され，又は消滅し，解散会社が復活する。無効判決確定までに存続会社又は新設会社が負担した債務は，復活した会社が連帯して弁済すべき責任を負い，無効判決確定までに存続会社又は新設会社が合併後に取得した財産は合併当事会社の共有となる（843条1項1号・2号，2項）。債務の負担部分及び財産の共有部分は，各当事会社の協議によって定め

るべきであるが（843条3項），協議が調わないときは，裁判所がこれを定める（843条4項）。

4 会社分割

[1] 吸収分割と新設分割

　会社分割には，吸収分割と新設分割とがある。たとえば，造船部門と機械製造部門があるA会社がその事業部門の一部である造船部門を分割して，既存のB会社にその事業（に関して有する権利義務の全部又は一部）を承継させるのが吸収分割である。また，A会社が，造船部門だけを分離・独立させるために新会社を設立して，新会社に当該事業を承継させるのが新設分割である。この場合，A会社のように事業部門の一部を分割する会社を分割会社，その事業を承継する会社を承継会社という。株式会社及び合同会社だけが吸収分割をすることができる（757条）。すべての種類の会社が吸収分割承継会社になり得る（760条参照）。

　吸収分割では，会社分割により承継した事業の対価として承継会社の株式その他の財産が分割会社に交付され，新設分割の場合には，分割会社は新設会社の株主となる。分割会社は承継会社又は新設会社から交付を受けた対価を分割会社の株主に，剰余金（金銭に限らない）の配当の形で交付する。

[2] 吸収分割

(1) 株式会社が吸収分割承継会社となる場合
(A) 吸収分割契約

　吸収分割承継会社（以下，承継会社という）が株式会社であるときは，吸収分割契約において次の諸事項について定めなければならない（758条）。
① 分割する会社及び承継する会社（分割当事会社）の商号及び住所，
② 承継会社が分割会社から承継する資産，債務，雇用契約その他の権利義務に関する事項，
③ 分割により分割会社又は承継会社の株式を承継会社に承継させるときは，その株式に関する事項（分割会社が有した自己株式又は分割会社が有した承継会社の株式を承継会社に承継させること），
④ 承継会社が分割会社に対して承継する事業の対価として金銭等を交付する

場合であって，交付する金銭等が，
    イ　承継会社の株式であるときは，当該株式の種類及び種類ごとの数並びに承継会社の資本金及び準備金の額に関する事項，
    ロ　承継会社の社債であるときは，その社債の種類及び種類ごとの各社債の金額の合計額，
    ハ　承継会社の新株予約権であるときは，その内容及び数，
    ニ　新株予約権付社債であるときは，社債及び新株予約権の内容及び数など，
    ホ　承継会社の株式等以外の財産であるときは，当該財産の内容，数もしくは額，
  ⑤　承継会社が分割会社の新株予約権者に対してそれに代わる承継会社の新株予約権を交付するときは，分割会社の当該新株予約権の内容，交付される承継会社の新株予約権の内容及び数等，
  ⑥　吸収分割が効力を生じる日，

について定めなければならない（以上，758条1号～7号）。

承継会社から事業承継の対価として分割会社が交付を受けた承継会社の株式を配当財産として（剰余金の配当として）株主に割当交付するときは，その旨を（758条8号ロ），また分割会社が全部取得条項付種類株式を株主総会決議により取得する決定をし，その対価として，分割会社が承継会社より交付を受けた承継会社の株式を，分割会社の株主に交付するとき（758条8号イ）は，その旨を定めておく必要がある。

(B) 吸収分割の効力の発生

承継会社は，効力発生日に分割契約の定めに従い分割会社の権利義務を承継する（759条1項）。分割会社は，効力発生日に，分割契約の定めに従い，株主，社債権者，新株予約権者又は新株予約権付社債権者となる（759条4項）。分割会社の新株予約権者に対して承継会社の新株予約権を交付する定めがある場合には，効力発生日に分割会社の当該新株予約権は消滅し，承継会社の新株予約権者となる（759条5項）。

(C) 分割会社債権者の保護

吸収分割契約の定めにより分割後に分割会社の債権者が分割会社に対して債務の履行を請求することができない場合には，分割会社はその債権者に対して分割に異議を述べることができる旨を格別に催告しなければならない（789条1項，2項）。吸収分割に対して異議を述べることができる分割会社の債権者（789条1項

2号）が，各別の催告を受けなかった場合には，分割契約において分割後に分割会社に対して債務の履行を請求することができないものとされているときでも，当該債権者は分割会社が効力発生日に有していた財産の価額を限度として分割会社に対して債務の履行を請求することができる（759条2項）。また，この債権者は，承継会社に対して承継した財産の価額を限度として債務の履行を請求することができる（759条3項）。

(2) 持分会社が承継会社となる場合

(A) 吸収分割契約

持分会社を承継会社とする吸収分割契約においては，①分割当事会社の商号及び住所，②承継会社が分割会社から承継する資産，債務，雇用契約その他の権利義務に関する事項，③分割会社（株式会社）の株式を承継会社に承継させるときは，その株式に関する事項，④分割会社が承継会社（持分会社）の社員となる場合において，イ 合名会社のときは，当該社員の氏名，住所並びに出資の価額，ロ 合資会社のときは，当該社員の氏名，住所，無限責任又は有限責任の別並びに出資の価額，ハ 合同会社であるときは，当該社員の氏名，住所並びに出資の価額，⑤承継会社が分割会社に対価として金銭等を交付する場合には，その金銭等が，イ 承継会社の社債であるときは，社債の種類及び種類ごとの各社債の金額の合計額，ロ 社債以外の財産であるときは，当該財産の内容及び数もしくは額，⑥効力発生日を定めなければならない（760条1～6号）。

分割株式会社が効力発生日に，全部取得条項付種類株式を取得し，その対価として承継会社の持分を割り当てるときはその旨，分割会社が承継会社の持分を剰余金として配当するときはその旨を分割契約において定めなければならない（760条7号）。

(B) 分割の効力の発生

効力発生日に承継会社は分割契約の定めに従って分割会社の権利義務を承継する（761条1項）。分割会社は効力発生日に持分会社の社員となる（761条4項）。分割会社が承継会社から対価として社債の交付を受けるときは，効力発生日に承継会社の社債権者となる（761条5項）。

分割会社の債権者は，分割会社及び承継会社に債務の履行を請求することができる（761条2項，3項）。

(3) 吸収分割の手続
(A) 分割会社が株式会社である場合
① **分割契約書の備置き**　分割当事会社が株式会社であるときは，会社は吸収分割契約書を分割準備開始日から効力を生じる日後6ヶ月を経過するまでの間，その本店に備え置かなければならない（782条1項2号，794条1項）。準備開始日は，吸収合併の場合と同じである。株主及び債権者は，営業時間内いつでも分割契約書の閲覧・謄写の請求をすることができる（782条3項，794条3項）。

② **通常の場合**　吸収分割をする場合には，分割会社及び承継会社は効力発生日の前日までに，株主総会の特別決議による分割契約の承認を受けなければならない（783条1項，795条1項）。

③ **略式分割**　(1) 承継会社が，分割会社の特別支配会社であるときにおける分割会社（784条1項），及び，(2) 分割会社が承継会社の特別支配会社であるときにおける承継会社（796条1項）では，株主総会による吸収分割の承認は必要でない。これを略式分割という。ただし，(1) において，分割会社が公開会社であり，かつ種類株式発行会社でないときであって，分割会社の株主に分割の対価として譲渡制限株式が割り当てられるとき（784条1項ただし書），又は (2) において，承継会社が非公開会社であって，分割会社の株主に対する分割の対価が承継会社の譲渡制限株式であるとき（796条1項ただし書）は，略式分割はできず，株主総会の承認を必要とする。

略式分割が法令・定款に違反し，又は分割の対価が著しく不当であって，分割会社又は承継会社の株主が不利益を受けるおそれがあるときは，株主は吸収分割を止めるよう請求（差止請求）することができる（784条2項，796条2項）。

④ **簡易分割**　承継会社が分割会社の株主に交付する金銭等が承継会社の純資産額の5分の1を超えないときは，承継会社の株主総会の承認は必要でない（796条3項）。この場合でも，簡易分割の手続によることができないときがある。第一は，分割会社の株主に交付される金銭等が承継会社の譲渡制限株式であり，かつ承継会社が公開会社でないときである（796条1項ただし書，同条3項ただし書）。第二は，分割会社から承継する債務が承継する資産の額を超える場合である（796条3項ただし書）。承継会社が分割会社の負債を引き受けることになるので，承継会社の株主総会決議が必要とされる。

⑤ **株式・新株予約権の買取請求**　会社分割に反対の株主は，会社に対して自己の有する株式を公正な価格で買い取ることを請求することができ（785条1項

1号，797条，806条1項），また新株予約権の買取請求も認められる（787条1項2号，808条1項2号）。これについては，合併について述べたのと同様である。

(B) 持分会社の手続

合同会社が吸収分割契約により分割会社となる場合（793条1項2号），又は持分会社（すべての種類の持分会社）が承継会社となる場合（802条1項2号）には，総社員の同意を得なければならない。

いずれの場合にも，通常の債権者保護手続を踏まなければならない（793条2項，789条，802条2項，799条）。

[3] 新設分割

(1) 新設分割の意義

既存の会社が，新会社を設立し，既存会社の事業を分割して，その権利義務を新会社に承継させる手続が新設分割である。設立する新会社については，その種類を問わないが，分割する会社は株式会社か合同会社に限られる。既存の2社以上の会社が共同して新設分割（共同新設分割）をすることもできる（762条2項）。

(2) 株式会社を設立する新設分割

(A) 新設分割計画の作成

新設分割により設立する会社が株式会社であるときは，新設分割計画では，①新設会社の定款等，②承継する資産等，③分割会社から承継する資産等に代わるものとして新設会社が分割会社に交付する対価（株式，社債，新株予約権，新株予約権付社債）及び新設会社の資本金及び準備金の額に関する事項，④分割会社の新株予約権者に対してその新株予約権（甲）に代えて新設会社の新株予約権（乙）を交付するときは，それに関する事項，その他を定めなければならない（763条）。

分割会社が新設会社の成立の日に，イ 全部取得条項付種類株式の取得の対価として新設会社の株式を交付するときはその旨，ロ 新設会社の株式を株主に剰余金として配当するときはその旨を分割計画において定めなければならない（763条12号）。

(B) 新設分割の効力の発生等

新設会社の成立の日に新設会社は分割計画の定めに従って分割会社の権利義務を承継する（764条1項）。分割会社は新設会社の成立日に新設会社の社員となる（764条4項）。分割会社が新設会社から対価として社債の交付を受けるときは，その成立日に新設会社の社債権者となる（764条5項）。

分割会社の債権者は，分割会社及び新設会社に債務の履行を請求することができる（764条2項，3項）。

(3) 持分会社を設立する新設分割
(A) 新設分割計画
① 持分会社の定款　　1又は2以上の株式会社又は合同会社が分割してその資産等を承継する持分会社を設立する場合には，分割計画において，その持分会社が合名会社，合資会社，合同会社のいずれであるかの別を定め，持分会社の定款で定めるべき事項を定めなければならない。新設会社の目的，商号，本店の住所の所在地，社員の氏名・名称，当該社員の無限責任・有限責任の別，当該社員の出資の価額，その他新設会社の定款で定める事項について定めなければならない（765条1～4号）。

② 承継する資産・対価等　　新設会社が分割に際して分割会社から承継する資産，債務，雇用契約その他の権利義務に関する事項，承継する資産等に対する対価として新設会社が分割会社に新設会社の社債を交付するときは，当該社債の種類及び種類ごとの各社債の金額の合計額，2以上の会社が共同して新設分割をするときは，交付される新設会社の社債の割当てに関する事項について定めなければならない（765条5～7号）。

新設会社の成立の日に，分割会社が全部取得条項付種類株式の取得の対価として新設会社の持分を株主に交付するときは，その旨，株主に新設会社の持分を剰余金として配当するときは，その旨を新設分割計画で定めておかなければならない（765条8号）。

(B) 分割の効力の発生等
新設会社は，その成立の日に，分割計画の定めに従い，分割の権利義務を承継する（766条1項）。分割会社は，分割計画の定めるところにより，新設会社の成立の日に，社員又は社債権者となる（766条4項，5項）。

分割契約の定めにより分割後に分割会社の債権者が分割会社に対して債務の履行を請求することができない場合には，分割会社はその債権者に対して分割に異議を述べることができる旨を格別に催告しなければならない（810条2項）。新設分割に対して異議を述べることができる分割会社の債権者（810条1項2号）が，各別の催告を受けなかった場合には，分割契約において分割後に分割会社に対して債務の履行を請求することができないものとされているときでも，当該債権者は分割の効力発生日に分割会社が有していた財産の価額を限度として分割会社に

対して債務の履行を請求することができる（766条2項）。また，この債権者は，新設会社に対して承継した財産の価額を限度として債務の履行を請求することができる（766条3項）。

(4) 株式会社の手続
(A) 新設分割計画の備置き
新設分割の分割会社が株式会社である場合においては，分割会社は分割準備開始日（その意義については803条2項参照）から新設会社の成立の日後6ヶ月を経過する日までの間，新設分割計画（書）を本店に備え置かなければならない（803条1項2号）。分割会社の株主及び債権者は，分割会社に対して，その営業時間内はいつでも新設分割計画の閲覧・謄写を請求することができる（803条3項）。

(B) 株主総会による承認
分割会社における株主総会の特別決議により分割計画の承認を受けなければならない（804条1項）。分割会社は，株主総会の決議の日から2週間以内に登録株式質権者及び登録新株予約権者に対して，新設分割をする旨を通知しなければならない（804条4項）。

(C) 簡易新設分割
新設分割に際して，分割会社が新設会社に承継させる資産の帳簿価額が，分割会社の総資産額の5分の1を超えない場合には，株主総会の承認決議は必要でない（805条）。これを簡易新設分割といい，取締役会設置会社では，取締役会決議で足り，取締役会のない会社では，取締役の過半数で決することができる。

(D) 反対株主の株式買取請求
新設分割の承認のための株主総会に先立って議案に反対する旨を当該会社に通知しかつ議案に反対した株主及び当該株主総会において議決権を行使できない株主は，分割会社に対して自己の有する株式を公正な価格で買い取ることを請求することができる（806条1項，2項）。

分割会社は，株主総会による分割承認決議の日から2週間以内に，その株主に対して新設分割をする旨並びに他の分割会社（共同分割のとき）及び新設会社の商号，住所を通知しなければならない（806条3項）。この通知に代えて公告をすることもできる（806条4項）。株主の株式買取請求権は，この通知又は公告の日から20日以内に行使しなければならない（806条5項）。買取価格について協議が調わないときは，裁判所に対してその決定を申し立てることができる（807条2項）。

(E) 新株予約権の買取請求

新株予約権の内容として，会社が新設分割をするときにはその新株予約権に代えて新設会社の新株予約権を交付するものとして発行されていた新株予約権（236条1項8号ハ）については，分割計画で，分割会社の新株予約権に代えて新設会社の新株予約権を交付する旨を定めれば，分割会社の新株予約権者は，新設会社の新株予約権の交付を受けるべきことになる。

以上に該当しない分割会社の新株予約権者は，その有する新株予約権を公正な価格で買い取ることを分割会社に請求することができる（808条1項2号）。

(5) 持分会社の手続

持分会社（合同会社に限る）がその事業に関して有する権利義務の全部を他の会社に承継させる新設分割をするには，総社員の同意を得なければならない（813条1項2号）。

(6) 新設会社の手続

新設分割により設立する株式会社の定款は，分割会社が作成する（814条2項）。1又は2以上の合同会社だけが分割に際して株式会社を新設したときは，その新設会社は，その成立後遅滞なく，分割した合同会社と共同して，合同会社から承継した権利義務その他の新設分割に関する事項を記載した書面を作成し，その本店にその成立の日から6ヶ月間備え置かなければならない（815条2項，3項）。新設会社の株主及び債権者は，その営業時間内いつでも，その書面を閲覧・謄写することを請求することができる（815条5項）。

なお，新設分割により持分会社を新設する際には，分割会社がその定款を作成する（816条2項）。

[4] 会社分割における残存債権者保護

(1) 濫用的会社分割の横行

会社分割，特に新設分割が濫用的に利用される例が増加してきた。債務超過に陥った甲会社が乙会社を新設して，甲会社の会社分割手続により乙会社へ資産を承継させ，分割会社である甲会社には資産はなく債務だけが残るというやり方である。この場合，銀行等からの債務は乙会社へ承継させず，乙会社の経営を継続するのに必要な取引先に対する債務だけ新会社（乙会社）へ承継させるのである。会社分割手続では，新設分割後，分割会社に対して債務の履行を請求することができない債権者には異議を述べる機会を付与しているが，（甲会社）に対して債

務の履行を請求できる債権者（残存債権者）には会社分割に異議を述べる権利が付与されていない（810条1項2号）。残存債権者は分割会社に対して債務の履行を請求できるが，分割会社には換価できる資産は残っていないのである。このように，会社分割が濫用的に行われると残存債権者は害されることになる。

(2) 残存債権者の救済

従来，濫用的会社分割における残存債権者は会社分割にも民法424条の適用があるとして詐害行為取消権を主張し，承継会社に対して債務の履行を求める訴えを提起するのが一般的であった。最判平24・10・12（民集66巻10号3311頁，金商1402号16頁）も，保護の対象とされていない債権者（残存債権者）については，詐害行為取消権によってその保護を図る必要性が存するとして，会社分割にも民法424条の適用があることを認めている。そして，「株式会社を設立する新設分割がされた場合において，新設会社にその債権に係る債務が承継されず，新設分割に異議を述べることもできない分割会社の債権者は，民法424条の規定により，詐害行為取消権を行使して新設分割を取り消すことができると解される。この場合，その債権の保全に必要な限度で新設会社への権利の承継を否定することができる」と説いている。

濫用的会社分割における残存債権者の保護のため，法人格否認の法理を認めた判例もある（福岡地判平23・2・17金法1923号95頁）。

(3) 残存債権者保護規定の新設

平成26年改正法は，会社分割に異議を述べることができない債権者（残存債権者）のための救済規定を設けた。残存債権者を害することを知って会社分割が行われた場合には，残存債権者は，承継した財産の価額を限度として，承継会社に対して債務の履行を請求することができるとの規定が設けられた（759条4項，764条4項）。吸収分割会社又は新設分割会社が承継会社又は新設会社に承継されない債務の債権者（残存債権者）を害する事実を知っていたことが要件となっている（759条4項，764条4項）。

[5] 会社分割の無効

会社分割の手続に瑕疵があった場合には，その効力が生じた日から6ヶ月以内に，会社（吸収分割契約をした会社，分割会社及び新設会社）を被告として（834条9号，10号），吸収分割（又は新設分割）無効の訴えによってのみその無効を主張することができる（828条1項9号，10号）。ただし，株主総会決議の取消事由

に基づくときは，決議後3ヶ月以内に訴えを提起する必要がある（831条）。

　提訴権者は，吸収分割無効の訴えについては，当該行為の効力が生じた日において吸収分割契約をした会社の株主等（株主，取締役，執行役又は清算人）もしくは社員等（社員と清算人）であった者又は吸収分割契約をした会社の株主等，社員等，破産管財人もしくは吸収分割について承認しなかった債権者，新設分割無効の訴えについては，当該行為が効力を生じた日において分割会社の株主等もしくは社員等であった者又は分割会社もしくは新設会社の株主等，社員等，破産管財人もしくは新設分割を承認しなかった債権者である（828条2項9号，10号）。分割を無効とする判決には，対世効があり（838条），無効判決には，遡及効がない（839条）。

5　株式交換・株式移転

[1]　完全親子会社関係の創設

　平成11年の商法改正において，ある会社を他の会社の完全親会社するための制度として，株式交換と株式移転の制度が設けられた。株式交換は，既存の会社間の契約で完全親子会社関係を作り出すことである。甲株式会社が乙株式会社を完全子会社とするために，乙会社の株主が有する乙会社の株式をすべて甲会社へ移転させて，代わりに甲会社の株式を乙会社の株主に交付するものである。甲会社が乙会社株式の100％を所有し，乙会社の株主であった者は，株式交換の後は，甲会社の株主となる。ただし，乙会社の株主に交付されるのは，必ずしも甲会社の株式に限らず，甲会社の社債，新株予約権その他の財産でもかまわない。したがって，完全子会社となった会社の株主が，株式交換により完全親会社の株主になるとは限らない。

　これに対して，株式移転は，既存の株式会社がその完全親会社となる新会社を設立する手続である。既存の甲会社が新たに乙会社を設立してその株式のすべてを移転し，甲会社の株主であった者に新設会社である乙会社の株式を交付するものである。乙会社は甲会社株式の100％を所有する完全親会社となる。

　旧法のもとでは，株式交換は株式会社間でのみ行うことができた。しかし，新法のもとでは，株式交換は株式会社間だけでなく，株式会社と合同会社との間でも行うことができる。株式交換をして完全子会社となることができるのは株式会社だけであるが，合同会社も完全親会社になることができる（767条）。

[2]　株式交換

(1)　株式会社が完全親会社となる株式交換

(A)　株式交換契約

　株式会社間での株式交換契約においては，①完全親会社が完全子会社の株主に対してその株式に代わる金銭等（対価）を交付する場合には，その対価の内容及び数又は額（完全親会社の株式，社債，新株予約権，新株予約権付社債，金銭その他の財産）に関する事項，②完全親会社の資本金及び準備金の額に関する事項，③株式交換が効力を生じる日その他の事項を定めなければならない（768条1項）。

　株式交換により完全子会社となる会社が種類株式発行会社であって，ある種類の株式の株主に対して金銭等の割当てをしないこととするときは，その旨及び当該株式の種類を定め，また金銭等の割当てについて株式の種類ごとに異なる取扱いをするときはその旨及び当該異なる取扱いの内容を定めなければならない（768条2項）。

(B)　効力の発生等

　株式交換における完全親会社は，その効力発生日に完全子会社の発行済株式の全部を取得する（769条1項）。取得する完全子会社の株式が譲渡制限株式であるときは，完全子会社が完全親会社の取得を承認したものとみなされる（769条2項）。

　完全子会社の株主は，効力発生日に，交付を受けた対価の種類に従い，株主，社債権者，新株予約権者等になる（769条3項）。

(2)　合同会社が完全親会社となる株式交換

(A)　株式交換契約

　株式会社と合同会社との間で株式交換契約が行われ，合同会社が完全親会社となる場合においては，次の事項について定めなければならない（770条）。完全子会社の株主が完全親会社の社員となろうとするときは，当該社員の氏名，住所並びに出資の額，完全親会社が完全子会社の株主にその株式に代わる金銭等の対価（完全親会社の社債，金銭その他の財産）を交付する場合には，その内容及び数もしくは額並びに効力発生日を定めるべきことになる（770条1項2～4号）。

　完全子会社が種類株式発行会社であって，ある種類株式の株主に対して金銭等の割当てをしないときは，その旨及び当該株式の株式，金銭等の割当てにつき株式の種類ごとに異なる取扱いをするときは，その旨及び当該異なる取扱いの内容を定めなければならない（770条2項）。

(B) 効力の発生等

完全親会社は，効力発生日に完全子会社の発行済株式の全部を取得する（771条1項）。これにより，合同会社が当該株式会社の完全親会社となる。完全子会社の株主は，効力発生日に，交換契約の定めに従い完全親会社の社員となり，金銭等の交付が社債であるときは，効力発生日に完全親会社の社債権者となる（771条3項，4項）。

(3) 株式交換の手続

(A) 株式会社が株式交換当事会社の場合

① 株式交換契約（書）の備置き　株式交換契約の準備開始日からその効力発生日後6ヶ月を経過する日まで株式交換契約の内容を記載した書面を本店に備え置かなければならない（782条1項3号，794条1項）。

株主及び新株予約権者は，完全子会社となる会社に対して，その営業時間内はいつでも，株式交換契約書の閲覧を請求し，その書面の謄本又は抄本の交付を請求することができる（782条3項，794条3項）。

② 株式交換契約の承認　完全子会社及び完全親会社となる会社は，効力発生日の前日までに，株主総会の特別決議により株式交換契約の承認を受けなければならない（783条1項，795条1項）。

総株主の同意が必要な場合がある。株式交換の対価として完全子会社の株主に交付する金銭等の全部又は一部が合同会社の持分又は法務省令で定めるものである場合には，完全子会社となる会社の総株主の同意を得なければならない（783条）。法務省令では，持分，譲渡制限株式以外のもので，権利の移転又は行使に債務者その他第三者の承諾を要するものと定めている（施行規則185条）。

株式交換完全子会社が種類株式発行会社である場合において，株式交換親会社から株主が受ける対価が完全親会社の譲渡制限株式であるときは，当該譲渡制限株式の割当てを受ける種類の株式（譲渡制限株式を除く）の株主を構成員とする種類株主総会の承認を受けなければならない（783条3項）。株式交換完全子会社が種類株式発行会社であって，その対価の全部又は一部が合同会社の持分である場合には，当該持分の割当てを受ける種類の株主の全員の同意がなければ，株式交換はその効力が生じない（783条4項）。

株式交換親会社が種類株式発行会社であって，株式交換の対価として株式交換子会社の株主に交付するために譲渡制限株式を発行するときは，株式交換親会社において譲渡制限株式の種類株主総会の決議をする必要がある（795条4項3号）。

③ **略式株式交換** ㋑完全親会社が，完全子会社の特別支配会社であるときにおける完全子会社（784条1項），及び，㋺完全子会社が完全親会社の特別支配会社であるときにおける完全親会社（796条1項）では，株主総会による株式交換の承認は必要でない。これを略式株式交換という。ただし，㋑において，完全子会社が公開会社であり，かつ種類株式発行会社でないときであって，完全子会社の株主に交換の対価として譲渡制限株式が割り当てられるとき（784条1項），又は㋺において，完全親会社が非公開であって，完全子会社の株主に対する交換の対価が完全親会社の譲渡制限株式であるとき（796条1項）は，略式交換はできず，株主総会の承認を必要とする。

略式株式交換を行う場合において，当該株式交換が法令・定款に違反し，又は株式交換子会社の株主が対価として交付を受ける金銭等が著しく不当であって，株式交換子会社又は株式交換親会社の株主が不利益を受けるおそれがあるときは，株主はそれぞれ株式交換当事会社に対して株式交換契約をやめることを請求することができる（784条2項，796条2項）。

④ **簡易株式交換** 大会社が零細な会社を完全子会社とする株式交換においては，完全親会社の株主に与える影響はきわめて小さい。そこで，株式交換親会社となる会社の側では，取締役会設置会社であれば，取締役会の決議で足り，取締役会のない会社では，取締役の過半数で決定することができる簡易株式交換の制度が設けられている。

株式交換親会社が，株式交換子会社の株主に交付する株式交換の対価の額が株式交換親会社の純資産額の5分の1を超えない場合には，株式交換親会社において株主総会の特別決議による承認を得る必要はない（796条3項）。

この簡易株式交換に対して，議決権を有する株主の6分の1に1を加えた数が反対するときは，簡易株式交換はできず，通常の株式交換手続に移行しなければならない（796条4項，施行規則197条1号）。

株式交換親会社が株式交換子会社の株主に交付する金銭等の額が株式交換親会社の純資産額の5分の1を超えない場合でも，簡易株式交換の手続によることができないときがある。第一は，株式交換子会社の株主に交付される金銭等が株式交換親会社の譲渡制限株式であり，かつ株式交換親会社が公開会社でないときである（796条1項ただし書，796条3項ただし書）。第二は，株式交換親会社が債務超過の会社と株式交換をする場合である（796条3項ただし書）。株式交換親会社が株式交換子会社の損失を引き受けることになるので，株式交換親会社の株主総

会決議が必要とされる。

⑤ <u>反対株主の株式買取請求</u>　株式交換契約に反対の株主は，それぞれ株式交換親会社又は株式交換子会社に対して自己の有する株式を公正な価格で買い取ることを請求することができる（785条1項，797条1項）。ただし，株式交換子会社の株主に対価として持分会社の持分が交付されるため，株主全員の同意のもとに株式交換を行うときは，株式買取請求権は認められない（785条1項1号）。買取請求ができる反対株主は，株式交換契約承認のための株主総会に先立って反対である旨を会社へ通知し，かつ株主総会で反対した株主及び株主総会において議決権を行使することができない株主である（785条2項，797条2項，806条2項）。株主総会の承認を要しない株式交換については，それに反対のすべての株主に株式買取請求権が認められる（785条2項2号，797条2項2号）。

株式の買取請求は，効力発生日の20日前から効力発生日の前日までの間に株式数を示してしなければならない（785条5項，797条5項）。

買取価格については，当事者間で協議すべきであるが，協議が調わないときは裁判所へ価格決定の申立てをすることができる（786条2項，798条2項）。

⑥ <u>新株予約権の買取請求</u>　株式会社間で株式交換が行われる場合であって，株式交換子会社が，新株予約権を発行しているときには，新株予約権者は株式交換子会社に対して，自己の有する新株予約権を公正な価格で買い取ることを請求することができる（787条1項3号）。しかし，株式交換子会社の新株予約権者に，当然に，買取請求権が付与されるのではない。当該新株予約権の内容として株式交換が行われるときは，株式交換親会社の新株予約権を交付する旨が定められており（236条1項8号），かつ株式交換契約において，株式交換子会社の新株予約権者に対して株式交換親会社の新株予約権を交付する旨が定められている当該新株予約権については，買取請求は認められない（786条1項3号）。

買取価格は当事者の協議で決定すべきであるが，協議が調わないときは，裁判所に価格決定の申立てをすることができる（788条）。

⑦ <u>債権者保護手続</u>　株式交換契約をする両当事会社は，一定の債権者に異議を述べる機会を与え，異議のある債権者には，適切な処置をとらなければならない。

イ　**株式交換子会社の場合**　株式交換契約新株予約権（それに代わるものとして株式交換親会社の新株予約権が交付される株式交換子会社の新株予約権のこと）が新株予約権付社債に付された新株予約権であるときは，当該新株予約権社債についての社債権者は株式交換子会社に対して株式交換に異議を述べることができ

る（789条1項3号）。

　　ロ　**株式交換親会社の場合**　株式交換子会社の株主に対して交付する金銭等が株式交換親会社の株式その他これに準ずるもののみでない場合又は株式交換契約新株予約権が新株予約権付社債に付された新株予約権であって，株式交換親会社が当該新株予約権付社債の社債に係る債務を承継する場合には，株式交換親会社の債権者はその株式交換契約に異議を述べることができる（799条1項3号）。

　所定の期間内に異議を述べなかった債権者は，株式交換契約を承認したものとみなされる（789条4項，799条4項）。異議を述べた債権者に対しては，会社は，弁済をし，もしくは相当の担保を提供し，又は当該債権者に弁済を受けさせることを目的として相当の財産を信託会社等に信託しなければならないが，株式交換をしても当該債権者を害するおそれがないときは，なんら特別の処置をとる必要はない（789条5項，799条5項）。

　(B)　合同会社が株式交換完全親会社になる場合

　合同会社が株式交換完全親会社（以下，株式交換親会社という）となる場合には，効力発生日の前日までに，株式交換親会社の総社員の同意を得なければならない（802条1項3号）。

　株式交換親会社となる合同会社は，債権者保護手続を履践しなければならない（802条2項）。株式交換親会社が，株式交換子会社の株主に対して交付する金銭等がその持分その他これに準ずるもののみでない場合には，債権者は株式交換に異議を述べることができ，異議を述べる機会を与えるために，株式交換をする旨，株式交換子会社の商号及び住所を示し，かつ債権者が（1ヶ月を下らない）一定の期間内に異議を述べることができる旨を官報に公告しかつ知れている債権者には格別に催告しなければならない（779条2項，802条2項）。

[3]　株式移転

(1)　株式移転とは

　A会社がその完全親会社となる甲会社を設立し，A会社の株主が保有するA会社株式をすべて甲会社に移転する代わりに甲会社の株式等の交付を受ける手続が**株式移転**（2条32号）である。A会社だけでなくB会社，C会社など複数の会社が共同で甲会社を設立する**共同株式移転**も可能である（772条）。この場合には，甲会社がA会社，B会社，C会社の完全親会社となる。株式交換の場合には，合同会社も完全親会社となることができるが，株式移転の場合には，完全親会社も

完全子会社もともに株式会社でなければならない。

(2) 株式移転計画の作成
(A) 株式移転計画の内容

① **株式移転親会社の定款等**　株式移転は，完全子会社となるべき会社がその完全親会社となるべき株式会社を設立することである。したがって，株式移転設立完全親会社（以下，株式移転親会社という）の定款を作成する必要がある。株式移転親会社の目的，商号，本店の住所及び発行可能株式総数，設立時の取締役の氏名のほか，定款で定める事項を移転計画で定めなければならない（773条1項1～3号）。会計参与，監査役，会計監査人を置くときは，その氏名・名称を定めなければならない（773条1項4号）。

② **株式移転子会社の株主に交付する対価等**　株式移転に際して株式移転子会社の株主に対して交付する株式移転親会社の株式（社債，新株予約権，新株予約権付社債でもよい）に関する事項，株式移転親会社の資本金及び準備金の額に関する事項について定めなければならない（773条1項7号）。

株式移転子会社の新株予約権者に対して，その新株予約権に代わる株式移転親会社の新株予約権を交付するときは，それに関する事項，株式移転子会社の新株予約権が新株予約権付社債に付されたものであるときは，株式移転親会社が当該新株予約権付社債の社債に係る債務を承継することなどを定めなければならない（773条1項9号）。

(B) 効力の発生等

株式移転親会社は，その成立の日に株式移転子会社の発行済株式の全部を取得する（774条1項）。株式移転子会社の株主は，株式移転親会社の成立の日に，移転計画に従い株式移転親会社の株主，社債権者，新株予約権者，新株予約権付社債権者となる（774条2項，3項）。

(3) 株式移転の手続
(A) 株式移転子会社の手続

① **株式移転計画書の備置き**　株式移転子会社は，その準備開始日から株式移転親会社の成立の日後6ヶ月を経過する日までの間，株式移転計画書をその本店に備え置かなければならない（803条1項3号）。株式移転子会社の株主及び債権者は，株式移転子会社に対してその営業時間内いつでも株式移転計画書の閲覧及びその書面の謄本又は抄本の交付を請求することができる（803条3項）。

② **総会の承認**　株式移転子会社は，株式移転計画について株主総会の特別

決議のよる承認を受けなければならない（804条1項）。株式移転子会社が種類株式発行会社であって，その株主に交付する株式等の全部又は一部が株式移転親会社の譲渡制限株式であるときは，当該譲渡制限株式の交付を受ける種類の株主を構成員とする種類株主総会（譲渡制限株式を除く）の決議がなければ，株式移転はその効力を生じない（804条3項）。

③ 反対株主の株式買取請求　株式移転計画承認のための株主総会に先立って議案に反対する旨を当該会社に通知しかつ議案に反対した株主及び当該株主総会において議決権を行使できない株主は，株式移転子会社に対して自己の有する株式を公正な価格で買い取ることを請求することができる（806条1項，2項）。

④ 新株予約権の買取請求　新株予約権の内容として，会社が株式移転をするときには当該新株予約権に代えて新設会社（株式移転親会社）の新株予約権を交付するものとして発行された新株予約権（236条1項8号ホ）については，株式移転計画で，株式移転子会社の新株予約権に代えて新設会社の新株予約権を交付する旨を定めれば，株式移転子会社の新株予約権者は，新設会社の新株予約権の交付を受けるべきことになる。

新株予約権が上記のような内容のものとして発行されていなくても，株式移転計画において，株式移転子会社の新株予約権者にその新株予約権に代えて新設会社の新株予約権を交付する旨を定めることもできる。

以上のいずれにも該当しない株式移転子会社の新株予約権者は，その有する新株予約権を公正な価格で買い取ることを株式移転子会社に請求することができる（808条1項3号）。

⑤ 債権者保護手続　株式移転子会社は，その社債権者に異議を述べる機会を与え，異議のある社債権者には，適切な処置をとらなければならない。株式移転に異議を述べることができるのは，株式移転子会社の新株予約権付社債の社債権者のみである（810条1項3号）。株式移転をする旨，他の株式移転子会社及び設立会社（株式移転親会社）の商号及び住所，株式移転子会社の計算書類等，1ヶ月を下らない会社が定めた一定の期間内に異議を述べることができる旨を，官報に公告し，かつ知れている社債権者には各別に催告しなければならない（810条2項）。官報のほか，会社が定款で定めた公告方法により公告するときは，各別の催告は不要である（810条3項）。

所定の期間内に異議を述べなかった債権者は，合併を承認したものとみなされる（810条4項）。異議を述べた社債権者に対しては，会社は，弁済をし，もしくは

相当の担保を提供し，又は当該債権者に弁済を受けさせることを目的として相当の財産を信託会社等に信託しなければならないが，株式移転をしても当該社債権者を害するおそれがないときは，なんら特別の処置をとる必要はない（810条5項）。

(B) 株式移転親会社の手続

株式移転親会社は，株式移転子会社から取得した株式数その他株式移転に関する事項を記載した書面を成立後6ヶ月間，その本店に備え置かなければならない（815条3項3号）。

株式移転親会社について，株式移転子会社の株主総会において承認の決議をした日，種類株主総会の決議を要するときは，当該決議をした日などのいずれか遅い日から2週間以内に，その本店所在地において設立登記をしなければならない（925条）。

(4) 株式移転の無効

株式移転の手続に瑕疵があった場合には，その効力が生じた日から6ヶ月以内に，会社（株式移転当事会社及び新設会社）を被告として（834条12号），株式移転無効の訴えによってのみその無効を主張することができる（828条1項12号）。ただし，株主総会決議の取消事由に基づくときは，決議後3ヶ月以内に訴えを提起する必要がある（831条）。提訴権者は，当該行為の効力が生じた日において株式移転をする会社の株主等（株主，取締役，執行役又は清算人）であった者又は株式移転により設立する会社の株主等である（828条2項12号）。株式移転を無効とする判決には，対世効があり（838条），無効判決には，遡及効がない（839条）。

[4] 株式交付制度の新設

株式交付は，株式会社Aが株式会社Tを子会社とするために，A社の株式を対価としてT社の株主からT社株式の譲渡を受ける取引である。株式交換の場合には，A社がT社の完全親会社となり，T社にはA社のほかに株主は存在しなくなるが，株式交付は部分的な株式交換であり，T社には支配株主であるA社のほかにも少数株主が存在することになる。

A社では株式交付計画を定め（774条の2），それにつき株主総会の特別決議による承認を受けなければならない（816条の3第1項，309条2項12号）。株式交付計画では，T社の株主から譲り受ける株式の種類及び種類ごとの数の下限，A社がT社の株主から譲り受ける株式の対価として交付すべきA社の株式の数またはその算定方法，株式交付が効力を生ずる日（効力発生日）その他の事項を定

めなければならない（774条の3）。

　株式交付はその交付計画で定めた効力発生日までに交付計画で定めた下限に達するT社株式数の譲渡しの申込みがあった場合に，効力発生日にその効力が生じる（774条の11）。

6　株式会社の事業譲渡

[1]　事業譲渡の意義

　事業の譲渡とは，有機的に組織された人的・物的施設を活動可能な状態で一体として譲渡することである。事業には，その継続的な活動により社会的な信用が積み重ねられ，やがて老舗として無形の価値（のれん）が加わる。得意先関係，営業上の秘訣，経営組織などの事実関係もその事業の重要な無形の価値として含まれる。事業を構成する個々の財産の譲渡は，それがいかに重要な財産であっても，事業譲渡ではない。事業譲渡といえるためには，有機的一体として活動できる状態での事業用財産が譲渡されなければならない。たとえば，休業中の会社の唯一の財産である工場とその中の施設が譲渡され，譲受人がまったく別の用途に利用し，営業の承継がなかった場合には，事業の譲渡とはいえない（最判昭40・9・22民集19巻6号1600頁）。

[2]　事業譲渡の手続

(1)　通常の手続

　株式会社が事業の全部又は重要な一部を譲渡し，又は他の会社の事業の全部を譲り受けるときは，株主総会の特別決議による承認を受けなければならない（467条1項1号〜3号）。「重要な一部」の譲渡において株主総会の特別決議が必要なのは，譲渡する資産の額が当該会社の総資産額の20％を超える場合だけである（467条1項2号カッコ書き）。会社が事業譲渡等をしようとするときは，効力発生日の20日前までに株主に通知（公開会社及び株主総会の承認を受ける場合は公告で代替可能）しなければならない（469条3項，4項）。

(2)　簡易事業譲渡・略式事業譲渡

　（イ）事業の一部譲渡において譲渡する事業資産の額が当該会社の総資産額の20％を超えない場合には，株主総会の承認は不要であり，通常の業務執行として，

取締役会のない会社では代表取締役が，取締役会設置会社では取締役会の決意により一部譲渡が可能である（467条1項2号カッコ書きの反対解釈）。これを簡易事業譲渡という。

（ロ）譲渡契約の相手方（乙）が事業譲渡又は他の会社の事業全部の譲受けをする会社（甲）の特別支配会社（甲の議決権株式の90％以上を保有する会社）である場合には，甲会社においては株主総会の承認は不要である（468条1項）。甲の株主総会で承認されることは明らかであり，株主総会を開催することは無意味である。これを略式事業譲渡という。

（ハ）X会社がY会社の事業全部を譲り受ける場合において，X会社が譲り受ける事業の対価としてY会社へ交付する財産の価額がX会社の純資産額の20％を超えないときは（簡易事業譲受け），株主総会の承認は不要である（468条2項）。この場合，X会社の議決権株式数の6分の1に1を加えた数の議決権株主がX会社へ反対の通知をしたときは，効力発生日までに株主総会の特別決議による承認を受ける必要がある（468条3項，309条2項11号，施行規則138条1項）。

[3] 子会社株式の譲渡

従来は，親会社がその所有する子会社の株式を譲渡する場合には，譲渡する子会社株式が親会社にとって重要な財産であるときでも，取締役会決議で処分（譲渡）することができるものと解されていた（362条4項1号）。しかし，平成26年改正により，その子会社の株式又は持分の帳簿価額が親会社の総資産の5分の1を超え，かつ譲渡の効力が生じる日において親会社が当該子会社の議決権の総数の過半数を有しないこととなる場合には，株主総会の特別決議による承認を受けなければならないことになった（467条1項2号の2，309条2項11号）。形式は子会社株式の譲渡であるが，子会社の経営支配権を譲渡するものであるから，子会社の事業を譲渡することになるがゆえに，親会社の企業の重要な一部の譲渡と同様に株主総会の特別決議を要するものとした。

[4] 反対株主の株式買取請求権

事業譲渡等に反対の株主は，自己の有する株式を公正な価格で買い取ることを会社に対して請求することができる（469条1項）。ただし，会社が株主総会で事業譲渡の決議をすると同時に解散の決議をした場合，又は簡易事業譲受け（上述［2］(2)(ハ)）の場合は，買取請求権は認められない（469条1項1号，2号）。

株式買取請求権が認められる株主（反対株主）とは，①株主総会の決議により事業譲渡が行われた場合に，総会に先立ち当該事業譲渡に反対する旨を通知し，かつ株主総会で反対に議決権を行使した株主，及び当該株主総会において議決権を行使することができない株主（議決権のない株式など）（469条2項1号）並びに②株主総会決議を経ないで行われる簡易事業譲渡・略式事業譲渡の場合には，すべての株主（ただし，特別支配株主を除く）に株式買取請求権が認められる（469条2項2号）。

買取価格については，協議で決定すべきであるが，協議が調わないときは，裁判所に価格決定の申立てをすることができる（470条参照）。

[5] 事後設立

Aは自己の住む市内に2年後に市民病院が開院されることを知り，甲株式会社を設立してその病院の処方箋薬局を開業することにした。その病院への最寄りのバス停の近くにBが100坪ほどの遊休地を所有している。Aはその土地に小さな3階建てのビルを建設して甲会社の本店兼薬局の営業店にしようと考えている。Bはこの土地を2,000万円程度でなら譲渡する意向である。甲会社がこの土地を確保して営業を開始するには，二つの方法が可能である。第一の方法は，甲会社設立の発起人Aが，設立中の甲会社（資本金は5,000万円）のために，甲会社の成立を条件としてBから当該土地を譲り受ける契約を結ぶことである（財産引受，28条2号）。この場合には，甲会社の定款に，譲り受けるべき財産及びその価額，譲渡人の氏名又は名称を記載し，裁判所の選任する検査役の調査を受けるか（33条1項1項～9項），財産引受について定款に記載した価額が相当である旨の証明を弁護士等から受けることが必要である（33条10項3号）。このように甲会社の定款に記載して必要な調査ないし証明を受けておいて，甲会社が成立（設立登記）したのち，定款に記載した価額で甲会社がBから当該土地を譲り受ける方法である。

第二は，甲会社が成立したのちに，Bの当該所有地を譲り受ける方法である。会社法は，会社の成立前から存在する財産であって，その事業のために継続して使用するものであり，その財産の対価として交付する額が会社の純資産額の20％を超えるものを，会社の成立後2年以内に取得するには，株主総会の特別決議によって承認を受けなければならないと定める（467条1項5号）。これを事後設立という。株主総会決議だけで足り，設立中における財産引受のように検査役による調査や弁護士等による証明は不要である。

第10章
外国会社

Contents
1 外国会社の取扱い
2 取引継続の外国会社

1 外国会社の取扱い

外国の法令に準拠して設立された法人その他の外国の団体であって，会社と同種のもの又は会社に類似するものが外国会社である（2条2号）。外国会社が日本で取引を継続して行う場合には，取引上の紛争の処理その他債権者の保護が必要となる。そこで，会社法は，外国会社に関して一定の事項を規定した。

2 取引継続の外国会社

[1] 外国会社の日本における代表者

日本において取引を継続しようとする外国会社は，日本における代表者を定めなければならず，日本における代表者のうち1人以上は，日本に住所を有する者でなければならない（817条1項）。取引上の紛争に関して日本国内で当該外国会社を相手として訴えの提起を可能にするためである。

外国会社の日本における代表者は当該外国会社の日本における業務に関する一切の裁判上又は裁判外の行為をすることができ，その権限に加えた制限は，善意の第三者には対抗できない（817条2項，3項）。

外国会社の代表者がその職務を行うについて第三者に加えた損害を外国会社は賠償する責任を負う（817条4項）。

[2] 外国会社の登記

外国会社が初めて日本における代表者を定めたときは，3週間以内に，①日本に営業所を設けた場合には，営業所の所在地で，②日本に営業所を設けていない場合には，代表者の住所地で外国会社の登記をしなければならない（933条1項）。登記事項は，会社の目的，商号，本店の所在地，資本金の額，外国会社の設立の準拠法，日本における代表者の氏名・住所等である（933条2項）。

外国会社が日本で継続的に取引をする場合には，営業所を設けるのが普通であるが，平成14年の商法改正以来，電子商取引の普及のため，営業所を設けることが日本での営業の要件ではなくなった。しかし，営業所を日本に設けないときでも，日本に居住する代表者を置かなければならない。

日本に営業所を設けていない外国会社が，その登記後に代表者を新たに定めた

場合には，3週間以内に，その新たに定めた代表者の住所地においても，外国会社の登記をしなければならない（934条1項）。日本に営業所を設けた外国会社が，その登記後，新たに営業所を日本に設けた場合には，3週間以内に，新たな営業所の所在地においても，外国会社の登記をしなければならない（934条2項）。代表者の移転，営業所の移転，営業所を設けていなかった外国会社が日本に営業所を設けた場合，営業所の閉鎖等も登記事項である（934条〜936条）。

[3] 登記前の継続的取引の禁止

外国会社は，外国会社の登記をするまでは，日本において取引を継続することはできない（818条1項）。これに違反して取引をした者は，登録免許税の額に相当する過料に処せられる（979条2項）。外国会社の登記をする前に，日本において継続的取引をした者は，相手方に対して，外国会社と連帯して，当該取引によって生じた債務を弁済する責任を負う（818条2項）。

[4] 擬似外国会社

外国法に準拠して設立された会社であるが，その本店を日本に置きまたは日本で事業することを主たる目的とした会社を擬似外国会社という。擬似外国会社は，日本において継続して取引をすることができない（821条1項）。これに違反した者は，登録免許税相当額の過料に処せられる（979条2項）。なお，この規定に違反して取引をした者は，相手方に対して，外国会社と連帯して，当該取引によって生じた債務を弁済する責任がある（821条2項）。

索 引

事項索引

あ
預合い　97

い
一人会社　16, 111
違法性監査　65

う
訴えの利益　24

え
営業報告書　166
営利社団法人　2
営利法人　2
LLC　178
LLP　178

お
黄金株　118
親会社株式　128
親会社社員　92

か
開業準備行為　88
会計監査　65
会計監査人　12, 71
会計監査人設置会社　27
会計監査報告　73
会計参与　12, 61
会計参与報告　62
会計帳簿　164, 188
会計帳簿閲覧請求権　164
外国会社　240
解散　191
解散会社　209
解散の登記　217
会社　2
　——の機関　12
　——の事業の部類に属する取引　44
　——の種類　2〜5
　——の成立　3
会社代表　184
会社分割　218
合併　208
　——の登記　217
合併対価　215
合併無効判決　217
株券喪失登録簿　123
株券　122
　——の再発行　123
　——の善意取得　122
株券発行会社　113, 121, 122, 127
株券不発行会社　120, 123
株式　4, 110
　——の買取請求　215
　——の共有　111
　——の自由譲渡　12
　——の譲渡　119
　——の譲渡制限　126
　——の相互保有　17
　——の払込み　96
　——の分割　34, 112
株式移転　227, 232
株式移転計画書　233
株式移転設立完全親会社　233
株式移転無効の訴え　235
株式会社　2, 4
　——の機関設置　28
株式交換　227
株式交換完全親会社　232
株式交換契約　228, 229

243

株式交換当事会社	229	**き**	
株式交付制度	235	機関設計	26
株式償却準備金	170	企業組織の再編	206
株式総会決議の瑕疵	23	企業買収	209
株式引受人	102	議決権行使書面	18, 98, 201
株式分割	112	議決権制限株式	117
株券併合	113	議決権の不統一行使	17
株式無償割当て	146	期限の利益喪失	202
株主	12	擬似外国会社	241
──の議決権	16	擬似発起人	106
──の権利	110	基準日	121
──の質問	20	議事録	81
──の募集	95	議長	19
株主総会	12, 13	記名社債	195
──の招集決定	34	吸収合併	209
株主総会議事録	21	吸収分割	218, 219
株主総会参考書類	18	吸収分割契約	218, 220
株主代表訴訟	51	吸収分割承継会社	218
株主平等の原則	111	共益権	110
株主名簿	120	競業禁止	183
──の資格授与的効力	121	競業禁止期間	9
──の免責的効力	121	競業取引	49
株主名簿管理人	102	競業避止義務	43
株主名簿記載事項証明書	120	共同株式移転	232
株主割当て	145	共同新設分割	222
仮代表取締役	40	業務監査	65
簡易合併	214	業務執行	182
簡易株式交換	230	業務執行監視権	183
簡易事業譲渡	237	業務執行社員	182
簡易新設分割	224	業務執行取締役	29
簡易分割	221	拒否権付株式	117
監査委員	79	金庫株	129
監査委員会	79	金銭出資	146
監査等委員	76	金融商品取引法	165
監査等委員会	76		
監査等委員会設置会社	26〜28, 74	**け**	
監査役	12, 64		
監査役会	12, 27, 68	計算書類	164, 188
監査役会設置会社	26, 28	──の閲覧	189
監視義務	47, 57	決議取消の訴え	23
間接損害	56	決議不存在確認の訴え	23, 25
間接取引	47	決議無効確認の訴え	23, 25
間接有限責任	180	検査役の選任	20, 91
完全子会社	52, 227	減資無効の訴え	170
完全親会社	52, 227	限定監査役	68
		現物出資	90, 147

現物出資財産	92
現物配当	173
権利株	93
権利能力のない社団	88

こ

公益法人	2
公開会社	12, 26, 120
公開大会社	27
公開中小会社	27
公告の方法	89
合資会社	2～4, 178
公証人の認証	89
合同会社	2～4, 178
合名会社	2～4, 178
互選	72
誤認行為	181
コンプライアンス	48, 82

さ

債権者保護手続	171
財産価格てん補責任	104
財産引受	90
財団法人	2
最低資本金制度	5
最低責任限度額	50
債務の株式化	147
裁量棄却	24
詐害行為取消権	103, 226
差止請求権	148, 215
三角合併	209
残存債権者	10, 226

し

自益権	110
事業拡張積立金	169
事業譲渡	8, 41, 235
事業報告	164, 166
自己株式	129
──の取得	129, 132
──の処分	142
資産の部	165, 166
事実上の取締役	59
事前開示	213
執行役	83
老舗	8

支配人	6
資本金	168
──の減少	188
資本準備金	169
指名委員会	78
指名委員会等設置会社	26～28, 77
社員	3, 180
──の加入	185
社外監査役	64
社外取締役	29, 78
社債	194
──の償還	198
──の譲渡	197
──の募集	196
社債管理者	198
──の権限	199
社債権者集会	200
社債原簿	196
社債償還準備金	170
社団法人	2
重要な財産	34
授権決議	129
出資の払戻し	189
取得条項付株式	115
取得条項付新株予約権	157
取得請求権付株式	114
種類株式	22, 110
種類株式発行会社	142, 143
種類株主総会	23
種類創立総会	101
純資産の部	165, 166
少額特例	91
承継会社	218
証券発行新株予約権	155
証券発行新株予約権付社債	155
商号	5
商号変更の請求	187
招集通知	16
少数株主	15
少数株主権	111
譲渡契約	123
譲渡承認請求	126
譲渡制限会社	12, 119, 126
譲渡制限株式	126
譲渡制限新株予約権	155, 157
使用人の代理権	6

事項索引　**245**

情報収集権	63
常務	183
剰余金	172
──の配当	173
書面投票	18, 98
新株の発行	142
新株予約権	150
──の買取請求	216
──の有利発行	151
新株予約権原簿	154
新株予約権証券	155, 156
新株予約権付社債	154, 195
新株予約権付社債券	156
新株予約権無償割当て	152
新設会社	209
新設合併	209, 211
新設分割	218, 222
新設分割計画	222
信託契約	204

す

ストック・オプション	32

せ

清算	191
清算手続	108
責任限定契約	73
絶対的記載事項	89
設立時株主	102
設立時監査役	92
設立時代表執行役	94
設立時代表取締役	94
設立時取締役	92, 94
設立時募集株式	95
設立時役員	93
設立中の会社	88
設立登記	88, 101, 102
設立費用	90
設立無効の訴え	107
設立無効判決	108
善意取得	156, 197
全員出席総会	16
善管注意義務	43, 83, 183
専決事項	82
専心服務義務	6
専断的行為	41

全部取得条項付種類株式	115, 116, 222

そ

総会屋	18
相対的記載事項	89
相対的無効説	47
創立総会	98
組織再編の差止請求権	215
組織変更	206
組織変更計画	206
組織変更手続	207
損益計算書	165, 168
存続会社	209

た

大会社	27
貸借対照表	165, 166, 168, 188
退職手当準備金	170
対世効	25
代表執行役	84
代表取締役	29, 39
──の解職	34
──の権限	40
──の選定	34
代表取締役職務代行者	40
代理商	8
大和銀行事件	48
多額の借財	34, 40
多重代表訴訟	55
妥当性監査	65
単元株式	119
単元未満株主	119
単独株主権	51, 111
担保付社債	203
担保提供義務	53

ち

中間配当	174
忠実義務	43, 183
中小会社	28
直接損害	56

て

定款	3, 89, 179
──のみなし変更	187
定款自治	89

定款変更	190
定時総会	15
締約代理商	8
電磁的方法	16
電子公告	89
電子投票	18
伝統的な経営機構	77

と

登記	102
当事者適格	52
登録新株予約権質権者	156
特殊決議	22
特定責任追及の訴え	55
特別決議	21
特別利益	90
特別利害関係人	36
特例有限会社	5
トラッキング・ストック	117
取締役	12, 14, 29
——の選任	29
——の任期	30
——の報酬	32
取締役会	12, 15, 33, 82
——の決議	36
——を設置しない会社	38
取締役会議事録	37
取締役会設置会社	13, 27, 29, 39

な

名板貸し	6
内部統制システム	47

に

日本型経営機構	77
ニレコ新株予約権発行差止請求事件	160
任意準備金	169
任意退社	186
任務懈怠	105
任務懈怠責任	48

は

媒介代理商	8
配当額	189
配当平均積立金	169
発行可能株式総数	89

払込金額	143
払込保管証明	97
反対株主の株式買取請求権	132

ひ

非公開会社	27
非公開大会社	27
非公開中小会社	28
表見支配人	7
表見代表取締役	42

ふ

複数議決権株式	111, 118
不公正発行	148
負債の部	165, 166
普通株式	194
普通決議	21
普通社債	194, 195
物上担保権	203
分割会社	218
分割契約書	221

へ

別途積立金	170
変態設立事項	90

ほ

poison pill	160
報告義務	183
報告徴求権	63
報酬委員会	80
法人	2
法人格	2
法定準備金	169
法定退社	186
保管証明書	97
募集株式	142
——の発行	34
——の申込み	146
——の割当て	146
募集事項	143
募集社債	195
募集新株予約権	151
募集設立	95
補助参加	54
発起設立	93

発起人	88	有限会社	2, 5
──の権限	88	有限責任事業組合	178
		有限責任社員	3
		優先株式	116
み			
見せ金	97, 105	有利発行	41
む		**ら**	
無記名社債	195	濫用的会社分割	225
無記名新株予約権	154		
無限責任	3	**り**	
無限責任社員	3, 180	利益供与	19
		利益準備金	169
め		利益相反取引	46, 49, 184
名義書換	123	利益配当	188, 190
名義書換請求	120	リスク管理システム	82
名義貸し	6	略式合併	214
		略式株式交換	230
も		略式事業譲渡	237
申込み	96	略式分割	221
持分会社	2, 178	臨時計算書類	168
持分の差押え	187	臨時決算日	168
持分の払戻し	187	臨時総会	15
持分複数主義	110		
		れ	
や		劣後株式	116
役員	13, 80	連結計算書	165
──の説明義務	19		
		わ	
ゆ		割当て	96
有価証券	90	割当自由の原則	196
有価証券報告書	165		

判例索引

東京地判大 14·6·30 法律評論 14 巻諸法 431 頁	186
大阪控判昭 5·10·24 新聞 3194 号 7 頁	186
大判昭 6·6·1 新聞 3301 号 14 頁	186
大阪地判昭 7·12·20 新聞 3509 号 9 頁	186
大判昭 14·4·19 民集 18 巻 4 号 472 頁	106
最判昭 28·12·3 民集 7 巻 12 号 1299 頁	90
最判昭 31·11·15 民集 10 巻 11 号 1423 頁	24
最判昭 33·10·3 民集 12 巻 14 号 3053 頁	25
最判昭 36·3·31 民集 15 巻 3 号 645 頁	41
最判昭 37·8·30 判時 311 号 27 頁	24
最判昭 38·12·6 民集 17 巻 12 号 1633 頁	98
最判昭 40·9·22 民集 19 巻 6 号 1600 頁	236
最判昭 40·9·22 民集 19 巻 6 号 1656 頁	42
最判昭 41·1·27 民集 20 巻 1 号 111 頁	6
最判昭 43·11·1 民集 22 巻 12 号 2402 頁	17
最判昭 43·12·25 民集 22 巻 13 号 3511 頁	47
最判昭 44·3·28 民集 23 巻 3 号 645 頁	36
最判昭 44·11·26 民集 23 巻 11 号 2150 頁	57, 58
最判昭 45·6·24 民集 24 巻 6 号 625 頁	43
東京地判昭 46·1·29 判時 626 号 91 頁	98
最判昭 46·6·24 民集 25 巻 4 号 596 頁	16
最判昭 46·7·16 判時 641 号 97 頁	41
最判昭 47·6·15 民集 26 巻 5 号 984 頁	60
最判昭 48·5·22 民集 27 巻 5 号 655 頁	58
最判昭 48·12·11 民集 27 巻 11 号 1529 頁	47
最判昭 48·12·13 金法 709 号 35 頁	47
最判昭 51·12·24 民集 30 巻 11 号 1078 頁	18
最判昭 52·10·14 民集 31 巻 6 号 825 頁	42
大阪高判昭 53·4·17 判時 897 号 97 頁	59
東京地判昭 56·3·26 判時 1015 号 27 頁	44
大阪地判昭 58·5·11 金商 678 号 39 頁	46
東京高判昭 59·10·31 判タ 548 号 271 頁	60
最判昭 60·12·20 金商 738 号 3 頁	16
最判昭 61·2·18 金商 742 号 3 頁	64
東京高判昭 61·6·26 金商 750 号 16 頁	64
最判昭 61·9·11 金商 758 号 3 頁	41
最判昭 62·1·16 判時 1080 号 142 頁	60
最判昭 63·1·26 金法 1196 号 26 頁	60
高知地判平 2·1·23 金商 844 号 22 頁	45
最判平 2·2·21 商事法務 1209 号 49 頁	7
最判平 2·4·17 民集 44 巻 3 号 26 頁	26
東京地判平 2·4·20 金商 864 号 20 頁	36
大阪高判平 2·7·18 判時 1378 号 113 頁	45
大阪高判平 2·9·20 金商 1101 号 3 頁	49
最判平 2·12·4 民集 44 巻 9 号 1165 頁	112
東京地判平 4·8·11 金商 915 号 15 頁	53
東京高判平 5·3·30 商事法務 1317 号 52 頁	53
最判平 6·7·14 金商 956 号 3 頁	41
東京地決平 6·7·22 判時 1504 号 121 頁	53
名古屋高裁金沢支平 9·11·12 判タ 974 号 198 頁	61
最判平 12·7·7 金商 1096 号 3 頁	49
最決平 13·1·30 民集 55 巻 1 号 30 頁	54
東京地判平 15·10·10 金商 1178 号 2 頁	103
東京地決平 16·7·30 金商 1201 号 9 頁	149
東京高決平 16·8·4 金商 1201 号 4 頁	149
東京高決平 17·3·23 金商 1214 号 6 頁	159
東京地決平 17·6·1 金商 1218 号 8 頁	160
東京高決平 17·6·15 金商 1219 号 8 頁	161
福岡地判平 23·2·17 金法 1923 号 95 頁	226
最判平 24·10·12 民集 66 巻 10 号 3311 頁	226

著者紹介

田邊　光政（たなべ　みつまさ）

1966年　関西大学法学部卒業
1978年　法学博士（神戸大学）
現　在　名古屋大学名誉教授
　　　　大阪学院大学名誉教授

主要著書

ファクタリング取引の法理論（金融財政事情研究会，1979年）
分析と展開商法Ⅱ（共著，弘文堂，1985年）
やさしい会社法〔第3版〕（税務経理協会，2003年）
最新倒産法・会社法をめぐる実務上の諸問題（編著，民事法研究会，2005年）
会社法要説〔新版〕（税務経理協会，2006年）
約束手形法入門〔第5版補訂版〕（共著，有斐閣，2006年）
最新手形法小切手法〔五訂版〕（中央経済社，2007年）
商法総則・商行為法〔第4版〕（新世社，2016年）

■基礎コース［法学］—5■

基礎コース　会社法入門　第2版

2007年4月10日ⓒ　　　初　版　発　行
2016年9月25日ⓒ　　　第　2　版　発　行
2020年9月10日　　　　第2版第2刷発行

著　者　田邊光政　　　発行者　森　平　敏　孝
　　　　　　　　　　　印刷者　馬　場　信　幸
　　　　　　　　　　　製本者　小　西　惠　介

【発行】　　　　株式会社　新世社
〒151-0051　東京都渋谷区千駄ヶ谷1丁目3番25号
編集☎(03)5474-8818(代)　　サイエンスビル

【発売】　　　　株式会社　サイエンス社
〒151-0051　東京都渋谷区千駄ヶ谷1丁目3番25号
営業☎(03)5474-8500(代)　　振替 00170-7-2387
FAX☎(03)5474-8900

印刷　三美印刷　　　　製本　ブックアート
《検印省略》

本書の内容を無断で複写複製することは，著作者および出版者の権利を侵害することがありますので，その場合にはあらかじめ小社あて許諾をお求めください。

ISBN 978-4-88384-244-5
PRINTED IN JAPAN

サイエンス社・新世社のホームページのご案内
http://www.saiensu.co.jp
ご意見・ご要望は
shin@saiensu.co.jp　まで．